HARRAP'S

Spanish Synonyms

BILINGUAL DICTIONARY OF
SYNONYMS AND ANTONYMS

Compiled by
Louis J. Rodrigues
and
Josefina Bernet de Rodrigues

HARRAP

EDINBURGH
PARIS   NEW YORK

Distributed in the United States

PRENTICE HALL
New York

First published in Great Britain 1990
by HARRAP BOOKS Ltd
43–45 Annandale Street, Edinburgh EH7 4AZ

© *Chambers Harrap Publishers Ltd, 1990*

Reprinted 1993

ISBN 0 245-60040-X

In the United States, ISBN 0-13-385014-5

Library of Congress Cataloging-in-Publication Data

Harrap's Spanish synonyms: bilingual dictionary of synonyms and
antonyms/compiled by Louis J. Rodrigues.
p.   cm.
ISBN 0-13-385014-5 (U.S.)
1. Spanish language–Synonyms and antonyms–Dictionaries–English.
2. English language–Synonyms and antonyms–Dictionaries–Spanish
I. Rodrigues, Louis J. (Louis Jerome), 1938– .
PC4591.H37 1991   90-39901
463'.21–dc20   CIP

Printed in England by Clays Ltd, St Ives plc

FOREWORD

This little book is not intended to replace a standard dictionary of Synonyms and Antonyms either in English or Spanish. It is intended, however, to provide a means of quick reference to a possible range of meanings of the headword as indicated.

For obvious reasons, the number of headwords in each case is limited to those of common occurrence. The synonyms for each headword have been grouped into categories which reflect divisions of meaning; within these categories synonyms are ordered roughly in accordance with their semantic proximity to the headword. Any corresponding antonyms have been arranged in the same way.

It need hardly be said that these categories and hierarchies are subjective and should not be taken as an absolute guide to meaning. Our aim throughout has been to offer simplicity and ease of reference, and the user is always advised to consult a more specialized, preferably monolingual, work in the case of reasonable doubt.

LJR
JBR

PROLOGO

Este pequeño libro no está ideado para reemplazar un diccionario normal de Sinónimos y Antónimos tanto en inglés como en español. No obstante, su ideal es proporcionar un medio de consulta rápido de los posibles significados diferentes de la palabra principal según se indica.

Por razones obvias, el número de palabras principales en cada caso está limitado a las palabras de uso más corriente. Se han agrupado los sinónimos de cada palabra principal en categorías, las cuales reflejan los significados de las divisiones. Dentro de estas categorías, se relacionan los sinónimos siguiendo, más o menos, su semejanza semántica a la palabra principal. También se ha relacionado siguiendo este criterio, cualquier antónimo correspondiente.

No es necesario decir que estas categorías y jerarquías son subjetivas y no deberían tomarse como una guía perfecta del significado. Nuestra intención ha sido ofrecer simplicidad y facilidad en la consulta, y se aconseja al lector que utilice obras más especializados, preferentemente monolingües, en caso alguna duda razonable.

LJR
JBR

PART ONE

ENGLISH – SPANISH

ABBREVIATIONS

aj	Adjective
Am	American
av	Adverb
Br	British
fig	Figurative
LAm	Latin American
pl	Plural
s	Substantive
v	Verb

A

abandon

1 abandonar, descuidar, desatender, desasistir, desentenderse
amparar, atender, cuidar

2 abandonar, marcharse, irse, apartarse, retirarse
volver, regresar, permanecer, quedarse

3 abandonar, renunciar, dejar
seguir, insistir

abandoned

1 abandonado, descuidado, desidioso, negligente
cuidadoso, esmerado, atildado, aseado, pulcro, diligente

2 desasistido, desamparado, dejado
atendido, cuidado, amparado, asistido

3 libre, desenfadado

abate

1 abreviar, aminorar, atenuar, deducir, depreciar, descargar, descontar, disminuir, mellar, menguar, minorar, rebajar, reducir, restringir, sisar, sustraer
acrecentar, agrandar, aumentar, ensanchar, dilatar

2 aplacar, debilitar, moderar

abatement

degradación, decadencia, disminución, menoscabo, reducción, mengua, merma, aminoración, decrecimiento, depreciación, descuento, baja
aumento, incremento, alza

abbreviate

resumir, acortar, disminuir, restringir, compendiar, condensar
alargar, amplificar, dilatar, prolongar

abdicate

abdicar, ceder, cesar, dimitir, renunciar
aceptar, asumir, mantener

abhor

abominar, aborrecer, detestar, execrar, maldecir, odiar
admirar, amar

abide

1 aguantar, padecer, sobrellevar, sufrir, tolerar
ceder, flaquear, estallar, explotar

2 morar, habitar, residir, vivir, avecindarse, permanecer

ability

capacidad, agudeza, amaño, aptitud, arte, cabeza, competencia, desenvoltura, diplomacia, discernimiento, disposición, dc ., entendimiento, experiencia, genio, gracia, ingenio, maña, pericia, perspicacia, picardía, política, práctica, saber, sagacidad, sentido, soltura, suficiencia.
incapacidad, ineptitud, incompetencia, torpeza, inhabilidad

abject

1 bajo, despreciable, indigno, repugnante, servil, ruin, degenerado, rastrero, infame
noble, digno, respetable, estimable, íntegro, honrado

2 marginado, paria
estimado

able

avezado, aparejado, apto, cualificado, capaz, competente, conocedor, digno, entendido, experimentado, experto, hábil, idóneo, nacido para, perito, práctico, sabio
incapaz, desconocedor, inepto

abnormal

1 anómalo, anormal, desigual, desusado, extraño, irregular, raro
regular, correcto, normal

2 excepcional, original, singular
común, normal, vulgar

abolish

abolir, abrogar, anular, cancelar, derogar, destruir, eliminar, revocar, suprimir

establecer, mantener, promulgar, restaurar

abominable

abominable, detestable, execrable, incalificable, monstruoso, nefando, pésimo

agradable, amable, digno de alabanza

abominate

abominar, aborrecer, detestar, execrar, maldecir, odiar

admirar, alabar, amar, bendecir, enaltecer

above-board *(av)*

abiertamente, claramente, francamente, llanamente, sin rodeos

bajo mano, con hipocresía, engañosamente, ocultamente

above-board *(aj)*

decente, hombre de bien, honesto, honorable, imparcial, justo, leal, limpio, probo, recto, virtuoso

corrupto, deshonesto, sucio, vil

abridge

abreviar, abolir, anular, cancelar, derogar, rescindir, revocar, suprimir

alargar, dilatar, prolongar

abrogate

abolir, abrogar, acortar, compendiar, disminuir, reducir, restringir, resumir

alargar, dilatar, prolongar

abrupt

1 abrupto, accidentado, áspero, fragoso, intricado

llano, suave

2 excesivo, precipitado, repentino

gradual

absence

1 ausencia, inasistencia

asistencia, comparecencia, presencia

2 carencia, defecto, falta, laguna, omisión, supresión

existencia

3 abstracción, despiste, distracción, ensimismamiento, preocupación

atención

absolve

condonar, exculpar, indultar, perdonar, sobreseer

condenar, inculpar

abstain

abstenerse, contenerse, inhibirse, pararse, refrenarse, renunciar

consentir, dar rienda suelta

abstemious

abstemio, moderado, sobrio, temperado

ebrio, intemperante, voraz

abstinence

abstinencia, continencia, moderación, privación

incontinencia, indulgencia

abstruse

abstruso, enigmático, inasequible, incomprensible, misterioso, oculto, oscuro, profundo, recóndito

claro, comprensible, concreto

absurd

absurdo, ilógico, irracional, desatinado, ridículo, irrazonable, sin sentido

consecuente, lógico, racional, atinado, juicioso, sensato

absurdity

absurdo, disparate, incoherencia, tontería, ingenuidad, extravagancia

sensatez, coherencia, lógica

abundance

abundancia, acopio, afluencia, exuberancia, fecundidad, opulencia, profusión, riqueza

carencia, escasez, falta, necesidad, pobreza

abundant

abundante, exuberante, fecundo, pingüe, profuso, rico

escaso, exiguo, falto, limitado, pobre

accept

aceptar, acceder, admitir, ceder, condescender, consentir, convenir, transigir
negarse, rechazar, rehusar

accidental

1 accidental, casual, contingente, eventual, fortuito, incidental, oportuno
previsto, preparado

accommodating

amable, atento, complaciente, considerado, cortés, desinteresado, servicial
desatento, desconsiderado, descortés, maleducado

accumulate

1 acumular, juntar, amontonar, apilar, almacenar, hacinar, acopiar, aglomerar
esparcir, disgregar
2 achacar, colgar, echar la culpa, atribuir
defender, exculpar

accurate

exacto, fiel y cabal, justo, cierto, estricto, correcto, verdadero, conforme, preciso, textual
inexacto, impreciso

actual

verdadero, real, cierto, genuino, categórico, efectivo, presente, actual
irreal, inexacto, potencial

adipose

adiposo, graso, gordo, obeso, sebáceo
seco, delgado

adjacent

contiguo, vecino, colindante, cercano, *(ángulo)* adyacente
lejano, distante

adjust

1 modificar, cambiar, rectificar
conservar, ratificar
2 arreglar, corregir, resolver
desordenar, revolver
3 adaptar, acomodar, *(máquinas)* ajustar, graduar, regular
desajustar, desacomodar

admit

1 reconocer, confesar, aceptar, admitir, conceder
rechazar, despreciar, negar, refutar
2 dar entrada, dejar entrar, admitir, *(LAm)* hacer pasar
rechazar

adore

1 adorar, idolatrar, reverenciar, venerar
despreciar, faltar al respeto
2 querer, adorar, apreciar, estimar, admirar
odiar, aborrecer

adorn

1 adornar, ataviar, acicalar, embellecer, decorar, engalanar, ornamentar
desfigurar, afear
2 elevar, encomiar, engrandecer
rebajar, empobrecer, menguar

adult

1 adulto, maduro, crecido, grande, medrado
niño, menor, inmaduro
2 pleno, formado, desarrollado, perfecto
inmaduro, subdesarrollado

adventurous

1 aventurero, arriesgado, atrevido, emprendedor, temerario, osado, impetuoso
sencillo, temeroso, cobarde, cauto
2 peligroso, arriesgado
seguro

adversary

adversario, antagonista, contendiente, rival, oponente
amigo, compañero, camarada, socio

adverse

1 contrario, contradictorio, repugnante, antagonista, hostil, opuesto
semejante, parecido
2 dañino, perjudicial
beneficioso

adversity

desgracia, infelicidad, adversidad, desdicha, aflicción, miseria, catás-

trofe, calamidad, tragedia, fatalidad
felicidad, suerte, fortuna

advertise
1 anunciar, publicar, proclamar, hacer saber, avisar, informar, notificar, declarar, promulgar
ocultar, callar
2 (*comercial*) anunciar

affectation
afectación, amaneramiento, pedantería, presunción, petulancia, aire de suficiencia
naturalidad, espontaneidad, sencillez, simplicidad

affirm
afirmar, asegurar, sostener, aseverar, declarar, confirmar, atestiguar, mantener, ratificar
negar, denegar, desmentir

affront (*v*)
afrentar, abusar, insultar, enfadarse, ofender, provocar, fastidiar
respetar

affront (*s*)
afrenta, ultraje, vejación, abuso, insulto, ofensa
cumplido, gentileza, cortesía

aggravate
1 agravar, cargar, aumentar, empeorar, agudizar
aligerar, mitigar, reducir, aminorar
2 irritar, provocar, exasperar, fastidiar, molestar, sacar de quicio, crispar
calmar, tranquilizar

agitate
1 agitar, sacudir, remover, mover, blandir
dejar quieto, detener
2 inquietar, perturbar, alterar, excitar
tranquilizar, pacificar, calmar
3 discutir, deliberar, debatir, disputar. (*fig*) ventilar

alarm (*v*)
alarmar, asustar, sobresaltar, inquietar, atemorizar, aterrar, amedrantar
tranquilizar, calmar

alarm (*s*)
1 alarma, susto, inquietud, ansiedad, consternación, aprensión, terror
sosiego, calma
2 señal de socorro, timbre de alarma, (*fig*) voz de alarma

alert (*aj*)
alerta, listo, vigilante, activo, ágil, enérgico, rápido
distraído, ido, lento

alien (*aj*)
ajeno, extraño, impropio
propio, personal

alien (*s*)
extranjero, forastero
nativo

alike
igualmente, ídem, lo mismo, así, al igual, a la par, por igual, indistintamente
al contrario, en cambio, por el contrario

alive
vivo, activo, diligente, laborioso, enérgico, avispado, eficaz, dinámico, animado, vigoroso
inactivo, ineficaz, apático, abúlico

allay
aliviar, aquietar, apaciguar, disipar, aplacar, calmar, mitigar, tranquilizar, pacificar
agravar, intranquilizar, excitar, afligir

allege
1 afirmar, declarar, pretender, sostener, aseverar, mantener
negar, desmentir
2 alegar, pretextar, aducir

allegiance
lealtad, deber, obediencia, obligación, fidelidad, homenaje
deslealtad, traición

alliance
alianza, afiliación, afinidad, pacto, asociación, combinación, convenio, unión, coalición, confederación, acuerdo, lazo, conexión
ruptura, separación, discordia, desunión

allow
1 permitir, autorizar, tolerar, aprobar, aguantar, sufrir, consentir
prohibir, desautorizar
2 aceptar, saber, admitir, conceder, confesar, reconocer
repudiar, negar

ally *(v)*
asociarse, ligarse, fusionarse, unirse
desunirse, separarse, romper

alone *(aj)*
solo, aislado, abandonado, incomunicado, solitario, recogido, recoleto
acompañado, comunicado

alter
1 cambiar, alterar, rectificar, diversificar, convertir, transmutar, metamorfosear, modificar, transformar, variar, remodelar
permanecer, conservar, mantener
2 *(Am)* castrar

amass
acumular, juntar, amontonar, apilar, acopiar, aglomerar, recoger, reunir
esparcir, separar, dispersar, disgregar

ambiguity
ambigüedad, oscuridad, confusión, doble sentido
precisión, claridad

ameliorate
1 mejorar, beneficiar, aumentar, promocionar, reformar
empeorar, deteriorar, agravar
2 aliviarse, restablecerse
agravarse

amend
enmendar, corregir, modificar, reparar, rectificar, mejorar, reformar
estropear, empeorar

amenity
amenidad, agrado, afabilidad, encanto, simpatía
desabrimiento, antipatía

amiable
amable, agradable, encantador, atractivo, gracioso, cordial, simpático, sociable, atento, cortés, cariñoso, complaciente
abominable, aborrecible, desagradable, descortés, odioso, desatento, seco, antipático

amicable
afable, amigable, amistoso, afectuoso, cariñoso, cordial, paternal
arisco, antipático, poco amistoso

amity
amistad, camaradería, compañerismo, cordialidad, bondad
enemistad, aversión, rivalidad

amnesty
amnistía, gracia, indulto, olvido, perdón, remisión
pena, castigo

amorous
amoroso, afectivo, cariñoso, cordial, afectuoso, entrañable, tierno, mimoso, benévolo, ardiente
frío, arisco, seco

ample
amplio, extenso, espacioso, dilatado, ancho, abundante, grande, vasto
angosto, breve, corto, estrecho, pequeño, reducido

amplify
aumentar, ampliar, alargar, agrandar, engrosar, engrandecer, acrecentar
abreviar, disimular, decrecer, mermar, reducir

analogy
analogía, correspondencia, correlación, relación, parecido, semejanza, similitud, afinidad
disimilitud, desemejanza, diferencia

analysis
1 análisis, disociación, disección, separación, segregación
síntesis, unión
2 *(Am)* psicoanálisis

anathema
1 anatema, excomunión, prohibición, veto
inclusión, aceptación

2 condenación, execración, imprecación, maldición
alabanza, bendición

ancestry

ascendencia, estirpe, linaje, cuna, descendencia, familia, genealogía, pedigrí, sucesión
posteridad

ancient *(aj)*

anticuado, antiguo, pasado de moda, primitivo, inmemorial, arcaico, *(persona)* anciano, viejo
moderno, actual

anger *(s)*

cólera, exasperación, enojo, furor, furia, rabia, indignación, rencor, irritación, ira, resentimiento
serenidad, paciencia, paz

anger *(v)*

enfadar, enojar, enfurecer, exasperar, fastidiar, irritar, indignar, molestar, provocar, ofender, afrentar
calmar, apaciguar

anguish *(s)*

angustia, agonía, aflicción, congoja, punzada, pesar, pena, tormento
consuelo, alivio

animate *(v)*

1 animar, avivar, alentar, excitar, vivificar, inspirar, instigar, encender, incitar, estimular, envalentonar
desanimar, descorazonar

2 alegrar, alborozar, regocijar
aburrir, aquietar

animosity

rencor, animosidad, amargura, aborrecimiento, antipatía, enemistad, odio, rabia, malicia, malevolencia, virulencia
bondad, benevolencia, simpatía

annex

1 anejar, anexar, anexionar, adscribir, incorporar
segregar, desvincular, separar

2 adjuntar, agregar, juntar, unir, acompañar, añadir
despegar

annihilate

aniquilar, abolir, anular, exterminar, extinguir, eliminar, destruir, invalidar, suprimir
mantener, preservar, conservar

announce

anunciar, declarar, divulgar, exponer, promulgar, proclamar, relatar, revelar
disimular, ocultar

annoy

acosar, fastidiar, contrariar, irritar, molestar, importunar, provocar, incomodar, impacientar
apaciguar, calmar, suavizar

anomaly

anomalía, anormalidad, irregularidad, extravagancia, excepción, rareza
normalidad, regularidad, conformidad

anonymous

anónimo, desconocido, ignorado, misterioso, sin nombre
firmado, reconocido por

antagonist

adversario, antagonista, contrario, competidor, enemigo, oponente
amigo, aliado, colaborador

antecedent

antecedente, antecesor, anterior, precedente, precursor, predecesor
siguiente, subsiguiente, posterior

anticipation

anticipo, anticipación, esperanza, expectativa, presentimiento, previsión
imprevisión, desesperanza

antipathy

aborrecimiento, antipatía, aversión, odio, oposición, repugnancia
simpatía, afición

anxiety

aflicción, inquietud, duda, preocupación, pena, presentimiento, recelo, temor, *(medicina)* ansiedad, angustia
contento, seguridad

anxious
    alborotado, angustiado, apenado, afligido, inquieto, preocupado, receloso, temeroso
    seguro, confiado

apathy
    apatía, calma, estoicismo, frialdad, flema, impasibilidad, indiferencia
    ansiedad, preocupación

appal, *(Am)* **appall**
    aterrar, alarmar, asombrar, aterrar, intimidar, consternar
    envalentonar

apparent
    aparente, notable, indudable, manifiesto, claro, obvio, ostensible, visible
    dudoso, incierto

appease
    aliviar, apaciguar, aplacar, calmar, pacificar, tranquilizar, sosegar
    agravar, perturbar

appetite
    1 apetito, hambre
    desgana
    2 *(fig)* deseo, ansia, anhelo, inclinación, propensión
    apatía, desinterés

applaud
    1 aplaudir, palmotear
    2 *(fig)* aclamar, aplaudir, ovacionar, vitorear
    abuchear, patear

application
    1 aplicación, atención, diligencia, esfuerzo, perseverancia, laboriosidad, tentativa
    pereza, distracción, desatención
    2 súplica, petición, instancia
    3 ejercicio, práctica, uso

apposite
    apto, apropiado, adecuado, conveniente, oportuno, pertinente
    inapropiado, inadecuado

appreciate
    apreciar, aumentar el valor de, estimar, reconocer, valorar
    depreciar, perder valor, menospreciar

apprehend
    1 aprehender, arrestar, capturar, coger, detener, prender
    soltar, libertar
    2 entender, adivinar, concebir, percibir, saber
    desconocer, ignorar
    3 recelar, temer
    confiar, fiar

apprehension
    1 apresamiento, arresto, detención, captura, prendimiento, reclusión
    libertad, excarcelación
    2 comprensión, entendimiento, inteligencia, juicio, talento, visión
    incomprensión, ofuscación
    3 recelo, aprensión, temor
    confianza, seguridad

appropriate *(aj)*
    apto, adecuado, apropiado, conveniente, idóneo, oportuno, pertinente
    inapropiado, inadecuado, impropio, inoportuno

appropriate *(v)*
    1 apropiar, coger, incautarse, quitar
    dejar, abandonar
    2 asignar, destinar, dedicar, indicar, señalar

approximate *(v)*
    acercar, alcanzar, aproximar, avecinar
    alejar, apartar(se) de

apt
    1 pertinente, aplicable, relativo
    independiente
    2 apropiado, adecuado, conveniente, oportuno
    inconveniente, inapropiado
    3 educable, experto, diestro, hábil, inteligente, talentoso, listo
    torpe, inepto

aptitude
    1 aptitud, capacidad, facultad, inteligencia, habilidad, talento
    ineptitud, inhabilidad
    2 disposición, inclinación, propensión, predisposición, tendencia

archaic
antiguo, anticuado, arcaico, añejo, pasado, obsoleto, primitivo
moderno, contemporáneo, actual

ardent
apasionado, ardiente, entusiasta, fervoroso, fogoso, intenso, vehemente
apagado, frío, indiferente

ardour, *(Am)* **ardor**
ardor, ansia, deseo, fervor, calor, entusiasmo, pasión, vehemencia, efusión
apatía, frialdad, indiferencia

arduous
agotador, angustioso, arduo, gravoso, oneroso, difícil, duro, laborioso, dificultoso, penoso
fácil, asequible, sencillo

argue
debatir, discutir, cuestionar, disputar, protestar, tratar de, controvertir, razonar, convencer, *(LAm)* pelearse
aprobar, asentir, consentir

arid
árido, estéril, infecundo, sin humedad, seco
fértil, fecundo, húmedo

aromatic
odorífero, aromado, aromático, balsámico, fragante, perfumado, oloroso
fétido, maloliente

arouse
1 espabilar, despertar, recobrar
adormecer
2 *(fig)* animar, estimular, avivar, mover, incitar
calmar

arrest *(s)*
arresto, apresamiento, detención, prendimiento, captura, obstrucción
libertad, excarcelación

arrest *(v)*
1 detener, arrestar, prender, aprehender, encarcelar, encerrar
soltar, excarcelar, libertar

2 demorar, retardar, parar, obstaculizar
seguir, acelerarse

arrive
1 llegar, acercarse, venir
partir, marchar, salir
2 alcanzar, abarcar, conseguir, lograr

arrogance
altanería, arrogancia, insolencia, impertinencia, apostura
sencillez, modestia

artful
1 artero, astuto, engañoso, fraudulento, falso, intrigante
leal, abierto
2 ingenioso, diestro, agudo, astuto, sagaz, hábil, mañoso
torpe

artificial
1 artificial, ficticio, falso, engañoso, fingido, contrahecho, forzado, simulado
auténtico, verdadero, genuino, natural
2 fabricado, elaborado
natural, bruto

artless
abierto, candoroso, cándido, ingenuo, inocente, sencillo, llano, franco, crédulo, sincero, natural, simple
astuto, ladino, sinuoso

ascend
1 ascender, alzar, elevar, levantar, izar, montar, empinar, subir
bajar, descender
2 avanzar, ganar, mejorar, progresar, prosperar, *(empleo)* subir puestos, ascender de puesto
retrasarse, retroceder, estancarse

ascendancy
dominio, influencia, influjo, dominación, autoridad, predominio, soberanía, mando
inferioridad, debilidad, superioridad, supremacía

ascertain
averiguar, determinar, descubrir, enterarse, establecer, hallar, indagar, verificar
imaginar, suponer

ask
1 preguntar, informarse de, cuestionar, solicitar, interpelar, interrogar
responder, contestar
2 pedir, rogar, implorar, exigir, solicitar, suplicar, reclamar
conceder, acceder
3 invitar, *(LAm)* convidar

asperity
1 aspereza, acrimonia, amargura, severidad, rigor, acritud, acidez, rudeza, dureza, tosquedad
afabilidad, alegría
2 escabrosidad, desigualdad, fragosidad, abruptez
llanura, lisura

aspersion
calumnia, abuso, censura, detracción, difamación, deshonra, injurias, vituperio
elogio, encomio

assemble
convocar, agrupar, acopiar, acumular, reunir, juntar, congregar
separar, dispersar

assent *(s)*
aprobación, acuerdo, asentimiento, aceptación, consentimiento, consenso, convenio, conformidad, pacto
desaprobación, rechazo, censura

assert
afirmar, asegurar, asentir, mantener, sostener
negar, desmentir

asseverate
aseverar, afirmar, declarar, sostener
negar, contradecir

associate *(v)*
acompañar, afiliarse, juntarse, unirse
separarse, oponerse

astute
astuto, agudo, inteligente, listo, ladino, penetrante, sagaz, perspicaz
lerdo, incauto, bobo

atrocious
1 atroz, diabólico, cruel, escandaloso, horrible, infame, infernal, monstruoso, vil, malvado
humano, caritativo, bondadoso
2 enorme, notorio
insignificante

attach
1 sujetar, retener, trabar, atar, afianzar
soltar, aflojar
2 acoplar, ajustar, conectar, ensamblar, soldar
desacoplar, desajustar
3 adjuntar, acompañar, agregar, anexionar, juntar, unir
separar, desunir

attack *(v)*
1 atacar, arremeter, acometer, asaltar, agredir, culpar, censurar, embestir, impugnar
defender, resistir
2 *(fig)* acometer, tratar de resolver

attack *(s)*
ataque, asalto, acometida, agresión, embestida, invasión, censura
defensa, resistencia

attain
alcanzar, ganar, conseguir, adquirir, lograr, obtener
perder

attention
1 atención, alerta, aplicación, cuidado, interés
distracción, descuido
2 cortesía, deferencia, consideración, urbanidad
descortesía, desatención, desconsideración

attentive
atento, consciente de, cortés, considerado, cuidadoso, respetuoso, urbano
desatento, descortés, maleducado

attenuate

atenuar, adulterar, debilitar, diluir, disminuir
aumentar, avivar

attest

afirmar, atestiguar, manifestar, declarar, testificar, confirmar, aseverar, asegurar
negar, refutar

attire (v)

vestir, equiparse, ataviarse, trajearse, uniformarse, ponerse, engalanarse, arroparse
desnudarse, desvestirse, quitarse, desarroparse

attire (s)

vestido, equipo, traje, indumentaria, uniforme, ropa, vestimenta, hábito, atavío, prenda
desnudez

attract

atraer, fascinar, granjearse las simpatías, ganarse, encantar, seducir, tentar, cautivar
repeler, rechazar

attractive

atractivo, atrayente, amable, interesante, simpático, sugestivo, fascinante, agradable, seductor, encantador, tentador, *(LAm)* lindo
repulsivo, desagradable, disuasivo, antipático

audacious

audaz, atrevido, arriesgado, osado, precipitado, intrépido, valiente, imprudente, temerario, descarado, emprendedor, decidido, valeroso
tímido, cobarde, prudente, poco emprendedor

augment

aumentar, agrandar, ampliar, alargar, crecer, engrosar, acrecentar, dilatar, realzar, intensificar, extender
disminuir, decrecer, mermar, reducir

augmentation

1 aumento, ampliación, desarrollo, engrandecimiento, engrosamiento, alargamiento
disminución, merma, reducción

2 añadidura, adición
deducción

august

augusto, exaltado, distinguido, grandioso, impresionante, majestuoso, regio, suntuoso, magnífico, solemne
indigno, bajo, innoble

austere

austero, estricto, duro, inflexible, adusto, riguroso, severo, rígido, serio
blando, indulgente, afable, genial

authentic

auténtico, autorizado, exacto, correcto, fiel, fidedigno, genuino, verdadero, real, legítimo, seguro, cierto, puro
falso, ficticio

auxiliary (s)

1 auxiliar, ayudante, subalterno, suplente
jefe, director

2 aliado, confederado

avarice

avaricia, avidez, codicia, miseria, mezquindad, rapacidad, tacañería
prodigalidad, generosidad

avenge

vengar, castigar, pagar, desagraviar, desquitar
perdonar, condonar, absolver

aversion

aversión, aborrecimiento, antipatía, repugnancia, repulsión, rencor, odio
simpatía, amor, afición, deseo

avidity

avidez, ansia, apetito, avaricia, afán, apetencia, anhelo, codicia, deseo, voracidad
aversión, saciedad

avoid

    evitar, evadir, esquivar, eludir, escapar, contenerse, abstenerse de, rehuir

avow

    afirmar, admitir, asegurar, aseverar, confesar, declarar, reconocer
    refutar, renunciar

award *(v)*

    adjudicar, asignar, asentir, conceder, conferir, dar, dispensar, otorgar
    denegar, recibir

awe *(s)*

    asombro, temor, miedo, horror, terror, pavor, espanto
    confianza, tranquilidad

awe *(v)*

    atemorizar, asustar, alarmar, aterrorizar, acobardar, desalentar, intimar, sobresaltar

    animar, envalentonar

awful

1 alarmante, espantoso, horroroso, detestable, terrible, horrible, horrendo, tremendo, inquietante, repugnante
    corriente, normal

2 majestuoso, portentoso, solemne, venerable
    insignificante, menudo

awkward

1 difícil, dificultoso, penoso, complicado, intrincado
    accesible, sencillo

2 inoportuno, importuno, impertinente, incongruente, inconveniente, indiscreto
    oportuno, conveniente

3 incómodo, inconveniente, irritante, irritable, molesto, inconfortable, desagradable

B

back *(s)*
> final, conclusión, parte posterior, reverso, revés, espalda
> *anverso, cara, frente*

back *(v)*
> 1 ayudar, asistir, apoyar, secundar, respaldar, aprobar, mantener, tolerar, sostener
> *oponerse, desaprobar*
>
> 2 confirmar, ratificar, corroborar
> *rechazar*
>
> 3 retroceder, recular, desandar, volver grupas
> *avanzar*

backslide
> reincidir, recaer, volver a las andadas, volver a caer
> *enmendarse, corregir*

bad
> 1 malo, malicioso, diabólico, ruin, vicioso, malvado, vil, inmoral, tramposo, criminal, falso, abominable, canallesco, mezquino
> *bueno, magnánimo*
>
> 2 nefasto, funesto, pernicioso, nocivo, peligroso, dañoso, dañino, perjudicial, lastimoso
> *bueno, beneficioso*
>
> 3 travieso, revoltoso
> *bueno, obediente*
>
> 4 enfermo, indispuesto, malo
> *sano, saludable*
>
> 5 difícil, penoso, molesto
> *fácil, ameno*
>
> 6 usado, malo, de baja calidad, estropeado
> *nuevo, flamante, fresco*

baffle
> 1 impedir, parar, detener, dar mate, frenar, entorpecer, estorbar, atar de manos, cortar las alas
> *ayudar, facilitar*
>
> 2 desconcertar, aturdir, dejar perplejo, confundir, desorientar, turbar
> *concertar*

baleful
> 1 siniestro, calamitoso, desastroso, devastador, hiriente, pernicioso, funesto, lastimero, nocivo, dañoso
> *bueno, beneficioso, saludable*
>
> 2 ceñudo, hosco

baneful
> dañoso, nocivo, pernicioso, perjudicial, dañino, malo, maléfico, negativo
> *inofensivo, bueno, saludable*

bar *(s)*
> 1 obstáculo, barricada, barandilla, impedimento, valladar, estorbo, freno, medida, valla, verja
> *facilidad*
>
> 2 barra, palanca
>
> 3 *(jabón, chocolate)* pastilla, *(chocolate)* tableta
>
> 4 bar, *(LAm)* cantina

bar *(v)*
> 1 estorbar, dificultar, entorpecer, impedir, frenar, bloquear, refrenar, reprimir
> *facilitar, permitir*
>
> 2 excluir, exceptuar
> *permitir, admitir*

barbarous
> 1 bárbaro, brutal, inhumano, feroz, cruel, fiero, violento, crudo, bruto
> *dulce, cariñoso, humano*
>
> 2 ignorante, tosco, cerril, inculto, rudo, grosero, torpe, primitivo, basto, burdo
> *refinado, culto, educado*

bare
> 1 desnudo, desvestido, descubierto, desabrigado, destapado, desarropado, desprovisto, *(fig)* sin adorno, sencillo, expuesto, claro, evidente
> *vestido, cubierto, arropado*
>
> 2 escaso, insuficiente, corto
> *suficiente*

barren

árido, infecundo, improductivo, desierto, estéril, infértil, improductivo, infructuoso, pobre
fértil, fecundo, productivo

base *(aj)*

infame, degradado, deshonroso, rastrero, servil, indigno, ignominioso, innoble, vil, ruin, maligno, depravado, abyecto, bajo, corrompido, despreciable, traidor, perverso, falso
bueno, honorable, noble, sublime

bashful

tímido, falto de confianza, vergonzoso, avergonzado, indeciso, irresoluto, modesto, evasivo, reservado, retraído, (*LAm*) apenado
decidido, resuelto, desenvuelto

bawl

vocear, dar voces, berrear, vociferar, gritar, chillar, bramar, desgañitarse, rugir
callar, murmurar, susurrar

beaming

radiante, brillante, resplandeciente, luminoso, centelleante, reluciente, fulgurante, precioso
apagado, mate

beautify

embellecer, ataviar, engalanar, decorar, ornamentar, adornar
afear, desfigurar, mutilar

beauty

belleza, hermosura, elegancia, encanto, gracia, guapura, atractivo, delicadeza, exquisitez, atracción
fealdad, insulsez

becoming *(aj)*

decoroso, correcto, decente, conveniente
indecente, indecoroso

beg

1 suplicar, solicitar, reclamar, pretender, perseguir
dar, conceder, entregar, acceder

2 mendigar, pordiosear, limosnear, suplicar, implorar
donar

beggarly

1 indigente, necesitado, desamparado
rico, creso, opulento

2 (*fig*) bajo, infame, pobre, vil, despreciable, avariento, tacaño, mísero

begin

iniciar, comenzar, inaugurar, abrir, empezar, emprender
terminar, acabar, concluir

beginning

comienzo, prólogo, prefacio, preludio, principio, nacimiento, origen, inicio, estreno, apertura, inauguración
fin, conclusión, clausura

behindhand

atrasado, tardío, retrasado, pospuesto, postergado, demorado, dilatado
precoz, temprano, adelantado

beleaguer

sitiar, cercar, asediar, rodear, poner cerco, poner sitio, circunvalar, obstruir, dificultar, acosar, perseguir, bloquear, encerrar
dejar libre, levantar el sitio

bellow *(s)*

bramido, rugido, grito, chillido, vociferación, alarido, gritería, clamor
murmullo, susurro

bellow *(v)*

gritar, vocear, chillar, bramar, vociferar

bemuse

aturdir, dejar perplejo, turbar, perturbar, azorar, confundir, azarar, desconcertar
serenar, despabilar

bend *(v)*

encorvar, doblar, torcer, arquear, inclinar, plegar, combar, curvar, desviar
enderezar, estirar

benediction

1 bendición, beatitud, invocación, plegaria, alabanza, enalteci-

miento, ensalzamiento, engrandecimiento
ofensa, injuria, imprecación
2 gracia, ayuda, protección, favor
maldición, castigo

beneficial
beneficioso, provechoso, favorable, útil, productivo, saludable, ventajoso, rentable, lucrativo
perjudicial, malo, desfavorable

benefit (s)
1 favor, merced, regalo, ayuda, apoyo
daño, mal, perjuicio
2 utilidad, ventaja, rendimiento, provecho, beneficio
pérdida, gasto

benevolent
benévolo, caritativo, altruista, benéfico, filantrópico, bondadoso, afable, benigno, generoso, amable, humano, cariñoso, compasivo
malintencionado, inclemente, inhumano

benign
benigno, generoso, amable, servicial, atento, afable, humano, afectuoso, complaciente, favorable
duro, poco servicial

bereave
privar, despojar, desposeer, expropiar, usurpar, desproveer, (fig) desnudar

besiege
asediar, sitiar, cercar, acorralar, bloquear, poner cerco, rodear
dejar libre, levantar el sitio

bestir
menear, animar, vivificar, ejercer, afanarse, estimular, revolver, agitar
dejar tranquilo

betimes
temprano, pronto, con adelanto, a tiempo, rápidamente
tarde, tardíamente

betray
1 traicionar, delatar, entregar, descubrir
ser leal, proteger

2 revelar, delatar, divulgar, decir, confesar, publicar, cantar
ocultar, callar

better (aj)
mejor, preferible, superior, perfeccionado, primero, mayor
peor, inferior, último

better (av)
de manera superior, en forma superior
peor, en forma inferior, de manera inferior

better (v)
mejorar, remediar, adelantar, aumentar, reformar, corregir, enmendar, perfeccionar, prosperar, aventajar, acrecentar, renovar, desarrollar, superar
empeorar, deteriorar, pervertir

bewitch
1 hechizar, extasiar, hipnotizar, embrujar, encantar
desencantar
2 (fig) cautivar, atraer, seducir, fascinar, embelesar
repeler, repugnar

bias
1 predisposición, propensión, inclinación, predilección, tendencia, disposición, talento
desafecto, repelencia, odio
2 sesgo, diagonal

bid (v)
1 ordenar, mandar, decretar, disponer, decidir, preceptuar, prescribir
revocar, desobedecer
2 saludar, dar la bienvenida
3 ofertar, ofrecer

big
1 grande, amplio, enorme, colosal, considerable, vasto, espacioso, desmesurado, monumental, extenso, mayúsculo, grandioso
pequeño, mínimo, corto, minúsculo, menudo
2 ostentoso, fastuoso, arrogante, presuncioso, engreído, altivo, altanero, orgulloso
humilde

bind

1 atar, liar, amarrar, juntar, enlazar, ligar, unir
desatar, desamarrar, soltar

2 atramparse, embarullarse, verse negro, atascarse, embrollarse, entorpecerse, liarse
desembarazarse, desliarse

3 obligar, exigir, imponer
permitir, facultar, eximir

birth

1 nacimiento, parto, *(fig)* origen, principio
término, fin

2 ascendencia, línea, familia

black

1 negro, tenebroso, obscuro, negruzco, tenebroso, oscuro
blanco, claro

2 infeliz, infausto, desventurado, triste, sombrío, melancólico, aciago, apurado, funesto, atroz
alegre, fausto, venturoso

blacken

1 ennegrecer, calcinar, ensuciar
limpiar, enblanquecer

2 *(fig)* difamar, desprestigiar, mancillar, infamar, desacreditar, denigrar, calumniar, ensombrecer
honrar, ennoblecer

blame *(v)*

culpar, censurar, condenar, acusar, incriminar, atribuir, achacar, reprender
excusar, exculpar

blameless

inocente, puro, honesto, honrado, inmaculado, irreprochable, perfecto, intachable
deshonesto, culpable

bland

amable, afable, afectuoso, agradable, simpático, atento, cortés, cariñoso, bonachón, correcto
desagradable, descortés, desatento, antipático, severo, duro, cruel, tosco, grosero

blasphemy

blasfemia, indignidad, impiedad, profanidad, irreverencia, sacrilegio
alabanza, bendición

bleach *(v)*

blanquear, emblanquecer, *(fig)* palidecer
ennegrecer, ensuciar, oscurecer

bleak

desierto, descubierto, solo, vacío, desolado, desolador, triste, sombrío
habitado, concurrido, frecuentado

blemish

mancha, nota, defecto, borrón, tacha, deshonra, deshonor
honra, reputación, honor

blend *(v)*

combinar, mezclar, armonizar, integrar, compaginar, casar, acoplar, ordenar
descomponer, desintegrar

bless

1 bendecir, alabar, dar gracias, glorificar, elogiar, magnificar, ensalzar, honrar, consagrar, santificar
ofender, injuriar, insultar

2 amparar, proteger, favorecer, ayudar, asistir
abandonar, desamparar, castigar

bliss

felicidad, satisfacción, éxtasis, gloria, alegría, gozo, beatitud, bendición
sufrimiento, aflicción, desdicha

blithe

alegre, vivo, animado, jovial, festivo, gozoso, vivaz
triste, apenado, apesadumbrado

block *(v)*

impedir, refrenar, obstaculizar, entorpecer, obstruir, atascar, estorbar, impedir, dificultar, *(LAm)* atorar
facilitar

block *(s)*

1 estorbo, obstáculo, traba, entorpecimiento, dificultad, atasco, obstrucción
   ayuda, favor

2 *(edificio)* bloque, manzana, *(LAm)* cuadra

blot *(v)*

1 manchar, ensuciar, motear, salpicar, deslustrar, desfigurar, afear, estropear, malograr, arruinar, mancillar, deshonrar
   purificar, honrar, limpiar

2 cancelar, destruir, borrar, tachar, eliminar
   purificar, honrar, limpiar

blot *(s)*

borrón, tachadura, mácula, tacha
   alabanza, elogio

blue *(fig)*

1 melancólico, abatido, desanimado, desalentado, pesimista, triste, afligido, desilusionado, taciturno, alicaído
   alegre, contento, jubiloso

2 *(obsceno)* verde, *(LAm)* colorado

bluff *(aj)*

franco, abierto, directo, abrupto, áspero, brusco
   sinuoso, cerrado, hosco

bluff *(v)*

engañar, mentir, burlar, falsificar, falsear
   desengañar, abrir los ojos

blunt

1 despuntado, desafilado, embotado

2 *(fig)* brusco, descortés, abrupto, rudo, áspero, desabrido, descortés, grosero
   cortés, afable, suave

boast *(s)*

alarde, jactancia, presunción, fanfarronada, vanagloria
   disimulo, ocultación

boast *(v)*

alardear, gallardear, lucir, hacer gala
   ser discreto

boil *(v)*

hervir, agitar, burbujear, bullir, hervir, echar espuma, rabiar, estar furioso
   pararse, aquietarse

boisterous

borrascoso, clamoroso, vociferante, tempestuoso, tormentoso, furioso, frenético, estrepitoso, turbulento, bullicioso, revoltoso, ruidoso
   tranquilo, sosegado, silencioso

bold

audaz, aventurero, emprendedor, osado, atrevido, arriesgado, intrépido, valiente, decidido, firme
   tímido, prudente, comedido

bondage

cautiverio, cautividad, aprisionamiento, confinación, esclavitud, encarcelamiento, sujeción, internamiento
   libertad

bonny

1 bonito, hermoso, bello, agraciado, precioso, lindo
   feo

2 rechoncho, regordete, rollizo
   flaco

boon *(s)*

beneficio, favor, gracia, servicio, don, regalo, donación
   daño, mal, perjuicio

boorish

palurdo, tosco, paleto, rudo, zafio, basto
   culto, refinado, urbano, elegante

border *(s)*

borde, lindero, orilla, linde, falda, labio, margen, límite
   centro

boss *(s)*

1 protuberancia, bulto, saliente, relieve, taco
   hoyo, depresión

2 jefe, empresario, capataz, mayoral, superintendente, inspector, director, patrono, patrón, amo, due-

ño, presidente, *(Am) (política)* cacique
súbdito, subalterno

boss *(v)*
regir, regentar, gobernar, dirigir, administrar, llevar el timón, mandar
obedecer

bother *(s)*
molestia, enojo, irritación, agitación, perplejidad, problema, estorbo, inquietud, preocupación, incomodo
goce, tranquilidad, comodidad

bother *(v)*
molestar, incomodar, importunar, perseguir, irritar, enfadar, contrariar
agradar, contentar

boundless
ilimitado, inmensurable, enorme, infinito, indefinido
limitado, finito

bravado
bravata, baladronada, chulería, fanfarronada, jactancia
humildad, modestia, discreción

brave *(aj)*
bravo, osado, valeroso, heroico, valiente, atrevido, intrépido, bizarro, resoluto, esforzado, audaz, decidido
cobarde, indeciso

brazen
descarado, descocado, desvergonzado, atrevido, deslenguado, fresco, insolente, cínico, impúdico
prudente, discreto

breach *(s)*
1 brecha, grieta, hendedura, abertura, quebradura, boquete, raja, fisura, rotura, ruptura, cisura
cierre
2 discordia, disputa, cisma, diferencia, desacuerdo, disconformidad, discrepancia
reconciliación

brevity
brevedad, cortedad, abreviamiento, abreviación, condensación, concisión, laconismo
duración, extensión

brief *(aj)*
1 breve, corto, limitado, compendioso, brusco, seco, restringido, efímero, sucinto, lacónico, conciso
largo, extenso
2 efímero, fugaz, pasajero, transitorio
largo, prolongado

bright
1 brillante, centelleante, luciente, resplandeciente, radiante, brillador, cegador, deslumbrante, esplendoroso, fulgurante, lustroso, nítido, reluciente, chispeante, luminoso
opaco, mate, apagado, deslucido
2 claro, despejado, sin nubes, diáfano, puro, lúcido, translúcido, transparente
nublado, oscuro
3 inteligente, agudo, listo, perspicaz, ingenioso, sutil
torpe, tonto, estúpido
4 alegre, alborozado, animado, jovial, divertido, gracioso, festivo, gozoso
triste, apenado, apesadumbrado, afligido

bring
traer, trasladar, atraer, aproximar, acercar, transferir, transportar, trasplantar
llevar, alejar

brisk
activo, ágil, brillante, vivo, enérgico, avispado, eficaz, dinámico
inactivo, apático

broach
1 abrir, destapar, descubrir
cerrar, tapar
2 aludir, sugerir, insinuar, apuntar, mencionar
omitir, callar

brook *(v)*

    permitir, aguantar, sufrir, consentir, admitir, acceder, tolerar, conceder
    prohibir, negar

brook *(s)*

    arroyo, riachuelo, arroyuelo

burden *(v)*

  1 cargar, gravar, asignar, aumentar
    exonerar, desgravar

  2 molestar, fastidiar, incomodar, importunar
    agradar, satisfacer

burning

  1 ardiente, llameante, vivo, incandescente, caliente, ardoroso, candente, abrasador
    frío, helado

  2 *(fig)* fervoroso, fogoso, vehemente, ardiente, exaltado
    calmoso, sosegado, tranquilo

burnish

    bruñir, pulir, abrillantar, acicalar, lustrar, renovar, restaurar
    deslustrar, deslucir

bury

  1 enterrar, sepultar, soterrar
    desenterrar, exhumar

  2 ocultar, esconder, callar, disimular, encubrir
    revelar, descubrir

bustle *(s)*

    bullicio, movimiento, agitación, confusión, tumulto, revuelo, sensación, bulla, alboroto, excitación, precipitación
    quietud, paz

busy *(aj)*

    ocupado, activo, ágil, diligente, atareado, trabajador, dedicado
    aliviado, aligerado, descargado

C

cacophony
cacofonía, inarmonía, malsonancia, discordancia
asonancia, armonía

cadaverous
cadavérico, pálido, macilento, demacrado, lívido
radiante, rubicundo, rojizo

calamity
calamidad, adversidad, aflicción, cataclismo, desgracia, infortunio, desdicha, catástrofe, prueba, desastre
dicha, fortuna, victoria

calculate
1 calcular, considerar, pensar, creer, determinar, meditar, suponer
adivinar

2 calcular, ajustar, estimar, tasar, valorar, computar, contar

callous
insensible, indiferente, impasible, duro, endurecido, flemático, inconmovible, indiferente, apático
sensible, impresionable, sentimental

calm (v)
tranquilizar, aliviar, mitigar, aquietar, calmar, sedar, sosegar, serenar, satisfacer, moderar, aplacar, apaciguar, pacificar
inquietar, turbar, destemplar

calumniate (v)
calumniar, maldecir, denigrar, desvirtuar, desacreditar, hablar mal de, infamar, difamar, vilipendiar
honrar

calumny
calumnia, abuso, ultraje, ofensa, injuria, mentira, deshonra, falsedad, difamación, falacia, descrédito, maledicencia, murmuración, vilipendio
verdad, veracidad

cancel
cancelar, anular, abolir, invalidar, abrogar, suprimir, tachar, borrar, rescindir, suprimir, revocar, eliminar
confirmar, ratificar

candid
franco, sencillo, sincero, leal, natural, abierto, cordial, llano, honrado, imparcial, ingenuo
parcial

capable
capaz, apto, calificado, idóneo, experimentado, sabio, hábil, competente, experto, diestro, eficiente, eficaz, talentoso
incapaz, desconocedor, inepto

capacious
amplio, extenso, dilatado, espacioso, ancho, vasto, grande, complejo, exhaustivo
angosto, reducido, estrecho

capital
1 capital, principal, fundamental, central, primordial, esencial, trascendental
secundario, menor, accidental

2 estupendo, admirable, asombroso, pasmoso, fantástico, sorprendente, maravilloso, portentoso, prodigioso, excelente
horroroso, espantoso

capsize
volcar, capotar, trastornar, trastocar
sostener, enderezar

captivate
cautivar, atraer, conquistar, granjearse, ganar, interesar, tentar, captarse la voluntad de, hechizar, encantar, dominar, embelesar, extasiar, hipnotizar, seducir, fascinar
repeler, rechazar

captive
    cautivo, confinado, esclavizado, esclavo, dependiente, sujeto, vasallo
    libre, liberado

captivity
    cautiverio, cautividad, confinación, esclavitud, encarcelamiento, reclusión, servidumbre, vasallaje
    libertad

capture (v)
    capturar, agarrar, apresar, atrapar, arrestar, coger, detener, prender
    soltar, liberar

cardinal
    capital, cardinal, esencial, fundamental, importante, principal
    secundario, subordinado

care (s)
    1 cuidado, atención, delicadeza, esmero, meticulosidad, precaución, solicitud
    descuido, desgana
    2 inquietud, agitación, ansiedad, ansia, excitación, impaciencia, intranquilidad, nerviosismo
    calma, sosiego, paz, tranquilidad

careful
    1 cuidadoso, circunspecto, cauto, prudente, precavido, reservado, discreto, considerado, vigilante, solícito
    descuidado, imprevisor
    2 inquieto, preocupado, solícito, activo, desasosegado, confuso, impaciente, dinámico
    sosegado, tranquilo, pacífico

carnal
    1 animal, carnoso, impúdico, licencioso, voluptuoso, lujurioso, libidinoso, lascivo, sensual
    puro, casto
    2 terrenal, materialista, epicúreo, carnal, humano, secular, mundano
    espiritual

castigate
    castigar, escarmentar, disciplinar, reprender, increpar, reñir, enmendar, reprimir
    indulgir, pasar por alto

casual
    casual, fortuito, accidental, imprevisto, contingente, incidental, incierto
    pensado, previsto

catastrophe
    1 catástrofe, infortunio, calamidad, aflicción, adversidad, desastre, desgracia, cataclismo, mala suerte
    beneficio
    2 conclusión, terminación, consecuencia, desenlace, fin, final, terminación, resultado
    principio, origen

catch (v)
    1 coger, asir, atrapar, detener, capturar, entrampar, enredar
    soltar, dejar
    2 (fig) hechizar, cautivar, encantar, fascinar, seducir
    repeler

caustic
    cáustico, corrosivo, quemante, acre, ardiente, cortante, mordaz, penetrante, punzante, picante, virulento
    apacible, suave, blando

caution
    1 cautela, circunspección, discreción, prudencia, maña, cuidado, miramiento, previsión
    ingenuidad, sinceridad, inhabilidad, imprudencia
    2 advertencia, amonestación, aviso, censura, reprimenda
    elogio, encomio

cautious
    cauteloso, alerta, circunspecto, discreto, vigilante, reservado, prudente, precavido, cauto
    imprudente, desatento, descuidado

cease
    cesar, culminar, acabar, concluir, desistir, detener, finalizar, interrumpir, parar, terminar
    empezar, continuar

cede
    abandonar, abdicar, ceder, conceder, dimitir, entregar, otorgar,

rendir, renunciar, transferir, someter

mantener, aguantar

celebrated

célebre, eminente, famoso, conocido, ilustre, magnífico, notable, glorioso, renombrado

desconocido, oscuro

celebrity

celebridad, distinción, eminencia, fama, gloria, honor, notoriedad, popularidad, renombre, reputación

anónimo, oscuridad

celerity

celeridad, prisa, precipitación, prontitud, presteza, diligencia, rapidez, velocidad, vivacidad

lentitud, tardanza

censure *(s)*

censura, condenación, condena, crítica, culpa, desaprobación, protesta, reparo, reproche, reprensión, reprimenda

elogio, alabanza, encomio

ceremonious

ceremonioso, cortés, correcto, civil, fino, elegante, formal, meticuloso, puntilloso, respetuoso, solemne

informal

certain

cierto, constante, auténtico, infalible, incuestionable, seguro, irrefutable, manifiesto, palpable, evidente, indubitable, incontestable, positivo, indiscutible, inequívoco, claro, patente, verdadero

dudoso, incierto, discutible

certainty

certeza, certidumbre, inevitabilidad, certitud, seguridad, convicción, evidencia, verdad, convencimiento

duda, inseguridad, incertidumbre

certify

certificar, afirmar, aseverar, asegurar, hacer constar, dar fe, declarar, verificar, mostrar

negar, rechazar

cession

cesión, capitulación, concesión, otorgamiento, renuncia, entrega, traspaso, transmisión, abandono

resistencia

champion *(s)*

campeón, protector, vencedor, desafiador, defensor, héroe, vindicador

perdedor

champion *(v)*

apoyar, abogar por, defender

oponerse, atacar

chance *(aj)*

fortuito, imprevisto, casual, accidental

previsto

chance *(s)*

casualidad, azar, ocasión, oportunidad, suerte, posibilidad, probabilidad

certeza

chance *(v)*

arriesgar, exponer, ocurrir, acontecer

proteger, guardar

change *(s)*

1 cambio, alteración, alternación, innovación, mutación, novedad, revolución, renovación, sustitución, transición, transmutación, transformación, variedad, variación, vuelta

conservación, permanencia

2 moneda suelta, suelto, vuelta, *(LAm)* sencillo, feria, vuelto

change *(v)*

cambiar, modificar, desplazar, diversificar, fluctuar, variar, trasladar, mover, sustituir, reemplazar, transmitir, girar, convertir, transformar

permanecer

changeable

cambiable, mudable, modificable, inconstante, irregular, veleidoso, movedizo, inestable, variable, versátil, volátil

constante, exacto, firme, fijo, estable

changeless

inmutable, firme, estable, constante, inalterable, fijo, irrevocable, imperturbable, impasible, permanente
cambiante, mudable, mutable, alterable

chaos

caos, anarquía, confusión, desorden
orden

charitable

1 benevolente, caritativo, benéfico, bondadoso, amable, bueno, pródigo, generoso
tacaño, agarrado

2 tolerante, liberal, considerado, atento, comedido, indulgente
inconsiderado

charity

1 caridad, benevolencia, benignidad, compasión, magnanimidad, liberalidad, generosidad, filantropía, altruismo
egoísmo

2 socorro, limosna, protección, auxilio
abandono, desamparo

charm *(s)*

1 hechizo, atracción, fascinación, éxtasis, encanto, embrujamiento, encantamiento, prodigio, embeleso
repulsión

2 atracción, fascinación, magia, seducción, encanto
repulsión, repugnancia

charm *(v)*

1 hechizar, embrujar, encantar, extasiar
desencantar

2 cautivar, atraer, seducir, enamorar, deleitar, fascinar, embelesar
repeler, repugnar

chary

cauteloso, silencioso, circunspecto, cuidadoso, reservado, prudente, precavido, callado, astuto, cauto
imprudente

chaste

casto, decente, inmaculado, incorrupto, modesto, puro, virtuoso, honesto, incorrupto, limpio, púdico, platónico
sensual, lujurioso, libidinoso, impuro

chasten

castigar, afligir, reprender, increpar, reñir, reprimir
indulgir, pasar por alto

chastise

castigar, corregir, escarmentar, disciplinar, azotar, flagelar, golpear
perdonar, absolver

cheap

1 barato, saldado, asequible
caro, costoso

2 vulgar, ordinario, tosco, basto, de mal gusto, ridículo
fino, elegante, refinado, superior

check *(v)*

1 parar, detener, impedir, frenar, sujetar, inmovilizar, paralizar, contener, espantar, estancar, retener, estacionar
movilizar, mover, marchar

2 controlar, comprobar, examinar, censurar, verificar, criticar, inspeccionar, contrastar, vigilar, intervenir
descuidar, omitir

3 reprender, corregir, amonestar, reñir, regañar, reprochar, reconvenir, sermonear, increpar, reprobar, censurar
encomiar, ensalzar, felicitar

cheerful

alegre, radiante, contento, satisfecho, animado, jovial, divertido, gozoso, dichoso, agradable
triste, apenado, apesadumbrado, afligido, melancólico

cheerfulness

alegría, dicha, felicidad, contento, gozo, satisfacción, regocijo, placer, alborozo
pena, tristeza, pesadumbre, aflicción

cheerless

triste, abatido, desanimado, deprimido, desconsolado, afligido, amargado, nostálgico, taciturno, dolorido, tristón, sombrío, melancólico
alegre, contento, alborozado, regocijado, radiante

cherish

cuidar, confortar, animar, entretener, guardar, atender, velar, mimar
abandonar, descuidar, desatender

chief *(aj)*

principal, fundamental, primordial, capital, importante, esencial, trascendente, inexcusable, básico, cardinal
secundario, accesorio, menor

chief *(s)*

jefe, superior, director, patrono, patrón, amo, capitán, presidente, líder
inferior, súbdito, vasallo, esclavo, subalterno

child

niño, bebé, pequeño, mocoso, chico, chaval, muchacho, criatura, infante
adulto

childish

pueril, infantil, pequeño, aniñado, inocente, tierno, ingenuo
resabiondo, retorcido

circuitous

tortuoso, ambiguo, sinuoso, serpentino, torcido
recto, llano

circulate

difundir, diseminar, hacer circular, propalar, circular, esparcir, saber, divulgar, transmitir, propagar, publicar, trascender, cundir
ocultar, encubrir

citizen

ciudadano, habitante, vecino, morador, hombre libre, residente, súbdito
extranjero

civil

1 municipal, civil, nacional, interior, político
2 refinado, culto, servicial, complaciente, atento, afable, civilizado, cortés, fino, correcto, educado
mal educado, rudo

claim *(v)*

pedir, demandar, requerir, exigir, cuestionar, insistir
renunciar

clamour *(s)*

estrépito, clamor, estruendo, exclamación, barahúnda, vocería, vocerío, tumulto, ruido, grito, alboroto, escándalo, vociferación
quietud

clarify

aclarar, limpiar, purificar, refinar
manchar, deshonrar

clash *(v)*

sonar, hacer ruido, contender, luchar, diferir, discrepar, interferir, chocar
estar de acuerdo

clasp *(s)*

alfiler de pecho, prendedor, hebilla, pestillo, broche, pasador, gancho

clasp *(v)*

sujetar, apretar, empuñar, agarrar, asir, atar, abrazar, conectar
aflojar, soltar

classify

clasificar, disponer, arreglar, ordenar, convenir, disponer, colocar, distribuir
desarreglar, descomponer

clean

1 impecable, intachable, sin defecto, perfecto, sin tacha, inmaculado
sucio, manchado
2 aclarado, purificado, sin mezcla, puro, no adulterado, no contaminado
impuro
3 casto, honrado, inocente, virtuoso, puro, inmaculado
inmoral

4 delicado, elegante, pulcro, esmerado, acicalado, aseado, arreglado
desmañado

clear *(aj)*

1 claro, brillante, despejado, cristalino, límpido, transparente, luminoso, lustroso, iluminado
oscuro

2 aparente, comprensible, inconfundible, visible, evidente, inteligible, manifiesto, obvio, patente, claro

3 vacío, libre, sin estorbos, ilimitado, sin obstáculos, despejado
obstruido

4 inocente, libre de culpa, virtuoso, puro, inmaculado
impuro

clear *(v)*

1 limpiar, asear, purificar, depurar, refinar
contaminar, ensuciar

2 absolver, perdonar, exonerar, disculpar, vindicar, justificar
condenar

3 emancipar, liberar, soltar
esclavizar

4 soltar, desasir, desatar, aflojar
obstruir, cerrar

clever

listo, inteligente, hábil, apto, diestro, ingenioso, rápido, talentoso, experto
estúpido, bobo

climb

trepar, subir, escalar
descender, bajar

close *(v)*

1 atrancar, obstruir, impedir, bloquear, atascar, tapar, cerrar
abrir, destapar

2 cesar, completar, concluir, acabar, terminar, completar
empezar, comenzar, iniciar

clutch *(v)*

apretar, sujetar, empuñar, coger, agarrar, asir, estrechar, arrebatar
soltar, aflojar

coalition

alianza, asociación, combinación, convenio, pacto, confederación, conjunción, conspiración, liga, unión
separación

coarse

descarado, descortés, mal educado, inoportuno, rudo, brutal, palurdo, grosero, borde, bruto, bronco, brusco, inculto
refinado, fino, educado

coherence

coherencia, concordancia, conformidad, coalición, cohesión, congruencia, conexión, correspondencia, unión, unidad
incongruencia, desacuerdo

collect

acumular, juntar, acopiar, agregar, reunir, amontonar, recoger
extender, propagar, difundir

collection

1 reunión, colección, asamblea, grupo, multitud, montón, acumulación
dispersión

2 limosna, contribución, ofrecimiento, ofrenda

colossal

enorme, colosal, gigante, hercúleo, inmenso, monstruoso, vasto, prodigioso
diminuto

combat *(s)*

combate, batalla, acción, conflicto, contienda, lucha, pelea, escaramuza
paz

combat *(v)*

batallar, contender, luchar, combatir, enfrentarse, luchar, resistir, oponerse, forcejear

combine

combinar, amalgamar, asociar, mezclar, combinar, componer, colaborar, mezclar, unir
separar

comfort *(s)*
alivio, ayuda, socorro, favor, mitigación, consolación, disfrute, protección, apoyo
irritación, enojo

comfort *(v)*
aliviar, mitigar, animar, alegrar, consolar, alentar, regocijar, fortalecer, vigorizar, estimular
perturbar, inquietar

comfortable
grande, espacioso, cómodo, agradable, acogedor, encantador, delicioso, grato, próspero
incómodo, molesto

command *(s)*
mando, control, dominio, por orden de, asalto, orden, instrucción, gobierno, mandato, precepto, regla
ruego, súplica

command *(v)*
ordenar, mandar, obligar, controlar, exigir, reclamar, dirigir, dominar, gobernar, requerir, regir
suplicar

commence
empezar, comenzar, inaugurar, iniciar, originar, principiar
terminar, acabar, finalizar

commend
1 aplaudir, aprobar, alabar, elogiar, encomiar, ensalzar
desaprobar
2 comprometerse, confiar, entregar, dar, rendir

commendation
aprobación, consentimiento, encomio, estímulo, coraje, fomento, panegírico, recomendación
culpa, censura

common
1 acostumbrado, corriente, común, frecuente, general, habitual, ordinario, usual, normal, *(LAm)* ordinario, vulgar
2 general, común, popular, público, universal
limitado

communicate
avisar, comunicar, informar, anunciar, escribirse, declarar, revelar, divulgar, impartir, hacer saber, publicar
ocultar, disimular, encubrir

compact *(aj)*
1 cerrado, compacto, denso, firme, condensado, comprimido, sólido
suelto, flojo
2 conciso, breve, lacónico, compendiado, sucinto
largo, extenso

compact *(s)*
1 pacto, convenio, arreglo, contrato, estipulación
2 *(Am) (automóvil)* utilitario

company
1 compañía, reunión, colección, círculo, grupo, comunidad, sociedad, muchedumbre, corporación, sindicato, tropa
individuo
2 compañerismo, invitados, visitantes, fiesta, guateque
solicitud

compare
asimilar, cotejar, comparar, competir, parecerse a, asemejarse
contrastar

compass *(s)*
área, límite, circunferencia, círculo, circuito, extensión, cercado, recinto, recorrido

compass *(v)*
1 acosar, perseguir, asediar, sitiar, bloquear, circunscribir, cercar, rodear
excluir
2 conseguir, ejecutar, efectuar, realizar, cumplir, obtener
fallar

compel
coaccionar, obligar, forzar, conducir, hacer cumplir, impulsar, incitar, instar
persuadir

compensation

compensación, expiación, indemnificación, pago, recompensa, premio, salario, remuneración, gratificación
privación

complacent

1 afable, civil, cortés, educado, servicial, agradecido, reconocido
rudo, grosero, descortés

2 satisfecho, complaciente, contento
descontento, insatisfecho

complain

lamentar, quejarse, deplorar, acongojarse, afligirse, refunfuñar, gemir
resignarse, ser sumiso

complete

consumado, experto, hábil, diestro, suficiente, adecuado, completo, entero, total, intacto, integral
incompleto

complication

combinación, complicación, complejidad, confusión, enredo, embrollo, mezcla
simplificación

compliment (s)

admiración, elogio, encomio, cortesía, atención, favor, adulación, halago, alabanza, homenaje
desprecio, insulto

compliment (v)

alabar, elogiar, felicitar, ensalzar, adular
insultar

complimentary

elogioso, de felicitación, encomiador, adulador, ensalzador, panegírico
despreciativo, despectivo

compose

1 componer, integrar, hacer, juntar

2 construir, inventar, crear, imaginar, endilgar

3 ajustar, arreglar, regular
desarreglar

4 apaciguar, aplacar, calmar, suavizar, tranquilizar, pacificar, aliviar
excitar, entusiasmar

comprehend

1 percibir, discernir, comprender, saber, ver, entender
interpretar mal, entender mal

2 abarcar, constar de, contener, incorporar, encerrar, incluir

comprehensive

amplio, extenso, grande, espacioso, completo, voluminoso, vasto, ancho
limitado, reducido

concession

concesión, privilegio, reconocimiento, beneficio, otorgamiento
denegación, negativa

concise

conciso, breve, compacto, sólido, compendioso, global, abreviado, lacónico, corto, sucinto, sumario
prolijo

conclude

1 cerrar, concluir, terminar, completar, finalizar, acabar
empezar, iniciar

2 decidir, determinar, deducir, sacar consecuencia de que, inferir, optar por algo, resolverse por, (*Am*) decidir hacer

condemn

1 culpar, censurar, desaprobar, reprochar
aprobar, estar de acuerdo

2 condenar, sentenciar
absolver, exonerar

condone

condonar, tolerar, disculpar, perdonar, olvidar, dispensar
castigar

confess

1 confesar, reconocer, admitir, conceder, permitir
negar

2 atestiguar, confesar, declarar, confirmar

confidence

1 confianza, creencia, fe, dependencia
desconfianza, recelo

2 aplomo, serenidad, audacia, coraje, firmeza, independencia
aprensión, temor

confidential

1 confidencial, íntimo, privado, secreto
público

2 fiel, exacto, fidedigno, confiable, de confianza
de poca confianza

confirm

1 confirmar, asegurar, establecer, fijar, consolidar, determinar
refutar, rebatir

2 confirmar, aprobar, dar por bueno, corroborar, verificar, autorizar
refutar, confutar

congregate

congregarse, reunirse, convocar a alguien, encontrarse, juntarse
dispensarse, separarse

connect

asociar, juntar, conectar, adherirse, fusionar, unir, ensamblar
separar

connection

1 alianza, asociación, unión, enlace, conexión
disyunción

2 afinidad, comercio, entendimiento, correspondencia, relación

conquer

conquistar, dar mate, aniquilar, destruir, vencer, derrotar, subyugar, triunfar, imperar, predominar
perder, someter

consent *(s)*

consentimiento, asentimiento, acuerdo, aprobación, conformidad, permiso
negativa, denegación

consent *(v)*

consentir, asentir, acceder, estar de acuerdo, conceder, permitir, ceder
rehusar, negar, denegar

consequence

consecuencia, efecto, resultado, fin, suceso
causa

consider

1 considerar, examinar, meditar, reflexionar, consultar, rumiar *(fig)*, ponderar, estudiar

2 respetar, considerar, tener cuidado de
despreciar, desdeñar

considerate

considerado, atento, comedido, caritativo, circunspecto, prudente, atento, solícito, abnegado, altruista
egoísta, interesado

conspicuous

aparente, discernible, distinguido, eminente, famoso, manifiesto, notable, obvio, perceptible, remarcable
insignificante, oscuro

constant

1 constante, firme, fijo, inmutable, estable, perpetuo, permanente, uniforme, regular
mutable, inestable

2 resuelto, enérgico, impertérrito, firme, inquebrantable

3 fiel, constante, leal, dedicado
inconstante, voluble

consult

consultar, preguntar, considerar, meditar, deliberar, interrogar
dictar, ordenar

consume

consumir, deteriorar, destruir, desperdiciar, agotar, reducir, rebajar, gastar, desvanecerse
salvar, ahorrar

contain

contener, comprender, incorporar, encerrar, incluir
excluir

contempt

desdén, desprecio, ignominia, desacato, falta de respeto, indiferencia, insulto, desaire
honra, respeto

content *(aj)*
agradable, simpático, satisfecho, contento

content *(s)*
contento, alivio, paz, sosiego, tranquilidad, satisfacción
descontento, desagrado, enojo

content *(v)*
satisfacer, contentar, encantar, deleitar, alegrar, regocijar, complacer, consentir
desagradar, ofender

continue
continuar, durar, extender, perdurar, permanecer, resistir, prolongar, quedar, quedarse, estar, mantener, permanecer
parar, cesar

continuous
continuo, conectado, extendido, prolongado, ininterrumpido
cortado, roto

contrast *(s)*
contraste, comparación, contrariedad, diferencia, diferenciación, distinción, oposición
similitud, semejanza, parecido

contrast *(v)*
comparar, contrastar, diferenciar, distinguir, oponer

control *(s)*
control, mando, gobierno, dirección, guía, supremacía, superintendencia, maestría, autoridad, dominio

control *(v)*
comprobar, controlar, mandar, ordenar, dominar, gobernar, dirigir, regular, manejar, supervisar
libertar

convenience
conveniencia, comodidad, ventaja, confort
inconveniencia

convenient
adaptable, apropiado, beneficioso, cómodo, conveniente, adecuado, hecho a medida, práctico, provechoso, adecuado, útil
inconveniente

correct *(aj)*
exacto, correcto, justo, regular, verdadero, estricto, preciso, equitativo
inexacto, incorrecto, erróneo

correct *(v)*
corregir, ajustar, curar, enmendar, reformar, modificar, mejorar, rectificar, regular, remediar
desajustar, estropear

correspond
1 corresponder, acordar, coincidir, estar de acuerdo, conformarse, armonizar, emparejar, concordar
diferir, discrepar
2 corresponderse, comunicarse con, escribirse

corruption
adulteración, corrupción, infección, polución, putrefacción
pureza

costly
caro, costoso, valioso, estimable, de precio elevado, lujoso, precioso, espléndido, suntuoso
barato

courage
coraje, audacia, osadía, valor, valentía, atrevimiento, intrepidez, firmeza, fortaleza, resolución
cobardía

courageous
audaz, atrevido, bravo, valeroso, heroico, intrépido, osado, firme, resoluto, valiente, resuelto
tímido

courteous
cortés, afable, atento, ceremonioso, complaciente, civil, elegante, educado, refinado, respetuoso
descortés

courtesy
cortesía, afabilidad, urbanidad, elegancia, buenas maneras, educación, amabilidad
descortesía

crazy
1 deshecho, muy decaído, raquítico, tambaleante
entero, intacto

2 loco, chiflado, disparatado, delirante, demente, desquiciado, idiota, imbécil, tonto, lunático, insensato
sano, juicioso, sensato

create
1 crear, producir, motivar, causar, originar, constituir, inventar, hacer
destruir
2 *(Br)* protestar, armar un lío

crime
crimen, delincuencia, falta, delito, culpa, culpabilidad, perversidad, ofensa, pecado, violación, equivocación, debilidad
sin culpa

cripple *(v)*
estropear, inutilizar, destruir, mutilar, debilitar, dañar, perjudicar, estorbar, restringir
reforzar, fortalecer

cross *(aj)*
arisco, malhumorado, enojado, criticón, grosero, poco afable, irritable, irascible, displicente, petulante, enojadizo
agradable, simpático, afable, amistoso

cross *(s)*
(fig) infortunio, desgracia, carga, miseria, problema

cross *(v)*
1 atravesar, cruzar, pasar por
2 estorbar, dificultar, obstruir, impedir

crude
1 crudo, sin cocer, indigesto, sin preparar, inmaduro, verde
cocido, maduro
2 *(fig)* ordinario, grosero, inculto
culto

cruel
bárbaro, brutal, amargo, implacable, feroz, fiero, duro, insensible, inhumano, inexorable, severo, rudo, despiadado, implacable, agresivo
gentil, amable, benévolo, apacible, compasivo, misericordioso

culture
cultura, civilización, ascenso, mejora, finura, educación
ignorancia

cunning *(aj)*
1 astuto, artero, taimado, agudo, sagaz, perspicaz
torpe, ingenuo
2 diestro, hábil, mañoso, ingenioso, experto
torpe, lerdo, desmañado
3 *(Am)* precioso, mono

curious
1 curioso, interrogativo, fisgón, mirón, entrometido
despreocupado
2 curioso, extraordinario, maravilloso, original, insólito, raro, singular, extraño, único, inusual
común, ordinario

current *(aj)*
corriente, circulante, común, general, acostumbrado, popular, prevaleciente, presente, extenso, amplio
poco común, extraño, insólito

current *(s)*
curso, corriente, progresión, río, arroyo, riachuelo, progreso

custom
1 costumbre, convención, moda, forma, formalidad, hábito, manera, modo, observación, práctica, regla, utilidad, uso
2 aduana, importación, tasa, tributo, peaje

D

daft
absurdo, atolondrado, bobo, estúpido, imbécil, ingenuo, insensato, idiota, necio, simple
cuerdo, inteligente, sensato

dainty
1 delicado, elegante, encantador, esmerado, exquisito, fino, pulcro, primoroso, refinado
grosero, torpe, tosco

2 apetitoso, delicioso, gustoso, sabroso, tierno
de mal sabor, incomible

3 escrupuloso, exigente, fastidioso, quisquilloso

damage *(s)*
daño, detrimento, mal, perjuicio, deterioro, pérdida
beneficio, ganancia

damages
compensación, multa, indemnización, reparación, satisfacción

damp *(s)*
bruma, humedad, niebla
aridez, sequedad

danger
aventura, inseguridad, peligro, riesgo
seguridad

dangerous
arriesgado, inseguro, peligroso
seguro

dare
atreverse, aventurar, arriesgar, desafiar, osar, poner en peligro, pretender

dark
1 atezado, moreno, negro, oscuro
iluminado

2 cubierto, encapotado, nublado, oscuro, sin sol
claro, soleado

3 abstruso, enigmático, incomprensible, místico, misterioso, oscuro, oculto, recóndito
claro, llano, obvio

4 afligido, melancólico, pesimista, sombrío, taciturno, tétrico, triste
alegre, de buen amor

5 indocto, ignorante, no enseñado, poco instruido
enterado, instruido

6 atroz, diabólico, detestable, infernal, infame, horrible, pecaminoso, vil, satánico
limpio, bueno

date
1 fecha, edad, época, era, tiempo

2 cita, compromiso

3 *(Am)* novio, acompañante, pareja

dawdle
gandulear, haraganear, holgazanear, perder el tiempo, retardar, retrasar
apresurarse, darse prisa

dawn *(s)*
alba, amanecer, aurora, salida del sol
ocaso, puesta del sol

dawn *(v)*
amanecer, aparecer, alborear, elevarse, empezar, brillar, salir, subir

dead
1 desaparecido, difunto, exánime, extinguido, inanimado, muerto, falto de aliento
vivo, activo

2 apático, apocado, frío, frígido, indiferente, inactivo, insensible, torpe
animado, activo, vivaz

3 árido, estéril, inactivo, inoperante, improductivo, inmóvil, quieto
fértil, fecundo, activo

deaden
amortiguar, aliviar, aminorar, debilitar, deteriorar, mitigar, paralizar, reducir, suavizar
avivar, animar

deadly
siniestro, funesto, dañino, destructivo, fatal, mortal, mortífero, da-

ñoso, nocivo, pernicioso, venenoso, rencoroso
inofensivo, inocuo, sano

deal (s)

1 reparto, cantidad, porción, distribución, grado, parte

2 pacto, convenio, acuerdo, transacción, trato, negocio

deal (v)

1 asignar, destinar, repartir, distribuir, conceder, dar, dispensar, dividir, premiar, recompensar
recoger, recaudar, acumular

2 negociar, tratar, traficar, regatear, vender

dear

1 querido, estimado, amado, apreciado; *(fig)* tesoro, mi vida, mi cielo
persona no estimada

2 caro, costoso, de precio elevado
barato, económico

death

cese, destrucción, desolución, extinción, fallecimiento, fin, final, mortalidad, muerte, partida
nacimiento, comienzo, origen

debase

1 degradar, despreciar, envilecer, deshonrar, humillar, avergonzar
exaltar, enaltecer

2 adulterar, contaminar, corromper, degradar, deteriorar, falsificar, polucionar, teñir
depurar, purificar

debate (v)

debatir, argumentar, deliberar, contender, discutir, disputar, preguntar
estar de acuerdo, coincidir

debt

atrasos, deber, deuda, obligación, saldo deudor
crédito, haber

decadence

decadencia, decaimiento, declinación, disminución, degeneración, deterioro, caída, retroceso, retrogradación
progreso, evolución, aumento

decay (v)

decaer, declinar, degenerar, deteriorar, menguar, disminuir, perecer, pudrirse, estropear
aumentar, desarrollarse, extenderse

decease

muerte, fallecimiento, partida, marcha, disolución
nacimiento, origen

deceit

engaño, artificio, fraude, trampa, astucia, duplicidad, maña, hipocresía, imposición, pretensión, impostura, cambio, truco
honestidad

deceitful

engañoso, fraudulento, falso, falsificado, ilusorio, intrigante, falaz, astuto, mañoso, vil, tramposo
sincero, honesto

decent

decente, adecuado, apropiado, decoroso, conveniente, casto, gentil, delicado, modesto, puro, respetable, tolerable
indecente, inapropiado

decision

decisión, conclusión, determinación, firmeza, juicio, resolución
indecisión

deck (v)

adornar, aparejar, arreglar, embellecer, decorar, vestir, ornamentar
desvestir

decrease (v)

disminuir, bajar, reducir, rebajar, degradar, acortar, restringir, amainar
aumentar, extender, ensanchar

deduction

1 conclusión, consecuencia, deducción, inferencia

2 disminución, reducción, rebaja, descuento, renuncia, retirada
adición

deep

1 profundo, intenso, insondable, oscuro, *(música)* bajo, grave
poco profundo, superficial

2 abstracto, oscuro, escondido, misterioso, recóndito, secreto

3 astuto, sagaz, taimado, intrigante, perspicaz, pernicioso, listo, prudente
simple, ingenuo

4 absorbente, grave, serio, importante

default *(s)*
defecto, destitución, fallo, falta, lapso, negligencia, omisión
suministro, provisión

defeat *(s)*
conquista, desconcierto, confusión, frustración, derrota, ruina, vencimiento
victoria

defect *(s)*
defecto, deficiencia, error, tacha, mancha, fallo, falta, imperfección
perfección

defective
defectuoso, deficiente, imperfecto, incompleto, insuficiente, escaso
adecuado, perfecto

defend
1 defender, fortificar, cubrir, guardar, preservar, proteger, asegurar, resguardar
atacar, acosar

2 justificar, mantener, abogar, defender, vindicar, sostener
acusar

defer
diferir, aplazar, prorrogar, posponer, retrasar, ganar tiempo, (LAm) postergar
expedir, acelerar

deference
atención, complacencia, condescendencia, consideración, deferencia, estima, honor, cuidado, respeto, reverencia, veneración
desacato, falta de respeto

defiance
desafío, reto, desobediencia, desprecio, oposición
reverencia

definite
cierto, claro, exacto, seguro, explícito, fijo, positivo, preciso, específico
incierto, poco concluyente

deform
deformar, desfigurar, distorsionar, estropear, arruinar, echar a perder
arreglar, embellecer

deft
hábil, diestro, mañoso, experto, listo, inteligente
torpe

defy
desafiar, retar, desdeñar, despreciar, descuidar, provocar, enfrentarse con, rechazar
ayudar, apoyar, animar

degrade
1 degradar, corromper, deteriorar, deshonrar, humillar, herir, pervertir, viciar, desacreditar
exaltar, fomentar

2 destituir, degradar, deponer, bajar, reducir al rango inferior
ascender

delay *(v)*
1 diferir, posponer, prolongar, retrasar, aplazar, ganar tiempo, prorrogar
dar prisa, adelantar

2 arrestar, detener, obstruir, retardar, parar, reducir

3 malgastar, perder tiempo, holgazanear, rezagarse, quedarse atrás

deliberate *(aj)*
1 considerado, premeditado, intencionado, estudiado, pensado
fortuito

2 cuidadoso, cauto, metódico, pausado, cauteloso
desatento, descuidado

delicate
1 frágil, delicado, quebradizo, calumnioso, débil, sensible
fuerte

2 delicado, elegante, exquisito, fino, primoroso, respetable
basto, burdo, tosco

3 cuidadoso, discernidor, crítico, escrupuloso, delicado, quisquilloso

delight *(s)*
éxtasis, alegría, júbilo, felicidad, placer
disgusto

delight *(v)*
encantar, gratificar, satisfacer, alegrar, dar gusto, dar satisfacción
desagradar, ofender

demand *(v)*
pedir, preguntar, cuestionar, reclamar, exigir, interrogar
abandonar, renunciar

demolish
aniquilar, demoler, destruir, desmantelar, arruinar, echar abajo, derrumbar
construir, levantar

demonstrate
demostrar, establecer, exhibir, ilustrar, enseñar, mostrar, indicar, manifestar, probar
refutar

denounce
acusar, atacar, denunciar, procesar, censurar, marcar, proscribir, amenazar
condenar

dense
1 compacto, cerrado, condensado, denso, pesado, opaco, sólido, sustancial
delgado, diáfano

2 denso, lento, estúpido, torpe
inteligente, ingenioso

deny
1 negar, contradecir, oponer, refutar
estar de acuerdo, estar conforme

2 renunciar, abjurar, rechazar, negar, renegar, repudiar
aceptar

3 rehusar, rechazar, desestimar
recibir, aceptar

depart
1 marchar, ausentarse, irse, desaparecer, divergir, apartarse, emigrar, largarse, evaporarse
llegar

2 morir, fallecer

departure
1 salida, retirada, marcha, ida
llegada

2 *(fig)* abandono, desviación, eliminación, variación, supresión

3 *(fig)* muerte, fallecimiento

deplore
llorar, lamentar, afligirse, acongojarse, sentir
alegrar, regocijar

depress
1 degradar, humillar, rebajar, bajar, deprimir, abatir, desalentar, oprimir, entristecer, desanimar
animar, levantar

2 presionar, rebajar

deprive
privar, despojar, desposeer, robar, desnudar, quitar
proporcionar, dar, deparar

descent
1 declive, bajada, pendiente, caída, cuesta
ascenso, subida

2 genealogía, linaje, extracción, familia, transmisión

3 asalto, ataque, incursión, invasión, correría

desire *(v)*
desear, preguntar, pedir, ansiar, suplicar, anhelar, solicitar, añorar
rehusar, rechazar

despair *(s)*
desespero, desesperación, desaliento, abatimiento, pesimismo, desánimo
confianza, esperanza

despise
desdeñar, desatender, descuidar, despreciar, rechazar
admirar

destitute
indigente, necesitado, pobre, desamparado, afligido, miserable, muy pobre
rico

destroy
destruir, aniquilar, demoler, derrumbar, devastar, extinguir, extirpar, matar, arruinar, desperdiciar
crear

detach
desconectar, desunir, dividir, separar
juntar, unir

detail (v)
1 enumerar, alinear, describir, detallar, especificar, representar, individualizar
generalizar
2 fijar, señalar, destacar, enviar

detention
detención, encierro, confinamiento, estorbo, restricción, limitación
libertad

deteriorate
degenerar, deteriorar, estropear(se), degradar, depravar, depreciar, perjudicar, dañar, empeorar
mejorar, perfeccionar

determination
1 determinación, constancia, firmeza, persistencia, resolución
indecisión
2 determinación, conclusión, decisión, juicio, objetivo, resultado

detest
detestar, aborrecer, despreciar, odiar, execrar, desdeñar
amar, querer, apreciar

deviate
apartar, partir, salir, diferir, variar, divergir, errar, equivocarse
continuar, seguir

devour
1 devorar, engullir, comer rápidamente, consumir, tragar
vomitar, arrojar
2 desaparecer, desvanecerse, palidecer, declinar, menguar
crecer, aumentar

differ
1 diferir, cambiar, variar
corresponder
2 discutir, altercar, pelear, oponerse, disputar, no estar de acuerdo, reñir
estar de acuerdo

difference
1 diferencia, distinción, diversidad, variedad, variación
similitud, semejanza
2 diferencia, argumento, discusión, debate, desacuerdo, disputa, discordancia, pelea
acuerdo

difficulty
1 dificultad, obstáculo, impedimento, labor dura, oposición, tenacidad, terquedad
facilidad, complacencia
2 dilema, desgracia, turbación, desconcierto, perplejidad, problema

dig
1 desguazar, parcelar, excavar, cavar, ahuecar, vaciar
llenar
2 punzar, picar, clavar, hincar

digest
1 digerir, asimilar, confeccionar, incorporar, macerar
2 arreglar, clasificar, codificar, disponer, sistematizar, tabular, reducir
exponer
3 asimilar, considerar, meditar, estudiar, ponderar

diligent
diligente, activo, asiduo, atento, ocupado, cuidadoso, constante, trabajador, infatigable, laborioso, perseverante, persistente
holgazán, vago

dim (aj)
1 nublado, oscuro, tenebroso, brumoso
claro
2 imperfecto, indefinido, indistinto, obtuso, manchado, deslustrado
3 (Br) lerdo

diminish
disminuir, abatir, acortar, abreviar, restringir, cortar, reducir, encoger

aumentar

direct *(aj)*

1 directo, recto, sin tergiversaciones, sin tapujos
enrevesado, rebuscado

2 absoluto, categórico, franco, obvio, inequívoco, ambiguo, abierto
intricado, enrevesado

dirty *(aj)*

1 sucio, mugriento, puerco, asqueroso, repugnante
limpio, aseado

2 nublado, oscuro, fangoso, lodoso

disagree

1 diferir, variar, desviarse

2 argumentar, debatir, no estar de acuerdo, diferir, disputar, discutir
estar de acuerdo

disappear

desaparecer, cesar, marchar, desvanecer
aparecer

disaster

accidente, adversidad, calamidad, desastre, infortunio, reverso
buena suerte

discern

1 contemplar, discernir, descubrir, espiar, notar, observar, percibir, ver, reconocer

2 diferenciar, hacer discriminaciones, distinguir, juzgar
confundir

disciple

discípulo, seguidor, aprendiz, partisano, alumno, estudiante
maestro

discipline *(s)*

control, corrección, cultura, disciplina, educación, enseñanza, ejercicio, instrucción, regulación, entrenamiento

disclose

comunicar, descubrir, hacer saber, divulgar, exponer, impartir, destapar, revelar, decir
callar, esconder

discomfort

enojo, contrariedad, inquietud, problema, desasosiego
confort, comodidad, tranquilidad

discord

discordia, desacuerdo, diferencia, disensión, oposición, ruptura, variación, riña, discusión
armonía, acuerdo

discount *(s)*

descuento, deducción, reducción, subvención, rebaja
añadidura

discourage

1 avergonzar, atemorizar, desalentar, deprimir, asustar, intimidar
alentar, animar

2 desfavorecer, disuadir, desalentar, estorbar, dificultar
aprobar, tolerar

discredit *(v)*

1 no creer, dudar, cuestionar
creer

2 reprochar, desacreditar, deshonrar
honrar

discrepancy

discrepancia, diferencia, desacuerdo, discordancia, inconsistencia, variación
acuerdo

disguise *(v)*

encubrir, disimular, enmascarar, esconder, ocultar, tapar
revelar, demostrar

disgust *(v)*

aborrecer, abominar, disgustar, no agradar, repeler, causar náuseas
agradar, gustar

dishonest

deshonesto, corrompido, astuto, engañoso, fraudulento, bellaco, bribón, pérfido, traicionero
honesto, honrado

dishonour, *(Am)* **dishonor** *(s)*

degradación, descrédito, deshonra, deshonor, infamia, ignominia, odio, escándalo, vergüenza
honor

disinterested
imparcial, desinteresado, indiferente, sin interés, sin perjuicios
parcial

dislike *(s)*
antagonismo, aversión, desaprobación, disgusto, desinclinación, desagrado
gusto, afición, cariño

dismay *(s)*
alarma, consternación, miedo, temor, horror, terror
seguridad

dismiss
desterrar, destituir, desechar, descartar, dispersar, rechazar
guardar, mantener

disorder *(s)*
1 confusión, desorden, desarreglo, irregularidad, revoltijo, lío
orden, arreglo
2 clamor, conmoción, griterío, lucha, pelea, rebelión, desorden, alboroto, tumulto
orden, tranquilidad
3 *(medicina)* indisposición, desorden, enfermedad, achaque, dolencia

dispassionate
1 calmado, imperturbable, moderado, quieto, sereno, sobrio, nada excitable, templado
excitado
2 cándido, imparcial, desinteresado, indiferente, neutral
parcial

display *(s)*
muestra, exhibición, demostración, ostentación, espectáculo, boato

disprove
refutar, confutar, rebatir, rechazar
confirmar

dispute *(s)*
altercado, disputa, controversia, debate, discusión, pelea, desacuerdo
acuerdo

disqualify
descalificar, incapacitar, estropear, inhabilitar
calificar

disregard *(v)*
desobedecer, despreciar, desdeñar, ignorar, descuidar, desatender, pasar por alto
respetar, obedecer

dissent *(s)*
diferencia, desacuerdo, oposición, negativa, denegación, disentimiento
acuerdo

dissent *(v)*
disentir, disidir, declinar, diferir, negar, denegar
estar de acuerdo

distance
1 ausencia, distancia, intervalo, separación, espacio, alejamiento
proximidad, cercanía
2 reserva, frialdad, frigidez
amistad

distant
1 lejano, remoto, distante, apartado, lejos
cerca
2 *(fig)* ceremonioso, distante, reservado, frío, altivo, arrogante
amistoso, cordial
3 apagado, indirecto, indistinto, ligero
claro

distaste
antipatía, aversión, disgusto, desinclinación, desagrado, descontento, insatisfacción, repugnancia
simpatía, afición

distinct
1 claro, distintivo, manifiesto, obvio, plano, inconfundible, inequívoco, bien definido
indistinto, vago
2 definido, diferente, individual, separado, desconectado

distinguished
1 distinguido, célebre, famoso, eminente, ilustre, notable
común

2 conspicuo, extraordinario, marcado, notable
corriente, ordinario

distort
retorcer, deformar, distorsionar, falsificar, torcer, desfigurar, tergiversar
enderezar, poner derecho, desenmarañar

distraction
1 abstracción, agitación, distracción, conmoción, confusión, discordia, desorden, disturbio
ecuanimidad

2 aberración, delirio, *(mental)* desarreglo, frenesí, alucinación, incoherencia, manía, locura, demencia
cordura, sensatez, juicio

distress *(s)*
adversidad, aflicción, agonía, angustia, ansiedad, calamidad, destitución, pena, indigencia, miseria, necesidad, penuria, pobreza, privación, sufrimiento
confort, consuelo, alivio, comodidad

distribute
distribuir, administrar, arreglar, asignar, destinar, dar, disponer, dividir, tratar
reunir, acumular, recaudar

disturb
1 confundir, desquiciar, desarreglar, desordenar, perturbar, trastornar
arreglar, ordenar, disponer

2 agitar, enfadar, distraer, excitar, molestar, incomodar, interrumpir
pacificar, suavizar

diversion
1 diversión, alegría, distracción, entretenimiento, juego, placer, recreo, pasatiempo
trabajo, tarea, labor

2 *(Br)* rodeo, desviación, digresión

divert
1 distraer, apartar, *(Br) (tráfico)* desviar
enderezar, poner derecho

2 divertir, gratificar, recrear, disfrutar, entretener
aburrir

divide
1 dividir, bisecar, cortar, partir, segregar, separar, romper
juntar, unir

2 asignar, señalar, aportar, tratar, distribuir, repartir, dividir
retener, conservar

3 alienar, desunir, enajenar, apartar
unir

dogged
malhumorado, arisco, intratable, testarudo, obstinado, perverso, resoluto, terco, hosco, taciturno, desabrido, poco afable, resentido
dócil, amigable, afable

dole *(v)*
asignar, distribuir, dividir, repartir, señalar, gratificar, dar

domestic *(aj)*
1 domiciliario, doméstico, familiar, hogareño, privado
público

2 domado, domesticado, manso, dócil
salvaje

3 interno, interior, nacional
extranjero

dominion
1 dominio, autoridad, mando, control, gobierno, jurisdicción, supremacía
servidumbre, sumisión

2 país, reino, región, territorio, dominio

dormant
durmiente, inactivo, inerte, latente, vago, quieto, reposado, perezoso
activo

doubt *(s)*
1 duda, indecisión, irresolución, vacilación, suspense
resolución

2 desconfianza, recelo, sospecha

doubtful

1 desconfiado, dudoso, vacilante, irresoluto, sospechoso, escéptico
   resoluto

2 ambiguo, dudoso, equívoco, oscuro, precario, inseguro, problemático, cuestionable
   cierto, seguro

draw *(v)*

1 dibujar, delinear, diseñar, trazar, esbozar, bosquejar

2 tirar, arrastrar, dragar, acarrear, remolcar, tobar
   empujar

3 deducir, derivar, inferir

4 atraer, influenciar, tentar, fascinar, inducir, persuadir

5 secar, inhalar, inspirar, chupar

dreadful

alarmante, horrible, horroroso, monstruoso, chocante, terrible, tremendo
agradable

dream *(s)*

sueño, ilusión, fantasía, alucinación, imaginación, especulación, visión, trance
realidad

dreary

1 depresivo, triste, solitario, incómodo, tétrico, pesaroso, afligido
   alegre

2 monótono, aburrido, tedioso, ininteresante, soso, insípido
   interesante

dress *(v)*

1 vestir, arreglar, trajear, adornar, embellecer, ataviar, engalanar
   desvestir, desnudar

2 ajustar, alinear, arreglar, disponer, preparar
   desarreglar

drift *(s)*

1 acumulación, pila, montón, diluvio

2 corriente, impulso, ímpetu, ráfaga

3 objetivo, dirección, objeto, propósito, tendencia
   carencia de objetivo

drive *(v)*

1 ir, conducir, viajar, guiar, *(LAm)* manejar

2 empujar, enviar, lanzar, arrojar, impulsar, propulsar

drop

1 descender, disminuir, bajar, declinar, menguar, perder valor
   subir, alzar

2 abandonar, cesar, desertar, manchar, dejar, remitir, descontinuar
   aguantar, seguir

dry *(aj)*

1 seco, sediento, árido, estéril
   mojado, húmedo

2 *(fig)* aburrido, solitario, incómodo, tedioso, fatigoso, ininteresante
   interesante

3 *(fig)* agudo, sagaz, sarcástico, perspicaz

dubious

1 dudoso, incierto, sin decidir, vacilante, indeciso, irresoluto
   cierto, seguro

2 ambiguo, equívoco, oscuro, problemático
   obvio, claro

dunce

burro, asno, cabeza de chorlito, simple, imbécil, bobalicón, bobo, zoquete
genio

dusky

1 oscuro, moreno, tostado

2 algo oscuro, nublado, sombrío, débil, lóbrego, encapotado, cubierto
   claro, con luz

dwell

habitar, vivir, morar, permanecer, residir, estar, parar
viajar

dwindle

decaer, declinar, disminuir, reducir, aminorar, encoger, languidecer, consumirse
aumentar, crecer

E

eagerness
> ardor, fervor, avidez, ansia, codicia, avaricia, impetuosidad, vehemencia
> *apatía*

early *(aj)*
> temprano, prematuro, delantero, avanzado, oportuno
> *tardío*

earn
> ganar, adquirir, merecer, obtener, conseguir, lograr, recoger, *(fig)* cosechar
> *perder, gastar*

earnest *(aj)*
> 1 ardiente, entusiasta, fervoroso, celoso, apasionado
> *flojo, calmado*
>
> 2 resuelto, enérgico, firme, fijo, grave, absorto, atento, sincero, solemne, estable
> *poco sincero*

earnings
> emolumento, salario, paga, beneficios, remuneración, sueldo, estipendio
> *gasto*

ease
> 1 calma, confort, tranquilidad, felicidad, paz, reposo, relajamiento, serenidad, quietud
> *incomodidad, sin tranquilidad*
>
> 2 facilidad, preparación, buena disposición, disponibilidad
>
> 3 libertad, flexibilidad, informalidad, naturalidad
> *formalidad, seriedad*

easy
> 1 fácil, ligero, sin dificultad
> *difícil*
>
> 2 confortable, cómodo, satisfecho, tranquilo
> *incómodo*
>
> 3 servicial, complaciente, atento, sumiso, dócil, manejable, tratable, afable, gentil, informal
> *exigente, poco natural, formal*

eccentric
> excéntrico, anómalo, anormal, aberrante, irregular, extraño, raro, peculiar, singular, inusual
> *normal, natural*

economize
> economizar, ahorrar, hacer economías
> *malgastar, despilfarrar, gastar, derrochar*

edge
> 1 borde, límite, lindero, margen, labio, punta
> *centro*
>
> 2 animación, interés, agudeza, entusiasmo
> *franqueza, brusquedad*

educate
> educar, cultivar, desarrollar, disciplinar, enseñar, adoctrinar, instruir, entrenar, ejercitar
> *descuidar, desatender*

effect
> 1 efecto, consecuencia, evento, acontecimiento, fruto, resultado
> *causa*
>
> 2 eficacia, poder, fuerza, hecho, realidad, peso, validez
>
> 3 impresión, significado, tenor, sentido, intención

effective
> capaz, activo, adecuado, correcto, competente, efectivo, eficaz, eficiente, enérgico, poderoso
> *incompetente, ineficaz*

effeminate
> afeminado, delicado, femenino, suave, tierno, mujeril
> *masculino, viril, varonil*

efficient
> capaz, competente, efectivo, eficaz, enérgico, poderoso, hábil, diestro
> *ineficaz, débil*

eject

desterrar, descastar, desechar, rechazar, disponer, emitir, denegar
retener

elaborate *(v)*

desarrollar, elaborar, mejorar, producir
simplificar

elated

animado, alegre, excitado, elevado. sublime, eufórico
deprimido, abatido

elegance

belleza, elegancia, gracia, garbo, finura, corrección, gusto
desmaña, torpeza, inferioridad

element

1 base, componente, elemento, factor esencial, ingrediente, partícula, principio, unidad
compuesto

2 elemento, esfera, entorno, (medio) ambiente

elementary

básico, elemental, fundamental, inicial, introductorio, primario, rudimentario, simple
avanzado, secundario

eliminate

soltar, eliminar, excluir, expeler, sacar, omitir, separar, rechazar
incluir

elude

1 evitar, evadir, escapar, eludir, esquivar, rehuir
confrontar

2 desconcertar, estorbar, decepcionar, frustrar, impedir
ayudar

embarrass

avergonzar, confundir, complicar, desconcertar, enfadar, molestar, impedir, enredar, enmarañar, turbar, agitar, *(LAm)* apenar
confortar, simplificar

embrace

1 abrazar, agarrar, estrechar, apretujar
soltar

2 comprender, compendiar, contener, incluir, cubrir, abarcar
exceptuar

eminent

célebre, eminente, famoso, distinguido, notable, prominente, renombrado
común, corriente

emotion

agitación, excitación, emoción, pasión, perturbación, simpatía, trepidación
apatía

employ *(v)*

emplear, comisionar, encargar, ocupar, contratar, fichar, alquilar
despedir

empty *(aj)*

1 vacío, en blanco, desolado, sin ocupar, vacante, sobrante, superfluo, desocupado
lleno

2 inefectivo, irreal, insatisfactorio, insustancial, falso
satisfactorio

enable

permitir, autorizar, capacitar, comisionar, aprobar, preparar,
prohibir

enact

1 autorizar, mandar, decretar, promulgar, establecer, ordenar, sancionar
anular

2 actuar, representar, escenificar, hacer el papel de

encircle

circunscribir, cercar, encerrar, rodear, envolver
excluir

encounter *(v)*

1 confrontar, enfrentar, ponerse de cara a, encontrarse con, tropezar con
evitar, eludir

2 atacar, combatir, contender, luchar, hacer frente a, esforzarse

end (s)

1 límite, lindero, extremo, final, fin, extremidad, término

2 objetivo, diseño, ideal, propósito, intención

3 consecuencia, conclusión, terminación, resultado, logro, obtención

endorse

confirmar, ratificar, aprobar, apoyar, sostener, mantener
oponer

endurance

entereza, valor, fortaleza, paciencia, resignación, sumisión, tolerancia
cesación, suspensión, impaciencia

endure

soportar, continuar, experimentar, sufrir, permanecer, sostener, tolerar, persistir
cesar, fallar

enemy

enemigo, adversario, antagonista, oponente, rival
aliado, amigo

energy

energía, actividad, animación, eficacia, eficiencia, fuerza, intensidad, espíritu, vigor, entusiasmo
inactividad

enhance

agravar, aumentar, elevar, exaltar, mejorar, engrosar
desmejorar, estropear, disminuir

enjoy

agradar, gustar de, divertirse, pasarlo bien
tener aversión, desagradar

enlarge

amplificar, agrandar, aumentar, difundir, multiplicar, engrosar
disminuir, reducir

enlighten

informar, instruir, edificar, educar, iluminar, enseñar
confundir

enough (aj)

bastante, suficiente, abundante, adecuado, amplio
inadecuado

enrich

adornar, enriquecer, decorar, embellecer, ornamentar, dotar
mermar, reducir

enterprise

1 aventura, esfuerzo, plan, proyecto, ventura, ensayo, empresa, tarea

2 actividad, audacia, energía, atrevimiento, espíritu, disponibilidad
prudencia, cautela

entertain

1 recrear, divertir, animar, alegrar, complacer
cansar

2 considerar, cuidar, proteger, mantener, soportar, tratar
rechazar

entitle

1 llamar, denominar, designar, caracterizar, nombrar

2 autorizar a, capacitar, ajustar
incapacitar, inhabilitar

entrance

1 entrada, acceso, avenida, puerta, portal, verja, ingreso, pasaje
salida

2 principio, comienzo, inicio, iniciación, introducción

entreat

pedir, suplicar, implorar, importunar, rogar
demandar

envy (s)

envidia, rencor, odio, celos, malicia
desdén

ephemeral

efímero, breve, evanescente, fugaz, fugitivo, corto, transitorio
permanente, perdurable

epitome

abreviación, compendio, abstracto, condensación, contracción, resumen, epítome
expansión

equity

honestidad, imparcialidad, justicia, rectitud, equidad, honradez
injusticia, deslealtad

erase

borrar, anular, cancelar, suprimir, tachar, eliminar, destruir, *(Am) (matar)* liquidar
restaurar

erect

construir, edificar, erigir, elevar, establecer, fundar, instituir, levantar
destruir, demoler

erroneous

erróneo, falso, inexacto, incorrecto, equivocado
correcto

error

1 metedura de pata, error, error garrafal, sofisma, falacia, incorrección, equivocación
corrección

2 delincuencia, falta, ofensa, pecado, transgresión, equivocación

escape *(v)*

escapar, evitar, evadir, eludir, volar, esquivar, rehuir
enfrentar, confrontar

especial

especial, distinguido, marcado, particular, principal, específico, inusual
corriente, normal

essential

1 esencial, básico, fundamental, importante, indispensable, inherente, innato, necesario, vital
superfluo

2 refinado, volátil, rectificado

establish

1 constituir, establecer, actuar, fijar, fundar, inaugurar, instalar, instituir, organizar
destruir

2 confirmar, demostrar, probar, ratificar, verificar
desaprobar

eternal

eterno, inmortal, inmutable, indestructible, infinito, interminable, perpetuo
temporal

ethereal

celestial, aéreo, delicado, feérico, mágico, espiritual, tenue, volátil
material

evacuate

1 evacuar, descargar, vaciar, expulsar, excretar
llenar

2 abandonar, marchar, dejar, desertar, renunciar
aguantar, mantener

evaporate

1 evaporar, vaporizar, secar, deshidratar
condenar

2 *(fig)* esfumarse, desvanecerse

ever

siempre, constantemente, continuamente, eternamente, para siempre, incesantemente, perpetuamente
nunca, jamás

evil *(s)*

1 demonio, mal, corrupción, maldición, depravación, perversión, culpabilidad, malignidad, pecado, equivocación, maldad

2 calamidad, desastre, daño, miseria, pena, desgracia, infortunio, sufrimiento

exact *(aj)*

1 exacto, cuidadoso, correcto, fiel, literal, metódico, ordenado, preciso, puntilloso
inexacto

2 riguroso, escrupuloso, estricto, severo
impreciso, vago

exaggerate

exagerar, aumentar, engrandecer, sobreestimar
minimizar

exalt

1 exaltar, elevar, promocionar, dignificar, ennoblecer, enaltecer
humillar

2 exaltar, glorificar, bendecir, alabar, ensalzar

excessive

1 excesivo, desproporcionado, enorme, exorbitante, irrazonable, superfluo, desmedido, desmesurado
razonable

2 extremo, inmoderado, intemperado
sobrio

excite

1 animar, despertar, incitar, inflamar, excitar, estimular, levantar
calmar, apaciguar

2 agitar, irritar, provocar, molestar
calmar, apaciguar

exclude

1 prohibir, excluir, exceptuar, eliminar, omitir, vetar, proscribir
incluir

2 arrojar, expeler, expulsar, excluir, sacar
admitir

excuse (v)

1 excusar, exculpar, absolver, exonerar, perdonar
condenar

2 liberar, exentar, eximir, soltar, libertar
obligar

exemption

exención, absolución, dispensación, excepción, inmunidad, libertad, privilegio
obligación

exhaust (v)

1 vaciar, secar, filtrar, evacuar
rellenar

2 consumir, agotar, gastar, disipar, derrochar, malgastar
economizar

3 debilitar, cansar, fatigar, enervar
reforzar

exile (v)

exiliar, expatriar, expulsar, excluir de la sociedad, proscribir
repatriar

exist

existir, ser, estar, respirar, continuar, durar, vivir
cesar, morir

expand

extenderse, desarrollar, difundir, dilatar, distender, engrandecer, aumentar, ampliar, inflar
contraer

expansion

expansión, desarrollo, difusión, dilatación, distensión, engrandecimiento, aumento, inflación, hinchazón
contracción

expectation

expectación, anticipación, confidencia, esperanza, perspectiva, expectativa, confianza
realización

expedient (aj)

apropiado, ventajoso, aconsejable, conveniente, deseable, provechoso, adecuado
inapropiado, inconveniente

expedient (s)

método, manera, esquema, recurso, estratagema, treta, expediente

expensive

caro, costoso, de precio elevado, extravagante
barato

expert

experto, diestro, hábil, mañoso, apto, inteligente, rápido, listo, preparado
torpe

expire

1 cesar, cerrar, concluir, terminar, parar
empezar

2 emitir, exhalar, espirar

3 marchar, expirar, partir, morir, fallecer

explain

clarificar, definir, explicar, exponer, ilustrar, interpretar, justificar, enseñar
confirmar

expose

1 exponer, mostrar, enseñar, visualizar, exhibir, revelar
ocultar, disimular

2 traicionar, denunciar, identificar, detectar, desenmascarar
3 exponer, peligrar, arriesgar, comprometer

expressive
1 enfático, energético, vigoroso, animado, fuerte, vivo
apagado
2 expresivo, significante, indicativo, sugestivo
inexpresivo

extend
1 aumentar, continuar, dilatar, engrandecer, extender, prolongar, ampliar
acortar
2 dar, ofrecer, otorgar, rendir, deparar

exterminate
abolir, aniquilar, destruir, eliminar, exterminar, desarraigar, extirpar
originar

external
1 exterior, superficial, de afuera, externo
interno
2 citar, determinar, seleccionar, extraer

extraordinary
extraordinario, excepcional, maravilloso, particular, raro, peculiar, remarcable, singular, inusual
ordinario, corriente, usual

extravagant
1 excesivo, exorbitante, inmoderado, desmesurado, desmedido, extravagante, pródigo
económico
2 absurdo, tonto, ridículo, irrazonable
razonable

extreme
1 extremo, final, último, mayor, supremo
inicial
2 excesivo, inmoderado, irrazonable
razonable

exuberance
abundancia, copiosidad, exceso, exuberancia, lujuria, profusión, superabundancia
escasez

exuberant
abundante, copioso, excesivo, exuberante, lujurioso, profuso, rico, superabundante
escaso

F

fable

  1 fábula, alegoría, apólogo, leyenda, mito, parábola, historia, cuento

  2 ficción, invención, mentira, falsedad, quimera
   realidad

fabricate

  1 construir, erigir, fabricar, hacer, manufacturar, disponer, idear
   destruir, tirar

  2 *(fig)* acuñar, falsificar, fingir, inventar, aparentar, forjar, fraguar

face *(s)*

  1 apariencia, aspecto, expresión, mirada, prestigio, reputación

  2 confianza, seguridad, aplomo, audacia, atrevimiento, descaro, insolencia
   vergüenza, desconfianza

facilitate

  facilitar, expedir, dar, ayudar
   estorbar, dificultar

fact

  1 hecho, acto, acción, incidente, ocurrencia, actuación

  2 certeza, realidad, verdad
   ficción

faction

  1 cábala, confederación, coalición, combinación, grupo, conjunto, partido

  2 desacuerdo, disconformidad, rebelión, recalcitración, turbulencia, tumulto
   acuerdo

fail

  1 fallar, cesar, declinar, desaparecer, desvanecer, ahogar, debilitar

  2 perder, fracasar

failure

  1 fallo, declive, deficiencia, pérdida, negligencia, omisión, defecto
   éxito

  2 bancarrota, quiebra, insolvencia, caída, ruina

faint

  desmayar, fallar, debilitar, languidecer, consumirse

fair *(aj)*

  1 rubio, claro, con luz, intachable, sin tacha, blanco
   oscuro

  2 cándido, franco, honesto, imparcial, derecho
   injusto, no equitativo

  3 mediocre, pasable, tolerable, prometedor, regular
   bueno

  4 atractivo, hermoso, bonito, elegante, gentil, lindo

fall *(v)*

  1 rebajar, mitigar, declinar, reducir, descender, menguar, decaer, disminuir, caer
   subir, aumentar

  2 errar, equivocarse, caer, ofender, pecar, transgredir

  3 morir, desvanecerse, desaparecer

false

  1 falso, mentiroso, mendaz, informal, ficticio
   verdadero, genuino

  2 deshonesto, deshonrado, falso, infiel, desleal, traidor, pérfido
   leal, honesto

  3 erróneo, incorrecto, impropio, falso, equivocado, infundado

  4 falso, engañoso, fraudulento, ilusorio, hipócrita

fame

  fama, celebridad, eminencia, gloria, honor, notoriedad, renombre, reputación, buena fama
   deshonra, deshonor, descrédito

familiar

  1 familiar, acostumbrado, afable, amigable, cordial, informal, ínti-

mo, cercano, poco ceremonioso, conocido
poco amistoso

2 doméstico, domiciliario, común, familiar

familiarity
familiaridad, conocimiento, intimidad, falta de respeto, informalidad, trato, intimidad, libertad, libertinaje, sociabilidad, entendimiento
no familiaridad

family
1 clan, familia, antepasados, descendiente, genealogía, linaje, raza, tribu

2 clase, género, familia, grupo, tipo, división
individuo

famine
escasez, indigencia, miseria, hambre, carestía
abundancia, cantidad

famous
famoso, distinguido, eminente, excelente, ilustre, glorioso, notorio, remarcable, notable, renombrado
desconocido

fan (v)
1 agitar, excitar, aumentar, estimular
calmar

2 refrescar, abanicar, ventilar, aventar

fanciful
caprichoso, quimérico, fantástico, ideal, imaginario, imaginativo, visionario
práctico

fantastic
fantástico, caprichoso, grotesco, imaginario, irreal, quimérico, extraño, visionario, excelente, *(LAm)* bárbaro
realista, objetivo, auténtico

fascinate
fascinar, atraer, cautivar, encantar, deleitar, enamorar, hechizar, encaprichar
repugnar, rechazar

fashionable
corriente, acostumbrado, moderno, fino, elegante, predominante, a la moda, *(LAm)* estiloso
poco elegante, poco atractivo

fast *(aj)*
1 rápido, veloz, ligero, repentino
lento

2 constante, firme, fijo, inmovible, impenetrable, seguro

3 disoluto, extravagante, vistoso, estrafalario
sobrio

fat *(aj)*
1 gordo, corpulento, rollizo, carnoso, obeso, rechoncho
delgado, seco, magro

2 graso, grasoso, aceitoso

3 fértil, lucrativo, productivo, rico, fructuoso
pobre

fatal
1 funesto, fatal, siniestro, calamitoso, desastroso, catastrófico, destructivo, letal, mortal
inofensivo

2 condenado, predestinado, inevitable, decretado

fatigue
fatiga, agotamiento, penas, labor pesada, lasitud, trabajo, debilidad
reposo, descanso

fault *(s)*
1 defecto, falta, imperfección, debilidad, desperfecto
mérito

2 error, omisión, fallo, patochada, falta, desliz, equivocación
corrección, exactitud

3 delincuencia, error, delito, fechoría, crimen, ofensa, pecado, trasgresión
bondad

favour, *(Am)* **favor** *(v)*
1 ayudar, asistir, favorecer, patrocinar, ofrecer amistad
desaprobar

2 mitigar, moderar, disminuir

favourable. *(Am)* favorable

1 favorable, beneficioso, ventajoso, conveniente, adecuado
inservible, incompetente

2 afectuoso, cariñoso, amable, amistoso, amigable
poco amistoso

fear *(s)*

1 alarma, aprensión, consternación, miedo, pavor, temor, pánico, horror
coraje, valor

2 ansiedad, inquietud, preocupación, soledad
calma, tranquilidad

3 pavor y respeto, reverencia, veneración
irreverencia

feasible

alcanzable, realizable, posible, practicable, factible
imposible, no factible

feast *(s)*

1 banquete, festín, jarana, juerga, entretenimiento, comida, jolgorio, comilona
ayuno

2 celebración, festival, fiesta, vacación

3 placer, deleite, fruición

feed *(v)*

alimentar, nutrir, dar de comer, sustentar, aprovisionar
morirse de hambre

fell *(v)*

cortar, nivelar, derribar, telar, tajar, postrar, abatir

fellow

compañero, camarada, compinche, asociado, homólogo, igual, amigo, miembro, socio, par
extraño, desconocido

fence *(s)*

valla, barrera, defensa, guardia, seto, estacada, palizada, terraplén, pared, seguridad

ferment *(s)*

1 levadura, fermento

2 *(fig)* agitación, conmoción, fiebre, excitación

ferocious

1 fiero, salvaje, rapaz, violento, indomado
domado

2 bárbaro, brutal, cruel, inhumano, despiadado, implacable, sin piedad
gentil

fertile

fértil, abundante, fructuoso, provechoso, productivo, prolífico, rico
estéril, árido

fervent

animado, ardiente, entusiasmado, excitado, ferviente, vehemente, celoso
frío, apagado

festivity

festival, festividad, alegría, regocijo, jovialidad, júbilo
tristeza

feud *(s)*

discusión, contienda, discordia, disensión, enemistad, rencor, hostilidad, pelea, odio
acuerdo

fickle

caprichoso, inconstante, irresoluto, inestable, vacilante, variable, volátil, voluble, veleidoso
firme, constante, resuelto

ficticious

artificial, falso, ficticio, imaginario, fingido, ideado, espurio, irreal
genuino

fidelity

1 fidelidad, lealtad, devoción, integridad, exactitud
infidelidad, deslealtad

2 exactitud, precisión, fidelidad, proximidad
inexactitud

fierce

bárbaro, brutal, cruel, feroz, fiero, furioso, apasionado, salvaje, truculento, violento
manso, dócil

figurative

1 figurativo, emblemático, metafórico, representativo, simbólico
claro, franco

2 florido, poético, vistoso, ornado
sencillo, llano

file *(s)*

1 línea, lista, nómina, rol

2 carpeta, expediente, archivo, fichero

fill

llenar, amueblar, abarrotar, inundar, rellenar, provisionar, almacenar, guardar, suministrar, proveer
vaciar

filth

suciedad, corrupción, grosería, impureza, indecencia, oscuridad, polución
limpieza

final *(aj)*

final, concluyente, decisivo, definitivo, eventual, último, terminal
primario, primero

find

1 alcanzar, obtener, lograr, conseguir
perder

2 hallar, descubrir, experimentar, observar, percibir, ver, notar
perder

3 contribuir, suministrar, proveer

fine *(aj)*

1 admirable, elegante, excelente, bonito, exquisito, selecto, espléndido, superior
inferior

2 pequeño, menudo, delgado, tenue, fino
grueso, grande

3 claro, inalterado, puro, refinado

4 agudo, crítico, penetrante, perspicaz, astuto, mañoso
franco

fine *(s)*

multa, penalización, castigo

finish *(v)*

1 acabar, terminar, cumplir, conseguir, completar, concluir, hacer, ejecutar
empezar, comenzar

2 elaborar, perfeccionar, depurar

firm

1 compacto, denso, firme, duro, condensado
suave

2 constante, firme, resoluto, fuerte, tenaz, enérgico, robusto, fijo, estable
inestable

fitness

adaptación, conveniencia, propiedad, pertinencia, preparación, corrección, idoneidad
inadecuación

fix

1 fijar, establecer, localizar, colocar, ubicar, plantar, hacer arraigar

2 fijar, unir, atar, conectar, apretar, asegurar, liar
separar, desunir

3 determinar, limitar, definir

4 corregir, reparar, arreglar, enmendar

5 congelar, fijar, solidificar, poner tieso

6 *(Am)* preparar, servir, dar

flag *(s)*

bandera, colores, insignia, estandarte, pendón, banderín, banderola

flag *(v)*

declinar, caer, fallar, desmayar, sucumbir, languidecer, debilitar, consumir
fortalecer, reforzar

flagrant

atroz, horroroso, notorio, escandaloso, enorme, manifiesto
leve, ligero, apacible

flame *(s)*

1 fuego, llama, brillo, fulgor

2 afecto, ardor, entusiasmo, fervor, calor, interés, ilusión
frialdad

flat *(aj)*

1 plano, llano, horizontal, nivelado, suave, bajo
desigual

2 muerto, sin vida, insípido, prosaico, sin interés, soso

3 absoluto, directo, positivo, perentorio, imperativo

flat (s)

piso, apartamento, alojamiento, vivienda

flatter

halagar, engatusar, camelar, cumplimentar, lisonjear, seducir, tentar

ofender

flavour (s)

aroma, olor, sabor, gusto, condimento

soso, insípido

flee

fugarse, eludir, marchar, escapar, largarse, esquivar, rehuir

seguir, cazar, perseguir

flinch

recular, esquivar, rehuir, retroceder, retirarse, eludir, asustarse

continuar

flock (s)

colección, grupo, compañía, congregación, convoy, rebaño, multitud, manada

dispersión

flow (v)

1 deslizar, derramar, chorrear, verter, echar, dejar correr, manar

parar

2 inundar, anegar

3 emanar, surgir, emerger, resultar, emitir, expedir

fly (v)

1 volar, aletear, revolotear, flotar, estar suspendido (en el aire), cernerse, remontar, pilotar, dirigir, transportar, *(LAm)* pilotear

2 pasar, transcurrir, escurrir, deslizar, escapar, evitar, correr

permanecer

fond

1 cariñoso, afectuoso, chocho, amoroso, tierno

2 absurdo, vacío, tonto, indiscreto, vano, débil

sensible

fool (s)

1 tonto, idiota, imbécil, simple, zopenco, bobo, *(LAm)* zonzo

sabio

2 bufón, arlequín, payaso, juglar, saltimbanqui

foolish

1 sin cerebro, loco, atontado, tonto, idiota, insensato, simple, estúpido, débil

2 absurdo, imprudente, indiscreto, irrazonable, disparatado

juicioso, prudente

forbid

prohibir, excluir, rechazar, impedir, inhibir, vetar

permitir

force (v)

forzar, obligar, presionar, urgir, necesitar, imponer

inducir

foreign

1 extranjero, ajeno, distante, exótico, externo, remoto

nativo

2 extraño, extrínseco, irrelevante

pertinente

foremost

primero, delantero, más alto, principal, dirigente

forfeit (s)

daños, multa, pérdida, penalidad

forgetful

olvidadizo, descuidado, negligente, oblivio, inútil

que piensa

forgiveness

perdón, absolución, exoneración, remisión

castigo

formal

1 formal, ceremonioso, convencional, correcto, exacto, preciso, puntilloso

informal, nada ceremonioso

2 explícito, expreso, metódico, regular, rígido, estricto

formidable
    formidable, peligroso, horrible, horroroso, amenazante, terrorífico, chocante, tremendo
    inofensivo, agradable

forward *(aj)*
    1 avanzado, temprano, prematuro, progresivo
    2 atrevido, osado, temerario, impertinente, confiado, lleno de confianza, respondón, presumido, presuntuoso, impulsivo
    modesto
    3 rápido, listo, celoso, irreflexivo, fervoroso

foul *(aj)*
    1 sucio, impuro, repugnante, asqueroso, ofensivo, polucionado, podrido, putrefacto, fétido, hediondo
    puro
    2 abusivo, blasfemo, ordinario, grosero, indecente, bajo, obsceno
    decente, inocente
    3 abominable, detestable, deshonroso, vil, vergonzoso, escandaloso
    atractivo, agradable

foundation
    1 base, fundamento, parte baja, pie, trabajo preliminar
    superestructura
    2 establecimiento, fundación, institución, creación, asentamiento

fragile
    frágil, rompible, delicado, débil, quebradizo, enfermizo
    fuerte

fragrant
    fragante, aromático, balsámico, oloroso, perfumado, de olor agradable
    maloliente

frank
    franco, cándido, directo, honesto, ingenuo, abierto, sincero, llano, verídico
    reservado, callado, artero, astuto

frantic
    fanático, furioso, loco, enloquecido, frenético, violento, rabioso
    calmado

fraudulent
    fraudulento, listo, avispado, deshonesto, vil, falso, traicionero
    honesto, honrado

fray *(s)*
    combate, batalla, lucha, refriega, conflicto, pelea, disturbio
    paz

fray *(v)*
    raer, rozar, corroer, desgastar, gastar

freedom
    1 libertad, emancipación, independencia
    esclavitud
    2 franqueza, ingenuidad
    3 familiaridad, facilidad, informalidad, licencia, laxitud

frequent *(aj)*
    frecuente, común, habitual, acostumbrado, usual, repetitivo
    raro, escaso

frequent *(v)*
    asistir, atender, frecuentar, visitar, rondar

fresh
    1 nuevo, novato, reciente
    antiguo, viejo
    2 floreciente, fresco, florido, robusto, saludable, rosado, vigoroso, joven
    pasado, rancio, no fresco
    3 fresco, refrescante, puro, nuevo
    templado

friendship
    amistad, afección, concordia, benevolencia, familiaridad, cariño, afecto, intimidad, amor, armonía
    enemistad

fruitful
    abundante, copioso, fértil, fecundo, productivo, prolífero, rico
    estéril, árido

fugitive *(aj)*
    corto, efímero, momentáneo, evanescente, temporal, inestable, transitorio
    permanente

fugitive *(s)*
fugitivo, desertor

fulfil, *(Am)* **fulfill**
conseguir, alcanzar, completar, concluir, ejecutar, observar, perfeccionar, realizar, hacer, cumplir
fallar

fun
diversión, felicidad, jolgorio, regocijo, alegría
melancolía

function *(s)*
1 función, ejecución, operación, actuación
negligencia
2 negocios, ceremonia, deber, empleo, ocupación, oficio

fundamental
fundamental, básico, elemental, esencial, importante, indispensable, necesario, primario, principal
incidental, casual

furious
enfadado, furioso, fiero, fanático, impetuoso, loco, turbulento, vehemente, violento, salvaje
calmado

fuse *(v)*
combinar, amalgamar, entremezclar, fundir
solidificar

future *(aj)*
futuro, venidero, próximo, subsiguiente, posterior
pasado

G

gaiety
>animación, alegría, buen humor, hilaridad, júbilo, regocijo, alborozo, vivacidad
>*tristeza, melancolía*

gain *(v)*
>1 lograr, alcanzar, adquirir, conseguir, obtener, ganar, asegurar, realizar
>*perder, no lograr*
>2 conciliar, persuadir, convencer, prevalecer, imponerse

gale
>vendaval, tempestad, ráfaga, huracán, tormenta, tornado, tifón
>*céfiro*

gallant
>1 bravo, gallardo, valiente, audaz, valeroso, heroico, intrépido, impávido
>*cobarde*
>2 caballeroso, cortés, decoroso, magnánimo, noble, educado
>*mal educado, descortés*

gallery
>1 galería, tribuna
>2 pasadizo, corredor

game *(aj)*
>bravo, gallardo, intrépido, resoluto, valiente, valeroso, heroico, audaz
>*cobarde*

game *(s)*
>1 juego, diversión, entretenimiento, pasatiempo, recreación, deporte
>*trabajo, labor, tarea*
>2 aventura, empresa, iniciativa, proyecto, plan, esquema, tarea

gang
>banda, grupo, cuadrilla, pandilla, peña, compañía, camarilla, horda

gap
>brecha, abertura, grieta, hendidura, fisura, agujero

garbage *(Am)*
>basura, suciedad, porquería, inmundicia, desperdicios, deshecho

garble
>corromper, tergiversar, falsificar, falsear, citar mal, desfigurar, mutilar, pervertir
>*citar, aducir*

garnish *(v)*
>adornar, embellecer, decorar, engalanar, ornamentar, mejorar
>*estropear*

gasp *(s)*
>soplo, soplido, jadeo, resuello

gate
>puerta, verja, entrada, compuerta

gather
>1 reunir, juntar, acumular, coleccionar, congregar, fundir
>*esparcir, separar*
>2 amasar, acumular, coleccionar, recoger, amontonar
>3 asumir, concluir, deducir, aprender, inferir
>4 condensar, crecer, aumentar, engrosar, engordar

gay
>1 animado, alegre, contento, jubiloso, feliz, divertido, regocijante, jovial, vivaz
>*triste*
>2 brillante, luminoso, llamativo, chillón, vistoso

generate
>generar, engendrar, reproducirse, crear, procrear, formar, producir
>*destruir, exterminar*

generous
>1 benevolente, generoso, liberal, caritativo, hospitalario, munificiente, magnánimo, noble
>*tacaño, agarrado*
>2 abundante, copioso, amplio
>*escaso*

genial
genial, cordial, agradable, alegre, amigable, jovial, avivador, animado, campechano, inspirador, alborozado
frígido, frío

genteel
fino, elegante, aristocrático, refinado, cortés, de moda, a la moda
rudo, mal educado, mal criado

gentle
1 gentil, afable, amable, suave, clemente, dócil, bondadoso, manso, compasivo, apacible, pacífico, plácido, quieto, tratable
poco amable
2 aristocrático, gentil, noble, educado, refinado, cortés
mal educado, mal criado
3 gradual, moderado, ligero, escaso
severo, duro

genuine
genuino, auténtico, franco, natural, horrible, malísimo, espectral, pálido
agradable, grato

giant *(aj)*
colosal, gigante, enorme, grande, monstruoso, prodigioso, vasto
menudo, pequeño

giant *(s)*
coloso, gigante, monstruo, Hércules
enano

giddy
1 descuidado, negligente, cambiable, frívolo, desatento, inconstante, irresoluto, irreflexivo, inestable
2 vertiginoso

gigantic
gigante, gigantesco, colosal, enorme, hercúleo, inmenso, prodigioso, titánico, tremendo
diminuto, insignificante, canijo

glad
alegre, contento, encantador, delicioso, regocijado, complacido, satisfecho, feliz, jubiloso
abatido, triste, desdichado

glare *(s)*
1 brillo, llama, llamarada, destelleo, rayo, centelleo
luz trémula, luz ténue
2 ceño, mirada

glaze *(s)*
capa, esmalte, renovación, lustre, vidriado, brillo, laca, maque, barniz, cera
sombra, palidez

gleam *(s)*
1 claridad, luminosidad, lustre, rayo, esplendor, brillantez, destello
oscuridad, mate
2 rayo, haz de luz, luz trémula, destello

glide *(s)*
deslizamiento, movimiento, corrimiento
reposo

glitter *(s)*
llamarada, relámpago, destello, luz, brillo, luminosidad, lustre, centelleo, haz de luz, brillo, claridad, brillantez, rayo, resplandor
sombrío, lo deslustrado

gloom
1 nube, lo nuboso, oscuridad, lo deslustrado, penumbra, tenebrosidad, sombra
brillo, claridad
2 abatimiento, desaliento, depresión, pesimismo, desánimo, melancolía, tristeza
felicidad, alegría

glory
1 celebridad, dignidad, gloria, distinción, eminencia, fama, honor, alabanza, elogio, renombre
prestigio
2 brillo, lustre, magnificencia, pompa, fausto, resplandor, esplendor

glow *(s)*
1 brillo, brillantez, luminosidad, incandescencia, enrojecimiento
2 ardor, entusiasmo, excitación, fervor, impetuosidad, vehemencia, calor
tibieza, falta de entusiasmo

glow *(v)*

abrillantar, incendiar, quemar, brillar, relucir, destellar, enrojecer, poner de rojo, teñir de rojo, relucir, resplandecer

glum

1 grosero, agrio, desabrido, resentido, poco afable, hosco, malhumorado, irritable, brusco, arranque de cólera
afable, jovial

2 alicaído, cabizbajo, pesimista, estar melancólico, taciturno, triste, mohíno
jovial, alegre

glutton

glotón, engullidor
asceta

goad *(v)*

molestar, fastidiar, incitar, excitar, atormentar, perseguir, impulsar, instigar, estimular, irritar, agujar, picar, punzar, acuciar, inquietar
apaciguar, calmar, pacificar

goal

ambición, meta, objetivo, objeto, gol, intención, propósito, diseño, límite
inicio, comienzo

gorge *(s)*

desfiladero, fisura, quebrada, paso, puerto, barranco, garganta

gorge *(v)*

engullir, llenar algo de, decorar, comerse, alimentar, llenar, hartar, saciar, glotonear, tragar, hinchar, atiborrar
morirse de hambre, pasar hambre, padecer hambre

gorgeous

brillante, lujoso, magnífico, deslumbrante, deslumbrador, espléndido, vistoso, llamativo, suntuoso
raído, viejo, gastado, feo

govern

gobernar, administrar, controlar, dirigir, guiar, mandar, comandar, conducir, manejar, ordenar, pilotar, reinar, supervisar
obedecer, seguir, gobernar mal, administrar mal

government

1 mando, control, dirección, gobierno, guía, manejo, gerencia, regla, imperio, dominio
desorden, disturbio, tumulto

2 administración, gabinete, consejo de ministros, dominio, comisión, gobierno, estado
anarquía

grace *(s)*

1 atractivo, belleza, encanto, hermosura, gracia, elegancia, finura, urbanidad, cultura, educación, refinamiento
desgarbo, torpeza

2 generosidad, gracia, beneficencia, favor, amabilidad, buena voluntad, benevolencia, bondad
desaprobación

3 clemencia, devoción, perdón, misericordia, santidad, compasión, piedad, salvación
condena, condenación

4 bendición, gracias, oración

graceful

gracioso, agraciado, hermoso, elegante, airoso, natural, favorecedor, lindo, suelto
desgarbado, torpe

gracious

afable, benévolo, cortés, benigno, civil, amistoso, amigable, amable, educado, apacible
descortés, grosero

gradual

gradual, aproximado, continuo, progresivo, regular, atrasado, sucesivo, consecutivo
repentino, accidentado, quebrado

grand

1 augusto, eminente, exaltado, fino, glorioso, gran, ilustre, imponente, majestuoso, magnífico, noble, espléndido, pomposo, real, sublime
insignificante, pequeño

2 grande, principal

3 *(Br)* mil libras, *(Am)* mil dólares

grant *(v)*

1 asignar, dar, adjudicar, impartir, conceder, otorgar, conferir, ceder
recibir

2 traspasar, transferir, transmitir

grasp *(s)*

1 broche, corchete, cierre, agarre, asimiento, posesión

2 comprensión, alcance, entendimiento, facultad, envergadura

grasp *(v)*

1 agarrar, asir, abrochar, remachar
soltar, dejar, liberar

2 entender, comprender, captar

gratify

encantar, deleitar, satisfacer, complacer, dar gusto, contentar, recompensar, compensar
descontentar, no satisfacer

gratitude

gratitud, agradecimiento, reconocimiento, deuda
ingratitud, desagradecimiento

grave *(aj)*

1 serio, crítico, importante, trascendental, influyente, de peso
insignificante, no importante

2 grave, solemne, serio, formal, sabio, sosegado, sobrio, pensativo, meditabundo

gravity

importancia, gravedad, trascendencia, sericdad, peso, solemnidad
trivialidad, sin importancia, frivolidad

great

1 gran, grande, abultado, enorme, gigante, gigantesco, inmenso, vasto
pequeño

2 considerable, excesivo, importante, mucho, numeroso
insignificante

3 eminente, excelente, famoso, distinguido, célebre, exaltado, elevado, notable, renombrado, ilustre
más bien mediocre, no eminente

green

1 floreciente, esmeraldino, de color esmeralda, lozano, fresco, nuevo, verde
marchito, seco

2 *(fig)* ignorante, inmaduro, inexperto, verde, novato, desmañado
experto, hábil

grief

pena, aflicción, agonía, angustia, abatimiento, desaliento, queja, miseria, tristeza, lamentación, remordimiento, pesar, dolor, tribulación, sufrimiento, problema
alegría, gozo, regocijo, júbilo

grievance

aflicción, queja, carga, angustia, pena, infortunio, daño, tribulación, problema, injusticia
justicia

grieve

1 afligir, herir, dañar, molestar, irritar, contrariar, fastidiar
confortar, consolar, aliviar

2 lamentar, quejarse, deplorar, apenarse, afligirse, estar afligido, sufrir, padecer
alegrarse, regocijarse

grind

1 contundir, magullar, estrujar, triturar, rallar, pulverizar, machacar, majar, estregar, restregar, *(Am)* *(culinario)* picar

2 afligir, oprimir, acosar, atormentar, perseguir, fastidiar, turbar
abrir, tranquilizar

gross

1 grande, abultado, denso, masivo, grueso
pequeño

2 ordinario, grosero, común, impuro, indecente, antidelicado, bajo, rudo, sensual, vulgar, *(Am)* asqueroso
decente, puro

3 aparente, manifiesto, obvio, serio, vergonzoso, notorio, escandaloso

ground
1 tierra, campo, suelo, marga, molde, césped, tepe
2 país, dominio, estado, tierra, propiedad, territorio
3 base, causa, factor, motivo, razón, fundamento
4 depósito, sedimento, heces, poso

group (s)
1 grupo, colección, manojo, puñado, cacho, ramo, racimo
individual, propio

grovel
encogerse, arrastrarse, moverse a hurtadillas, deslizarse, agacharse, acurrucarse
encararse, afrontar, enfrentarse

grow
1 crecer, desarrollar, engrandecer, extender, expandir, aumentar, difundir, cundir
disminuir, rebajar, empequeñecer
2 crecer, germinar, lanzar, brotar, echar, engrosar
3 avanzar, mejorar, progresar, volverse, crecer
4 cultivar, producir

growth
1 aumento, desarrollo, expansión, extensión, crecimiento
2 cultivo, germinación, producción, vegetación, brote

grudge (v)
tener envidia, envidiar, quejarse, codiciar

guard (s)
1 protector, guardián, guardia, centinela

2 convoy, escolta, guardia, patrulla
3 defensa, protección, seguridad, escudo, baluarte
ataque
4 atención, cuidado, cautela, prudencia, vigilancia, desvelo

guardian
guardián, protector, conservador, defensor, vigilante, administrador
pupilo

guess (v)
1 creer, conjeturar, imaginar, suponer, adivinar, sospechar, figurarse, atreverse a, aventurar
saber, conocer
2 estimar, profundizar, penetrar, resolver, solucionar

guest
invitado, visitante, compañía, comunicante, huésped, convidado
anfitrión

guide (v)
guiar, conducir, controlar, dirigir, escoltar, gobernar, manejar, regular, mandar, supervisar, entrenar
seguir

gush (s)
efusión, ráfaga, corriente, flujo, avenida
parada, pausa, interrupción

gust (s)
1 ráfaga, racha, viento, tormenta, brisa
calma, día gris, recalmón
2 pasión, paroxismo, arranque, acceso
calma, respiro

H

habit (s)
1 hábito, inclinación, constitución, costumbre, disposición, manera, modo, práctica, tendencia, uso
2 ropa, indumentaria, hábito, vestido, prenda

habitual
habitual, normal, acostumbrado, común, corriente, regular, usual
extraño, insólito, inusual

haggard
1 agobiado, demacrado, chupado, pálido, calavérico, flaco, pobre, ojeroso, arrugado
robusto, fuerte
2 intratable, refractario, obstinado, ingobernable, desmandado

hail (v)
dirigirse a, llamar, saludar, hablar, dar la bienvenida, recibir, entablar conversación
evitar

halt (v)
1 cesar, desistir, terminar, detener, interrumpir, parar
continuar, seguir
2 dudar, pararse, balbucir, vacilar
estar seguro

hamper (v)
impedir, atar, reprimir, limitar, estorbar, enredar, trabar, obstruir, prevenir, refrenar
animar, alentar

handsome
1 elegante, excelente, admirable, favorecedor, gentil, guapo, bien parecido
feo
2 considerable, amplio, generoso, liberal, magnánimo, copioso, abundante
tacaño

handy
1 diestro, hábil, mañoso, inteligente, listo, experto, preparado, cualificado, útil
terco, difícil

2 conveniente, práctico, cómodo
inconveniente

harass
enfadar, molestar, fatigar, acosar, atormentar, perturbar, alterar, confundir, atormentar, inquietar, preocupar
tranquilizar, aliviar, calmar

harbour, (Am) **harbor** (s)
1 destino, ancladero, puerto
2 asilo, refugio, retiro, santuario, seguridad

harbour, (Am) **harbor** (v)
proteger, cuidar, ocultar, abrigar, alojar, hospedar, colocar, esconder, guarecer
desterrar

hard
1 compacto, denso, firme, duro, impenetrable, rígido, sólido, tieso, inflexible
suave, dúctil, flexible
2 arduo, exigente, laborioso, fatigoso, penoso
ligero
3 complicado, difícil, intrincado, confuso, misterioso, incomprensible
fácil
4 cruel, severo, insensible, duro de corazón, obstinado, terco, austero
amable, afable

hardy
1 valiente, audaz, valeroso, bizarro, heroico, intrépido, fuerte, resuelto
medroso, apocado
2 sano, robusto, saludable, fuerte, vigoroso, fornido, corpulento
débil, flojo

harm (s)
daño, perjuicio, mal, maldad, herida, lesión, malicia, diablura
bondad

harsh
1 ofensivo, injurioso, austero, amargo, brutal, cruel, duro, severo, des-

agradable, punzante, despiadado, poco amable
gentil, amable

2 discordante, disonante, áspero, desapacible, adverso, poco melodioso
armonioso

hasten
acelerar, despachar, apresurar, precipitar, presionar, empujar, apresurar(se), incitar
retardar, retrasar

hate *(v)*
odiar, abominar, detestar, execrar, aborrecer, tener aversión, tener antipatía
querer, amar

haul *(v)*
tirar, arrastrar, extraer, remolcar, acarrear, transportar
empujar

haunt *(v)*
1 frecuentar, rondar, visitar, acudir, concurrir
desestar, abandonar

2 perseguir, importunar

hazard *(s)*
peligro, riesgo, aventura, accidente
seguridad

headlong *(aj)*
1 peligroso, impulsivo, inconsiderado, precipitado, temerario, imprudente, irreflexivo
serio, pensativo, considerado

2 perpendicular, precipitado, escarpado, abrupto

headlong *(av)*
precipitadamente, imprudentemente, temerariamente, irreflexivamente, sin pensar
cautelosamente

health
robustez, vigor, salud, salubridad, fuerza
debilidad, enfermedad

healthy
1 activo, ágil, vigoroso, bien de salud, saludable, bueno
indispuesto, malo

2 tónico, vigorizante, saludable, higiénico, vigorizador, nutritivo, salubre
insalubre, nocivo

hearty
1 cordial, genuino, honesto, ilusionado, formal, verdadero, real, entusiasta, celoso
frío, poco sincero

2 activo, enérgico, saludable, robusto, fuerte, vigoroso
débil, flojo

heat *(s)*
calor, calefacción, *(fig)* fuego, ardor, excitación, fervor, impetuosidad, intensidad, pasión, vehemencia, violencia, celo
frialdad, falta de entusiasmo

heaven
1 firmamento, cielo
tierra

2 *(fig)* felicidad, éxtasis, paraíso, edén, transporte, Elíseo
infierno

heavy
1 pesado, abultado, masivo
ligero

2 gravoso, oneroso, difícil, penoso, duro, opresivo, severo, pesado
fácil

3 amodorrado, soñoliento, inactivo, indolente, inerte, lento, perezoso, atontado
alerta, despierto

4 abundante, copioso, cargado, lleno

5 borrascoso, tempestuoso, violento
calmado

hedge *(v)*
1 bloquear, encerrar, vallar, obstruir, cercar, circundar, rodear
admitir

2 fortificar, guardar, proteger, resguardar, amparar

3 desaparecer, esconder, escurrir el bulto, permanecer oculto

heed
atender, considerar, notar, observar, prestar atención, hacer caso, ver
pasar por alto, no hacer caso de

height
1 altitud, altura, ápice, cumbre, colina, montaña, cima, pico, cenit
falda, pie, parte baja
2 dignidad, eminencia, exaltación, magnificencia, sublimidad, grandiosidad
bajeza, vileza

help *(s)*
ayuda, asistencia, remedio, socorro, colaborador, colaboración, alivio, consuelo, desahogo

help *(v)*
1 ayudar, asistir, cooperar, respaldar, salvar, secundar, apoyar
obstruir, dificultar, estorbar
2 aliviar, mejorar, curar, mitigar, asistir, remediar, devolver la salud, sanar
agravar, empeorar
3 evitar, controlar, prevenir, contenerse, resistir, oponerse

helpless
abandonado, desamparado, indefenso, minusválido, expuesto, débil, impotente, desprotegido
fuerte, protegido

hesitate
dudar, deliberar, objetar, vacilar, titubear, tartamudear, balbucir
resolver, arreglar

hesitation
retraso, indecisión, tartamudeo, suspenso, vacilación, balbuceo, titubeo, reticencia, irresolución, duda
certeza, seguridad

hide *(v)*
esconder, encerrar, enterrar, enmascarar, encubrir, ocultar, disimular, velar, cubrir
revelar, mostrar, enseñar

hideous
abominable, detestable, horrible, horroroso, repulsivo, chocante, terrible, desagradable
agradable, grato

high
1 elevado, alto, encumbrado
bajo
2 arrogante, fanfarrón, déspota, dominante, altanero, altivo, orgulloso, ostentoso, tiránico
3 caro, costoso, suntuoso
barato

hilarious
jocoso, de risa, ruidoso, alegre, festivo, jovial, jubiloso
abatido, alicaído

hill
colina, elevación, montaña, prominencia, altura, montículo, otero
valle, llanura

hiss *(v)*
1 gritar, chillar, zumbar, runrunear, silbar, sisear
2 condenar, ridiculizar, maldecir, desacreditar, rebajar
aplaudir, aclamar, vitorear

hit *(s)*
1 golpe, colisión, choque, enfrentamiento
2 oportunidad, aventura, éxito, fortuna

hoard *(v)*
acumular, agrupar, amasar, coleccionar, atesorar, juntar, salvar, almacenar
disipar, derrochar, desperdiciar

hoist *(v)*
elevar, subir, alzar, izar
bajar, descender

holiday *(s)*
fiesta, aniversario, celebración, festival, gala, receso, vacaciones
día laboral

hollow *(aj)*
1 cavernícola, cóncavo, vacío, hundido, vacante
lleno
2 artificial, falso, engañoso, fraudulento, baladí, poco sincero, traicionero
genuino, real, sincero

homage
1 devoción, fe, fidelidad, lealtad, servicio, obediencia, homenaje, tributo
deslealtad, infidelidad

2 adoración, deferencia, deber, honor, respeto, reverencia, veneración
desacato, falta de respeto

honest

honesto, honrado, cándido, concienzudo, decente, franco, honorable, ingenuo, justo, sincero, virtuoso, estimable, honroso, formal
deshonesto, tramposo

honour, *(Am)* **honor** *(s)*

1 crédito, dignidad, distinción, elevación, estima, fama, gloria, honor, renombre, reputación

2 deferencia, homenaje, reverencia, respeto, veneración

3 honestidad, integridad, rectitud, probidad

hope *(s)*

esperanza, creencia, deseo, fe, confianza, expectativa, dependencia
desesperación

hopeless

1 desesperado, desamparado, abatido, deprimido, desconsolado
esperanzado

2 incurable, irremediable, indefenso

3 imposible, inalcanzable, impracticable, imposible de conseguir

horrify

horrorizar, asustar, alarmar, aterrorizar, atemorizar, conmocionar
animar, alentar

hostility

hostilidad, animosidad, antagonismo, antipatía, aversión, odio, oposición, enemistad
amistad, simpatía

hot

1 ardiente, caliente, que quema, abrasador, llameante
frío, apagado

2 picante, acre, punzante, condimentado

3 *(fig)* animado, ferviente, impetuoso, irascible, violento, apasionado, vehemente

humble *(v)*

rebajar, reducir, mortificar, degradar, rebajar, envilecer
exaltar, elevar

humorous

caprichoso, cómico, gracioso, divertido, jocoso, alegre, fantástico, chistoso, ingenioso
serio

humour, *(Am)* **humor** *(s)*

1 diversión, humor, chiste, gracia, jocosidad, carácter festivo
seriedad

2 propensión, humor, ánimo, capricho, antojo, manía

hungry

hambriento, codicioso, antojo, deseoso, famélico, ávido, glotón, muerto de hambre
satisfecho, saciado

hunt *(v)*

1 perseguir, acosar, cazar
huir de, evitar

2 buscar, mirar, escudriñar

hurry *(s)*

prisa, celeridad, conmoción, expedición, precipitación, rapidez, prontitud, velocidad, urgencia, *(LAm)* apuro
lentitud

hurt *(v)*

1 herir, dañar, amoratar, perjudicar, debilitar
sanar, curar

2 *(fig)* afligir, molestar, apenar, fastidiar, irritar

husband *(v)*

economizar, salvar, ahorrar, manejar con prudencia
gastar, derrochar

husky *(aj)*

1 seco, marchito, arrugado

2 severo, duro, ronco, estridente
melifluo

I

icy
1 frío, helado, glacial, escarchado
templado
2 *(fig)* frío, frígido, indiferente

ideal
1 intelectual, mental
2 ideal, imaginario, irreal, visionario, falta de sentido
real, verdadero
3 completo, ideal, consumado, perfecto

identity
existencia, identidad, individualidad, personalidad, igualdad
diferencia

idle *(aj)*
1 inactivo, indolente, gandul, vago, lento, perezoso, parado, ocioso, holgazán, *(LAm)* flojo
trabajador, laborioso
2 inefectivo, vano, inútil, fútil, infundado
aprovechable

ignorant
ignorante, analfabeto, poco instruido, indocto
sabio

ill
1 enfermo, indispuesto, mareado
bueno, saludable
2 malo, endemoniado, diabólico, desafortunado, equivocado, enfadado, hostil, malévolo, odioso, malhumorado
bueno

illegal
ilegal, prohibido, ilícito, impropio, no autorizado, inconstitucional, sin permiso
legal, autorizado

illegible
ilegible, indescifrable, oscuro
legible

illegitimate
1 ilegal, ilícito, ilegítimo, impropio, sin autorizar
legítimo
2 bastardo, ilegítimo, espurio, falso
legítimo

illicit
1 ilegal, ilegítimo, ilícito, no autorizado, sin permiso
legal
2 prohibido, culpable, impropio, equivocado
apropiado

illiterate
ignorante, inculto, no enseñado, poco instruido, indocto, analfabeto
culto, alfabetizado

illusion
ilusión, quimera, decepción, error, falacia, fantasía, alucinación
realidad

imaginary
imaginario, asumido, hipotético, ideal, ilusorio, supuesto, irreal, fantástico
real

imitate
imitar, copiar, duplicar, seguir, parodiar
deformar, tergiversar

immature
inmaduro, crudo, verde, imperfecto, prematuro, inacabado, informe
maduro

immediate
1 inmediato, contiguo, cercano, próximo, directo
remoto, lejano
2 al instante, instantáneo, presente
más tarde

immobile
1 inmóvil, fijo, estable, estacionario, sin movimiento
movible

2 rígido, inmóvil, inactivo, firme, inflexible, impasible
flexible

immortal
inmortal, eterno, duradero, imperecedero, indestructible, perdurable
perecedero

impair
dañar, deteriorar, debilitar, perjudicar, enervar, estropear, empeorar
fortalecer, reforzar

impartial
imparcial, desinteresado, equitativo, justo, recto
parcial

impatient
abrupto, brusco, impaciente, seco, lacónico, impetuoso, intolerante, vehemente, violento, inquieto
paciente, tranquilo

impediment
impedimento, estorbo, bloque, dificultad, obstáculo, obstrucción, freno, tropiezo
ayuda

impel
actuar, forzar, incitar, influir, conducir, instigar, inducir, mover, estimular, empujar
refrenar, reprimir

imperfect
defectuoso, imperfecto, incompleto, inacabado, dañado, deteriorado
completo, perfecto

impertinent
1 impertinente, insolente, descarado, atrevido, carota, cara dura, presuntuoso, rudo, incivilizado
educado
2 inapropiado, inaplicable, irrelevante, incongruo, disonante
apropiado

impetuous
impetuoso, vehemente, fiero, furioso, impulsivo, apasionado, violento
cauto, prudente

implement *(s)*
instrumento, implemento, herramienta, utensilio

implement *(v)*
efectuar, ejecutar, realizar, llevar a cabo
ignorar, descuidar, desatender, no cumplir

implicit
1 implícito, entendido, tácito, deducido
2 absoluto, constante, total, entero, firme, impertérrito
dudoso

implore
implorar, pedir, suplicar, rogar, solicitar
ordenar, mandar

imply
presagiar, implicar, denotar, significar, querer decir, incluir, involucrar
declarar

import *(v)*
1 importar, traer, introducir, transportar, comprar
exportar, vender
2 denotar, implicar, querer decir, significar, dar a entender

importance
asunto, interés, consecuencia, importancia, significado, trascendencia, valor, peso
insignificancia

improper
1 erróneo, falso, impropio, inexacto, incorrecto, equivocado
correcto
2 indecente, indecoroso, impropio
apropiado

improve
arreglar, reparar, corregir, enmendar, rectificar
empeorar

improvise
improvisar, fabricar, inventar, imaginar
repetir

impulse

  1 fuerza, ímpetu, impulso, empuje, avance
    estirón

  2 *(fig)* sentimiento, impulso, incitación, inclinación, influencia, instinto, motivo, pasión, resolución

inability

  incapacidad, incompetencia, descalificación, impotencia, ineficacia
  habilidad

inadequate

  inadecuado, defectuoso, incompetente, incompleto, insuficiente, desigual, inadmisible
  admisible

inane

  vacío, fatuo, frívolo, futil, idiota, pueril, estúpido, vano, sin sentido, *(LAm)* sonso
  sensible

incapable

  incapaz, impotente, incompetente, insuficiente, débil
  capaz

incite

  animar, excitar, incitar, instigar, provocar, estimular
  calmar

include

  comprender, contener, abarcar, incluir, incorporar
  excluir

income

  ganancias, sueldo, salario, paga, beneficios, rentas, ingresos, recaudación
  gastos, desembolso, inversión

incompatible

  contradictorio, incompatible, inconsistente, irreconciliable, inapropiado
  consistente, compatible

incomplete

  incompleto, defectuoso, deficiente, imperfecto, sin acabar, sin terminar
  completo, acabado

inconsistent

  incómodo, molesto, inconveniente, problemático, cansado, inoportuno, desventajoso
  cómodo, ventajoso

incorporate

  combinar, mezclar, incorporar, unir, abarcar, fusionar, converger
  excluir

incorrect

  erróneo, falso, incorrecto, impropio, inadecuado, inexacto, equivocado
  correcto, exacto

increase *(v)*

  aumentar, avanzar, dilatar, engrandecer, expander, extender, crecer, multiplicar, prolongar
  rebajar, disminuir

indefinite

  indefinido, confuso, dudoso, equívoco, indistinto, oscuro, incierto, indeterminado, vago
  definido

independence

  1 autonomía, independencia, autogobierno, separación
    sujeción

  2 libertad, independencia, tranquilidad, facilidad
    dependencia

indiscreet

  imprudente, indiscreto, tonto, incauto, inconsiderado, poco juicioso, desatento
  sabio

indiscriminate

  mezclado, indiscriminado, confundido, diverso, vario, inconsiderado
  secreto, reservado

indispensable

  esencial, necesario, indispensable, requisito
  innecesario

indolent

  inactivo, inerte, indolente, vago, apático, indiferente, perezoso
  trabajador, laborioso

induce

1 actuar, animar, incitar, influir, instigar, mover, persuadir, inducir
desanimar

2 efectuar, producir, causar

indulge

favorecer, permitir, conceder, gratificar, promover, satisfacer, complacer
negar

industrious

activo, asiduo, ocupado, diligente, trabajador, laborioso, persistente, perseverante
indolente, perezoso

infallible

cierto, infalible, seguro, veraz, fidedigno
informal, de poca confianza

infamous

infame, atroz, detestable, deshonroso, de mala fama, ignominioso, odioso, escandaloso, vergonzoso, villano
honorable, honrado

infect

afectar, infectar, contaminar, envenenar, polucionar, viciar, manchar
limpiar

infer

concluir, deducir, conjeturar, colegir, inferir, suponer
saber, conocer

infinite

infinito, ilimitado, enorme, inmenso. interminable, vasto, amplio
definido, limitado

inflame

inflamar, enfadar, exasperar, encender, arder, estimular, enfurecer
desanimar, suavizar

inflate

hinchar, inflar, dilatar, extender, engrandecer, aumentar, expandir
desinflar, rebajar

inform

informar, comunicar, avisar, instruir, notificar, enseñar, decir
ocultar

information

aviso, consejo, información, instrucción, conocimiento, noticias
encubrimiento, disimulación

infringe

romper, desobedecer, infringir, transgredir, violar
obedecer

ingenious

capaz, apto, hábil, diestro, ingenioso, listo, brillante, inventivo, experto
inexperto, desmañado

inherent

incongénito, inherente, de nacimiento, innato, intrínseco, natural
adquirido

inhibit

impedir, inhibir, imposibilitar, obstruir, desanimar, prohibir
apoyar

initial *(aj)*

principal, inicial, temprano, primero, incipiente, naciente
final

initiate

empezar, comenzar, iniciar, inaugurar, introducir, abrir, originar
finalizar, acabar

injury

daño, detrimento, mal, injusticia, perjuicio, ruina, equivocación
beneficio

innocent

ingenuo, sencillo, inocente, honesto, inmaculado, impecable, inofensivo, puro, simple, recto, sin mancha
culpable

inquiry

pregunta, duda, interrogación, búsqueda, escrutinio, estudio
respuesta

insane

1 loco, demente, lunático, desquiciado
sano, cuerdo

2 estúpido, insensato
sensato

insecure
peligroso, inseguro, expuesto, incierto, débil, sin protección, no defendido
seguro

insidious
mañoso, astuto, artero, insidioso, criminal, engañoso, falso, fraudulento, taimado
honesto, honrado, probo

insignificant
insignificante, inconsiderable, trivial, sin importancia, baladí, vil
importante, significativo

insinuate
1 insinuar, aludir, sugerir
2 inculcar, inyectar, introducir, infundir
retirar

insist
insistir, demandar, persistir, presionar, instar
entregar, ceder

inspire
1 inspirar, inhalar, respirar
exhalar
2 *(fig)* animar, inspirar, avivar, imbuir, infundir, inculcar
desanimar

instant *(aj)*
1 instantáneo, inmediato, rápido, pronto
lento, despacio
2 corriente, presente, actual

instigate
actuar, animar, incitar, instigar, influir, mover, persuadir, provocar, levantar, inculcar, estimular
desanimar

instinctive
automático, intuitivo, instintivo, involuntario, natural, espontáneo
razonado

instruct
1 disciplinar, educar, enseñar, iluminar, instruir, guiar, informar, entrenar
aprender

2 mandar, comandar, dirigir, ordenar, *(Br)* instruir, dar instrucciones a
aprender, obedecer

insult *(s)*
abuso, afrenta, ofensa, insulto, ultraje, insolencia, atentado
cumplido, piropo

insult *(v)*
abusar, afrontar, injuriar, ofender
respetar

intact
intacto, virgen, inmaculado, puro, completo, sin dañar
dañado

intelligence
1 aptitud, inteligencia, viveza, ingenio, capacidad, habilidad, perspicacia, entendimiento, razón
2 información, conocimiento, noticias, notificación, rumor
ignorancia

intelligent
inteligente, agudo, apto, brillante, listo, instruido, conocedor, informado, habilidoso, vivo
estúpido, tonto

intense
1 agudo, profundo, excesivo, extremo, gran
2 intenso, ardiente, enérgico, apremiante, vehemente, vigoroso

intent *(s)*
intento, objetivo, final, intención, objeto, plan, propósito

inter
enterrar, sepultar, inhumar
exhumar

intercourse
comercio, comunicación, comunión, conexión, conversión, correspondencia, intimidad, tratos, relaciones
separación, silencio

interest *(s)*
1 atracción, atención, curiosidad, interés, simpatía

2 ventaja, beneficio, autoridad, influencia, prima, parte
pérdida

interfere
intervenir, entrometer, interferir, colisionar, chocar, tomar parte, interponerse
confirmar, aprobar

interior
1 interior, de dentro, interno
exterior
2 *(geografía)* tierra adentro, lejano, distante

interpose
1 arbitrar, interceder, mediar
2 interferir, interponer, intervenir, entrometerse
3 insertar, introducir, poner
sacar, retirar

interrupt
interrumpir, romper, cortar, desconectar, retardar, retrasar, dividir, desunir, interferir, separar, parar, suspender
reanudar, continuar

intimate *(aj)*
cercano, confidencial, amistoso, íntimo, privado, secreto
distante, lejano

intimate *(s)*
socio, compañero, camarada, confidente, amigo, familiar, compinche, íntimo
enemigo

intolerable
insufrible, intolerable, insoportable, inaguantable
aguantable, tolerable

intrigue *(s)*
artificio, cábala, conspiración, conjuración, maquinación, complot, estratagema
franqueza

intrinsic
1 esencial, genuino, intrínseco, real, verdadero
artificial

2 inherente, nativo, natural, innato
adquirido, extrínseco

introduce
empezar, comenzar, inaugurar, iniciar, introducir
retirar, sacar

introduction
1 inauguración, presentación, introducción
retirada
2 principio, preámbulo, prefacio, prólogo, preludio
conclusión

intuitive
instintivo, involuntario, espontáneo, intuitivo
calculado, planeado

invalid *(aj)*
1 frágil, enfermo, débil
fuerte, sano
2 inválido, falso, nulo, infundado, falaz, erróneo, engañoso
válido

invaluable
costoso, inestimable, inapreciable, valioso
sin valor, inútil

invariable
constante, inmutable, invariable, incambiable, uniforme, inalterable
variable, mutable

invention
1 invención, creación, diseño, descubrimiento, invento
copia, imitación
2 invención, engaño, fraude, ficción, falsificación

invite *(v)*
1 invitar, pedir, solicitar, llamar, rogar, convocar
convidar
2 atraer, tentar, fascinar, sugerir, inducir
rechazar, repeler

invoke
suplicar, implorar, invocar, rogar, conjurar, pedir, solicitar
insistir

involve
1 envolver, cubrir, arropar
   destapar
2 envolver, complicar, conectar, implicar, mezclar, combinar, entrelazar

irrational
1 irracional, absurdo, tonto, irrazonable, imprudente
   racional, prudente
2 loco, demente, aberrante, chiflado, tarado
   racional, cuerdo, juicioso

irregular
anormal, subnormal, irregular, caprichoso, excéntrico, excepcional, inmoderado, incierto, inusual, variable, desordenado, nada metódico
   regular, normal, corriente, uniforme

irritate
enfadar, irritar, molestar, exasperar, ofender, provocar, inquietar, indignar, encolerizar
   suavizar, encantar, deleitar

isolate
desconectar, separar, desvincular, segregar, aislar
   unir, juntar

isolation
desconexión, aislamiento, segregación, separación, soledad, retiro
   compañía, sociedad

J

jam *(s)*
aglomeración, multitud, atasco, obstrucción, montón, muchedumbre, tropel, embotellamiento, caravana, *(LAm)* tapón

jam *(v)*
aglomerar, atascar, obstruir, apretar, presionar, atestar, apretujar

jar *(v)*
perturbar, inquietar, alterar, molestar, irritar, ofender

jargon
1 tonterías, galimatías, guirigay, disparates
sentido, juicio
2 argot, jerga, dialecto

jealous
1 celoso, envidioso, codicioso, resentido, ofendido, rival
satisfecho
2 inquieto, preocupado, aprensivo, ansioso, atento, suspicaz, vigilante
despreocupado, alegre

jeer *(v)*
chancearse, bromear, ridiculizar, mofarse, burlarse de, insultar
alabar, elogiar

jeopardize
poner en peligro, arriesgar, exponer, aventurar, estar en peligro, exponerse, comprometer
preservar, proteger, conservar

jest *(v)*
bromear, ridiculizar, mofarse, burlarse de, insultar

jingle *(v)*
hacer sonar, hacer tintinear, traquetear, tañer, repicar

join *(v)*
unir, juntar, acompañar, añadir, incluir, adherir, anexionar, adjuntar, consolidar, conectar, emparejar, atar
aflojar, soltar, desunir

joint *(aj)*
combinado, unido, colectivo, conjunto, coordinado

joint *(s)*
articulación, conexión, gozne, bisagra, juntura, unión, conyuntura, nudo

joke *(s)*
chiste, broma, chanza, burla, juego, agudeza, ocurrencia, dicho gracioso

jolly
1 alegre, de buen humor, festivo, sociable, retozón, divertido, gracioso, regocijante, jovial, jubiloso, alborozado, juguetón
triste, desdichado, desgraciado
2 rechoncho, gordinflón, robusto, regordete, rollizo
flaco, chupado, desvaído

jovial
jovial, confiado, alegre, sociable, festivo, contento, regocijante, jocoso, gracioso, jubiloso
triste, sombrío, infeliz

joy
alegría, regocijo, felicidad, encanto, delicia, éxtasis, exaltación, fiesta, gusto, satisfacción, embeleso
pesar, pena

judgment
1 raciocinio, lógica, perspicacia, discernimiento, sabiduría, inteligencia, prudencia, sagacidad, sentido, juicio
estupidez
2 arbitraje, sentencia, fallo, conclusión, decisión, decreto, determinación, opinión, sentencia, veredicto

judicious
juicioso, cauteloso, precavido, prudente, considerado, discreto, perspicaz, discernidor, prudente, racional, razonable, sagaz, sensible, diestro, bien calculado, sabio
indiscreto, imprudente

jumble *(v)*
> confundir, desarreglar, descomponer, desordenar, mezclar, embrollar
> *arreglar, organizar, disponer*

jump *(v)*
> saltar, botar, brincar, saltar a la pata coja, dar un salto

junction
> 1 alianza, combinación, unión, juntura, acoplamiento, conexión, ligadura
> *separación*
> 2 *(carreteras)* cruce, *(LAm)* crucero

just *(aj)*
> 1 intachable, concienzudo, equitativo, justo, imparcial, bueno, honesto, honorable, puro
> *deshonesto, injusto*
> 2 exacto, correcto, precio, verdadero, regular
> *equivocado, erróneo, inexacto*
> 3 apropiado, apto, legítimo, meritorio, verdadero, adecuado

justice
> justicia, equidad, imparcialidad, integridad, rectitud, ley
> *prejuicio, predisposición, parcialidad*

justify
> justificar, absolver, autorizar, defender, exculpar, exonerar, disculpar, perdonar, aprobar
> *acusar*

juvenile *(aj)*
> juvenil, de muchacho, inmaduro, pueril, joven
> *maduro*

K

keen
1 ardiente, vehemente, fervoroso, apremiante, apasionado
   apático
2 agudo, mordaz, cortante, penetrante
   franco
3 astuto, rápido, sagaz, listo, perceptivo
   estúpido, tonto, corto

keep *(s)*
1 comida, alimento, mantenimiento, sustento, pensión
2 castillo, mazmorra, calabozo, torre, fortaleza, plaza, fuerte

keep *(v)*
1 mantener, guardar, sostener, conservar, proteger, retener, contener, apoyar
   perder
2 observar, atenerse a, obedecer, ejecutar, cumplir
3 permanecer, estar, morar, durar, perdurar

kick *(fig)*
oponerse, protestar, rebelarse, resistir, reaccionar, quejarse, desdeñar
   obedecer

kid *(s)*
1 cabrito, chivo, cabritilla, carne de cabrito
2 chiquillo, chaval, niño, crío, pequeño, *(LAm)* pibe, escuincle
   adulto

kidnap
raptar, secuestrar, capturar, eliminar, llevarse, robar
   devolver, libertar

kill *(v)*
1 matar, asesinar, dar muerte, hacer una carnicería, despachar
   crear, dar vida
2 *(fig)* calmar, sofocar, hacer abandonar, frustrar, suprimir

kind *(aj)*
amable, afable, agradable, amigable, cariñoso, afectuoso, benéfico, benigno, benévolo, benevolente, generoso, caritativo, clemente, compasivo, simpático, amistoso, generoso, humano, de buen corazón, tierno, educado
   poco amable, nada amistoso

kindle *(s)*
fuego, ignición, llama, lumbre
   extinción

kindle *(v)*
animar, estimular, despertar, exasperar, mover, excitar, fomentar, incitar, provocar, motivar, agitar

king
rey, monarca, soberano
   plebeyo, súbdito

knack
destreza, aptitud, habilidad, pericia, facilidad, presteza, inteligencia, agilidad
   torpeza, desmaña, terquedad

knave
pillo, canalla, tramposo, pícaro, bribón, tunante, sinvergüenza
   caballero

knob
protuberancia, bulto, manojo, tirador de mano, puño, tachón, clavo

knot *(s)*
1 lazo, vínculo, unión, junta
2 colección, manojo, puñado, grupo, racimo

knot *(v)*
atar, liar, complicar, enredar, enmarañar, entrelazar, *(fig)* prometerse, casarse
   desatar, desliar

know
saber, comprender, averiguar, discernir, distinguir, aprender, reconocer, entender
   desconocer, no comprender

knowledge

1 conocimiento, educación, erudición, luz, instrucción, aprendizaje, estudio, ciencia, saber, sabiduría, prudencia

ignorancia

2 percepción, comprensión, discernimiento, entendimiento, perspicacia, juicio

3 información, aviso, conocimiento

L

laborious
1 arduo, difícil, fatigoso, duro, oneroso, cansado, laborioso
  fácil
2 laborioso, diligente, trabajador, incansable, concienzudo, esmerado
  vago, holgazán

lack *(s)*
deficiencia, escasez, insuficiencia, miseria, necesidad, cortedad, indigencia
abundancia, cantidad

lame *(aj)*
1 cojo, lisiado, mutilado, defectuoso, retrasado, minusválido
  sano, robusto
2 *(fig)* débil, insuficiente, pobre, insatisfactorio
  satisfactorio

lament *(s)*
1 lamento, lamentación, queja, quejido, gemido, protesta
2 canto fúnebre, requiem, elegía, lamento

lament *(v)*
lamentar, quejar, gemir, llorar, deplorar, sentir
alegrarse

land *(s)*
1 tierra, suelo
2 país, nación, distrito, barrio, región, territorio, provincia

landlord
1 propietario, dueño, amo
  inquilino
2 *(Br)* anfitrión, patrón, mesonero, hotelero, posadero
  convidado, invitado, huésped

language
1 lenguaje, dialecto, idioma, habla, lengua, terminología, jerga
2 lenguaje, dicción, expresión, estilo, fraseología

last *(aj)*
último, el que cierra, concluyente, extremo, decisivo, final, postrero, terminal
primero, inicial

last *(v)*
durar, persistir, continuar, permanecer
fallar

late *(aj)*
1 difunto, muerto, fallecido, finado
  vivo
2 tarde, atrás, por detrás, retardado, lento, tardío
  temprano, adelantado

latent
latente, escondido, oculto, invisible, potencial, secreto, velado
abierto, a la vista

launch *(v)*
1 echar, arrojar, despachar, lanzar, proyectar, tirar
  coger, asir
2 empezar, comenzar, inaugurar, abrir
3 disertar, extender, aumentar

lavish *(aj)*
excesivo, extravagante, generoso, inmoderado, imprevisor, liberal, pródigo, profuso, irrazonable, desenfrenado
tacaño

lead *(v)*
1 dirigir, gobernar, conducir, encabezar, mandar, escoltar, acompañar, llevar, guiar
  seguir
2 influir, persuadir, prevalecer, atraer, inducir

lean *(aj)*
1 delgado, huesudo, demacrado, flaco, chupado, desvaído, escaso, magro, escuálido, esbelto
  gordo, relleno, obeso

2 pelado, raso, estéril, árido, infecundo, improductivo
fértil, fecundo

lean *(v)*

1 apoyarse en, inclinarse, reclinar,
reposar, descansar, desviar, torcer,
tender a

2 confiar, tener confianza en, de-
pender, creer
desconfiar

leap *(v)*

saltar, botar, rebotar, brincar, re-
tozar

learn

aprender, adquirir, memorizar,
descubrir, lograr, conseguir, juntar, oír
olvidar

learned

enseñado, erudito, experimentado, experto, astuto, culto, alfabetizado, cualificado, especializado,
versado, bien informado
ignorante, desconocedor

least

el más débil, último, el más bajo,
más pequeño, más diminuto
el mayor

leave *(v)*

1 dejar, abandonar, marchar, ir,
retirar, partir, desertar
llegar

2 cesar, parar, desistir, abstenerse,
refrenarse

3 dejar, permitir, conceder

4 legar, dejar, transmitir

legal

legal, permisible, lícito, autorizado, constitucional, legítimo, lega-
lizado, correcto, aprobado, *(Am)*
oficial
ilegal, ilícito, no autorizado

legalise

1 autorizado, genuino, legal, propio, real, permitido
ilegal, ilícito

2 correcto, justificable, legal, lógico,
sensible, válido
irrazonable

leisure

comodidad, libertad, oportunidad,
recreación, ocio, tiempo libre, vacaciones
trabajo

lend

prestar, adelantar, conferir, dejar,
dar, impartir, ofrecer, presentar
pedir prestado, tomar prestado

lenient

compasivo, clemente, gentil, indulgente, misericordioso
despiadado

lethargy

apatía, coma, sopor, estupor, mo-
dorra, somnolencia, flojeza, inac-
ción, inercia, flema
vigor, ánimo

level *(v)*

1 destruir, demoler, igualar, allanar,
aplanar, alisar
restaurar

2 apuntar, dirigir, hacer

lewd

impuro, lascivo, licencioso, libidinoso, lujurioso, disoluto, libertino,
impúdico
casto

liability

responsabilidad, deber, obligación, tendencia, riesgo, carga
inmunidad, exención

liberal

1 abundante, generoso, liberal, pródigo, profuso, caritativo, comprensivo, de buen corazón

2 de amplias miras, criterio amplio,
liberal, noble, altruista, magnánimo, tolerante, sin prejuicios
fanático, intolerante

liberty

libertad, emancipación, liberación,
independencia, inmunidad
restricción

lie *(s)*

mentira, falsedad, invención, tergi-
versación
verdad

lie *(v)*

1 falsificar, mentir, inventar, tergiversar, buscar evasivas
decir la verdad

2 ser, estar, reclinar, permanecer, reposar, descansar en
incumbir

light *(s)*

1 luz, amanecer, brillo, luz del día, fosforescencia, rayo, destello
oscuridad

2 luz, lámpara, vela, linterna, antorcha, faro, bujía, cerilla, farola

3 *(fig)* aspecto, comprensión, ilustración, información, instrucción, conocimiento

like *(aj)*

igual, parecido, análogo, paralelo, correspondiente
diferente

like *(s)*

preferencia, gusto, afición

like *(v)*

gustar, agradar, aprobar, elegir, desear, estimar, querer, preferir, seleccionar, amar
desagradar, no gustar

limit *(s)*

límite, borde, frontera, limitación, restricción, lindero, precinto
principio

limp *(aj)*

fláccido, flexible, fofo, blanducho, ágil, relajado
rígido

link *(v)*

unir, juntar, conectar, atar, empalmar
separar

listen

oír, escuchar, atender, obedecer, observar, hacer caso de, tener en cuenta
desatender, no hacer caso de

litter *(s)*

1 confusión, desorden, basura, desarreglo, fragmentos, suciedad
limpieza, pulcritud, orden

2 ropa de cama, canapé, sofá, bastidor, camilla

3 camada, cría, familia, prole, generación

little

1 pequeño, diminuto, menudo, pigmeo, infinitesimal, breve, escaso
grande, enorme

2 breve, insignificante, inconsiderable, trivial, sin importancia, baladí
importante

3 iliberal, intolerante, tacaño, avaro, egoísta, interesado

live *(v)*

1 ser, estar, existir, respirar, alimentar, subsistir, pasar, vivir
morir

2 continuar, morar, vivir, permanecer, residir

lively

activo, vivo, ágil, alerta, animado, contento, vivaz, entusiasta, rápido, vigoroso
apagado, inactivo, flojo

living *(aj)*

activo, vivo, animado, existente, enérgico, fuerte, vigoroso
muerto, apagado

load *(s)*

1 carga, bulto, opresión, presión, peso, estorbo, íncubo, responsabilidad, agobio

2 flete, carga, cargamento

load *(v)*

cargar, gravar, tomar cargamento
aligerar

lock *(v)*

1 cerrar, encerrar, confinar, atar, juntar, sellar, unir, parar, reprimir, refrenar
abrir, separar

2 abrochar, abrazar, envolver, rodear, encerrar, agarrar, apretujar

lodge *(v)*

1 habitar, morar, vivir, permanecer, asentar, reposar, pararse, residir

2 acomodar, hospedar, entretener, cubrir, abrigar, alojar, acuartelar, amparar, proteger

lonely

1 solo, separado, abandonado, desamparado, sin amigos
acompañado

2 desierto, desolado, solo, remoto, solitario, inhabitado, sin frecuentar
lleno, atestado, concurrido

look *(v)*

1 ver, considerar, contemplar, examinar, ojear, observar, mirar, buscar

2 anticipar, esperar, contar con, imaginar

3 volver la cara a, ponerse de cara a, dar a, estar enfrente de

loose *(aj)*

1 libre, movible, sin atar, suelto, liberado, ilimitado, infinito, sin restricción
atado, sujeto

2 vicioso, disoluto, desenfrenado, licencioso, impúdico, lascivo, inmoral
casto, púdico

3 difuso, indefinido, indistinto, confuso, vago
conciso

lord *(s)*

1 señor, conde, noble, caballero, par, vizconde
plebeyo

2 gobernador, rey, monarca, príncipe, *(Br)* director de colegio
súbdito

3 *(religión)* Jesucristo, Dios, el Señor, Jehová

loss

1 pérdida, privación, fracaso, derroche, despilfarro

2 daño, derrota, pérdida, destrucción, detrimento, perjuicio, desventaja
ventaja

low *(aj)*

1 profundo, bajo, hundido, disminuido

2 pequeño, corto, enano

3 abyecto, bajo, degradado, servil, miserable, vil, vulgar, innoble, sórdido

4 vergonzoso, deshonroso, escandaloso, no refinado, de mala fama, indecoroso

5 moribundo, exhausto, enfermo, débil, delgado

6 barato, de precio bajo, moderado, razonable

loyal

leal, patriótico, constante, fiel, dedicado
desleal, infiel

ludicrous

absurdo, burlesco, cómico, divertido, ridículo, gracioso, raro
serio, formal

lukewarm

1 tibio, templado

2 *(fig)* indiferente, frío, apático, despreocupado
entusiasta, incondicional

lunatic

1 loco, maníaco
sano

2 loco, chiflado, tarado, desquiciado, demente, lunático
sano, cuerdo

luscious

empalagoso, delicioso, meloso, jugoso, sabroso, apetitoso, suculento
agrio, cortado, desagradable, incomible

luxurious

1 opulento, lujurioso, rico, espléndido, suntuoso
sencillo, llano, sin adornos, ordinario

2 afeminado, epicúreo, sensual, voluptuoso, regalado, amante de los placeres

luxury

1 opulencia, lujo, riqueza, suntuosidad, voluptuosidad, desenfreno
austeridad

2 confort, bienestar, comodidad, placer, encanto, gratificación, indulgencia, placer
incomodidad, malestar

M

mad

1 loco, aberrante, lunático, delirante, demente, desquiciado, fanático, rabioso
sano, cuerdo

2 *(fig)* enfadado, exasperado, furioso, irritado, rabioso
calmado

3 tonto, imprudente, alocado, insensato, arriesgado, peligroso
sensato

magnificence

magnificencia, brillantez, lujo, majestuosidad, pompa, esplendor, grandeza
humildad, mezquindad

magnify

1 ampliar, amplificar, aumentar, engrandecer, exagerar
disminuir, reducir

2 celebrar, exaltar, glorificar, magnificar
menospreciar, denigrar

majestic

majestuoso, augusto, elevado, exaltado, grande, imperial, magnífico, noble, pomposo, real, espléndido, sublime
humilde

majesty

majestad, dignidad, grandiosidad, sublimidad
humildad

make

1 hacer, crear, componer, constituir, confeccionar, fabricar, formar, disponer, originar, producir, moldear
destruir, deshacer

2 adquirir, ganar, conseguir, obtener, alcanzar, asegurar

3 actuar, hacer, establecer, ejecutar, ordenar, practicar

4 pensar, juzgar, suponer, estimar

malign *(v)*

abusar, calumniar, difamar, herir, menospreciar, denigrar, injuriar, vilipendiar
alabar, elogiar

man *(s)*

1 hombre, adulto, ser, cuerpo, humanidad, individuo, macho, persona, personaje, alma
bestia, animal

2 asistente, empleado, sirviente, trabajador, ayuda de cámara
señor, dueño

mania

1 aberración, delirio, locura, manía, demencia, fanatismo
cordura, sensatez

2 *(fig)* deseo, entusiasmo, manía

manifold

diverso, variado, múltiple, multitudinario, numeroso, vario, variado
poco

manufacture *(v)*

construir, edificar, componer, crear, fabricar, formar, hacer, amoldar, producir
destruir

mar

manchar, emborronar, dañar, desfigurar, mutilar, arruinar, estropear, perjudicar
mejorar

margin

borde, margen, límite, lindero
centro, exterior

marriage

1 matrimonio, nupcias, casamiento, boda
celibato

2 alianza, asociación, confederación, unión
separación

marshal *(s)*

mariscal, oficial, *(Am)* alguacil, oficial de justicia

marshal *(v)*
arreglar, disponer, colocar, recoger, reunir, ordenar, mandar, guiar
dispersar, esparcir

martial
marcial, bravo, heroico, militar, belicoso, guerrero
pacífico

marvellous, *(Am)* **marvelous**
1 maravilloso, asombroso, pasmoso, extraordinario, milagroso, estupendo
ordinario
2 improbable, increíble, sorprendente
creíble

master *(s)*
1 capitán, jefe, comandante, gobernador, propietario, principal, superintendente, *(Br) (colegio)* director, rector
sirviente
2 instructor, pedagogo, preceptor, maestro, director de escuela, tutor
estudiante

mature *(aj)*
maduro, completo, crecido, añejo, perfecto, listo
inmaduro, verde

meagre, *(Am)* **meager**
1 demacrado, magro, desvaído, chupado, seco, delgado, pobre, en los huesos, hambriento
rollizo, regordete, obeso
2 deficiente, desprovisto, pobre, escaso, improductivo, infértil
copioso

mean *(v)*
significar, denotar, diseñar, expresar, indicar, significar, proponer

means *(s)*
1 expediente, medida, instrumento, método, modo, manera
fin
2 dinero, ayuda, bienes, recursos, sustancia, riqueza, abundancia
pobreza

meddlesome
entrometido, intruso, malicioso, juguetón, oficioso, fisgón, curioso
no entrometido

meek
calmado, dócil, gentil, modesto, paciente, pacífico, sumiso, indulgente, apacible, manso
arrogante, deshonesto, descarado

meet *(v)*
1 enfrentar, confrontar, contactar, hallar, encontrar, abordar
2 contestar, responder, acatar, desempeñar, cumplir, satisfacer, complacer
3 conectar, unir, juntar, convergir
4 agrupar, coleccionar, congregar, reunir, recoger, juntar

melancholy *(s)*
melancolía, depresión, tristeza, abatimiento, desaliento, pesimismo
alegría

mellow
1 delicado, sabroso, condimentado, maduro, suculento, muy dulce, añejo, meloso, suave
verde, inmaduro
2 alegre, divertido, jovial, tranquilo

melt
1 disolver, fundir, difuminar, licuar, deshelar, derretir
solidificar
2 *(fig)* relajar, apaciguar, calmar, templar, mitigar
endurecer

mention *(v)*
mencionar, aludir, citar, comunicar, declarar, divulgar, impartir, referir, revelar, decir
ocultar, disimular

mercy
benevolencia, caridad, clemencia, compasión, perdón, gracia, amabilidad, lenidad
crueldad

merit *(s)*
virtud, mérito, bondad, honor, mérito, recompensa
inutilidad, falta de valor

mess

1 lío, confusión, desorden, enredo, mezcla, suciedad, desperdicios
limpieza, orden

2 *(fig)* dificultad, perplejidad, confusión, crisis, situación apremiante

might

habilidad, capacidad, eficacia, energía, fuerza, poder, valor
debilidad

mild

1 amigable, calmado, clemente, compasivo, gentil, indulgente, amable, moderado, plácido, agradable, tranquilo, suave
poco amable, poco compasivo

2 emoliente, lenitivo, apaciguador, calmante, tranquilizador
severo, duro

mind *(s)*

1 cerebro, inteligencia, seso, razón, sentido, espíritu, entendimiento
cuerpo

2 disposición, deseo, inclinación, intención, propósito, tendencia, voluntad

3 creencia, opinión, juicio, sentimiento, pensamiento

4 memoria, recolección, recuerdo

mingle

mezclar, alear, combinar, confundir con, entremezclar, mezclar, unir
disolver, separar

minute *(aj)*

1 diminuto, fino, pequeño, microscópico, delgado, tenue
grande

2 crítico, detallado, exacto, preciso
inexacto, vago

mirth

alegría, fiesta, regocijo, hilaridad, jovialidad, placer, animación, satisfacción
tristeza, melancolía

misdeed

crimen, falta, delito, fechoría, mala conducta, ofensa, pecado, transgresión, error, equivocación
derecho, justicia, bien

miserable

1 afligido, desconsolado, melancólico, miserable, infeliz, triste, abatido, desanimado
feliz, contento

2 pobre, miserable, necesitado, sin dinero, indigente, desamparado
rico, adinerado

3 miserable, malo, bajo, abyecto, vil, despreciable
bueno

misery

1 aflicción, agonía, angustia, calamidad, pena, infortunio, miseria, tormento, tortura, pesar, desdicha
alegría, júbilo, deleite

2 *(fig)* aguafiestas, quejicoso

misfortune

accidente, adversidad, aflicción, calamidad, fallo, dureza, desgracia, percance, revés
suerte, fortuna

mislead

engañar, dirigir mal, informar, erróneamente, aconsejar mal, despistar
dirigir

mist

1 niebla, neblina, *(fig)* nube, velo
claridad

2 *(fig)* oscuridad, perplejidad, aturdimiento
claridad

mistake *(s)*

error, fallo, inexactitud, cálculo erróneo, falta, equivocación
precisión, exactitud

mistrust *(v)*

dudar, temer, sospechar, desconfiar, recelar
confiar

misty

nublado, oscuro, encapotado, nebuloso, brumoso
claro, despejado

misunderstanding

1 error, incomprensión, equivocación, no interpretar correctamente
entendimiento, comprensión

2 diferencia, dificultad, desacuerdo, discordia, pelea
acuerdo

mix *(v)*
mezclar, asociar, combinar, incorporar, juntar, unir, componer
separar

mixture
mezcla, amalgamación, asociación, combinación, conglomeración, revoltijo, confusión, unión, fusión
elemento

moan *(v)*
lamentar, deplorar, afligirse, acongojarse, gemir, quejarse, llorar, suspirar

mockery
contumelia, engaño, irrisión, mofas, befas, imitación, burlas, ridículo, parodia
aprobación, consentimiento

moderate *(aj)*
1 moderado, abstemio, limitado, comedido, refrenado, serio, formal, templado, razonable, juicioso
inmoderado
2 barato, mediocre, ordinario, regular

modern
moderno, nuevo, último, novato, actual, presente, reciente
viejo, antiguo, obsoleto

modest
1 tímido, modesto, vergonzoso, decoroso, conveniente, reservado, humilde, sumiso, retraído, sin pretensiones
valiente, audaz
2 casto, virtuoso, puro, de mente pura
corrupto

moist
húmedo, mojado
seco

molest
enfadar, molestar, enojar, atacar, distraer, incomodar, irritar, aco-

sar, importunar, plagar, atormentar, preocupar
dar gusto, agradar, contentar

monotonous
aburrido, monótono, tedioso, pesado, uniforme, cansado
variado

moral *(aj)*
1 moral, ético, intachable, irreprochable, bueno, honesto, justo, honorable, virtuoso
inmoral, amoral
2 abstracto, ideal, intelectual, mental

morose
poco afable, hosco, malhumorado, irritable, pesimista, malévolo, malicioso, taciturno, maleducado
de buen humor, alegre

mortal *(aj)*
mortal, destructivo, fatal, letal, vital, humano, perecedero
inmortal

motion
1 cambio, movimiento, paso, marcha, funcionamiento
repaso
2 proposición, sugerencia, moción

mould *(v)*
tallar, grabar, esculpir, formar, moldear, crear, hacer
deformar

mount *(v)*
1 montar, subir, ascender, levantar, remontar, escalar
descender, bajar
2 embellecer, ornamentar, adornar

mournful
calamitoso, deplorable, afligido, lamentable, melancólico, infeliz, doloroso, penoso, triste, pesaroso
feliz, alegre, animado, optimista

move *(v)*
1 mover, avanzar, ir, marchar, proceder, progresar, andar, caminar
parar, permanecer
2 cambiar, mover, operar, funcionar, impulsar, conducir, empezar

3 actuar, afectar, agitar, excitar, impresionar, inducir, influir, instigar, persuadir, instar

4 proponer, sugerir, recomendar

muddle *(s)*

confusión, desorden, mezcla, enredo, situación apremiante, apuro
orden

mundane

mundano, terrenal, secular, temporal, terrestre
espiritual, sobrenatural

muscular

atlético, fornido, musculoso, poderoso, robusto, fuerte, vigoroso
débil, fofo, blanducho

mute

mudo, silencioso, taciturno, sin voz, estupefacto
vocal, ruidoso

mysterious

misterioso, oscuro, enigmático, escondido, inexplicable, incomprensible, recóndito, secreto
claro, inteligible, abierto

N

nag *(v)*
    molestar, fastidiar, acosar, atormentar, irritar, provocar, inquietar
    suavizar, apaciguar, mitigar

naïve
    cándido, sencillo, franco, ingenuo, abierto, sin afectar
    sofisticado, astuto

naked
  1 desnudo, destapado
    vestido
  2 manifiesto, obvio, evidente, llano, simple, franco, sin disfraz, abierto
    exagerado

narrow
  1 circunscrito, limitado, confinado, cerrado, encogido, escaso, corto, insuficiente
    ancho, extenso, amplio
  2 avaricioso, avariento, avaro, tacaño, codicioso, poco generoso, mercenario
    generoso
  3 parcial, intolerante, iliberal, de miras estrechas
    tolerante, liberal

nasty
  1 nauseabundo, sucio, desagradable, asqueroso, repugnante, ofensivo
    limpio, aseado
  2 sucio, viciado, indecente, impuro, grosero, lascivo, lujurioso, obsceno, procaz
    decente
  3 pesado, importuno, malhumorado, displicente, de mal genio, antipático, grosero
    agradable, simpático, atento

native *(aj)*
  1 nativo, congénito, innato, ingénito, indígena, natal, natural
    adquirido
  2 genuino, real, original
    falso, viejo

  3 nacional, vernáculo, natal
    extranjero

natural
  1 legítimo, natural, normal, regular, ordinario, usual
    sofisticado
  2 cándido, franco, genuino, abierto, real, sencillo, ingenuo

naughty
  1 tremendo, travieso, malo, desobediente, perverso, juguetón, malicioso
    bueno, obediente
  2 *(fig) (chiste)* escabroso, picante, atrevido, verde, *(LAm)* colorado

near *(aj)*
  1 cercano, adyacente, contiguo, vecino, colindante, tocante
    lejano, remoto
  2 inminente, cercano, próximo, venidero
    lejano
  3 familiar, íntimo, querido

neat
  1 elegante, primoroso, ordenado, pulcro, aseado, acicalado, arreglado
    sucio, desordenado
  2 apto, listo, experto, diestro, mañoso, hábil, perito
    torpe, desmañado
  3 puro, sin mezcla, sin diluir
    diluido
  4 *(Am)* estupendo, fantástico

necessary
  necesario, obligatorio, esencial, indispensable, inevitable, involuntario, ineludible
    superfluo, innecesario

need *(s)*
  1 adversidad, carencia, falta, necesidad, pobreza, penuria, privación, miseria
  2 emergencia, necesidad, urgencia, exigencia

neglect *(s)*

    negligencia, descuido, falta de atención, despreocupación, olvido
    atención, cuidado

neglect *(v)*

    olvidar, descuidar, pasar por alto, fallar, omitir, ignorar
    observar, recordar

negligent

    negligente, descuidado, olvidadizo, indiferente
    cuidadoso

neighbourhood

    vecindario, cercanía, barrio, región, proximidad
    distancia

negotiate

    negociar, arreglar, tratar, pactar, discutir, deliberar, acordar

nerve

    1 nervio, coraje, energía, fuerza, firmeza, resolución, resistencia, valor, ánimo, vigor
    debilidad, flojedad

neutral *(aj)*

    neutral, imparcial, indiferente, indistinto, indeciso, neutro
    parcial

new

    1 nuevo, fresco, moderno, original, sin usar, a la moda
    viejo, antiguo

    2 adicional, complementario, supletorio

nice

    1 agradable, cortés, amigable, amable, educado, fino, refinado, enseñado, simpático
    desagradable, descortés

    2 elegante, primoroso, fino, sutil, aseado, pulcro, ordenado, acicalado, arreglado
    desharrapado, mal vestido

    3 exacto, preciso, riguroso, crítico, severo, exigente, escrupuloso, estricto
    vago, impreciso, incierto

    4 guapo, hermoso, *(LAm)* lindo
    feo

nimble

    activo, ágil, alerta, brusco, vivaz, ligero, rápido, listo, inteligente
    lento, torpe, desmañado

noble *(aj)*

    1 aristocrático, noble, linajudo, señorial, patricio

    2 distinguido, noble, elevado, eminente, excelente, grande, honorable, espléndido, impresionante, sublime
    innoble, plebeyo

noble *(s)*

    noble, aristócrata, lord, caballero, par, hidalgo
    plebeyo

noise

    ruido, clamor, sonido, estrépito, estruendo, tumulto, alboroto, *(fig)* escándalo
    paz, silencio, tranquilidad

noisy

    ruidoso, clamoroso, estrepitoso, tumultuoso, turbulento, vocífero, alborotado
    quieto, tranquilo, silencioso

normal

    normal, natural, ordinario, típico, usual, corriente, regular
    anormal, inusual, extraño

note *(s)*

    1 nota, anotación, comentario, comunicado, comunicación, epístola, carta, minuta, memorándum, registro

    2 indicación, nota, símbolo, marca, señal, indicio, muestra

    3 celebridad, distinción, eminencia, fama, renombre, reputación, nombradía

notice *(v)*

    notar, distinguir, discernir, observar, percibir, ver, marcar, fijarse
    pasar por alto, olvidar

notorious

1 notorio, deshonesto, deshonrado, sin reputación, infame, oprobioso
   loable, estimable

2 notorio, famoso, celebrado, conocido, renombrado
   desconocido

3 obvio, abierto, evidente, patente, indiscutible
   oscuro, escondido

nourish

1 alimentar, nutrir, atender, suministrar, proveer, criar
   hacer pasar hambre, matar de hambre

2 confortar, animar, alentar, sustentar, estimular, sostener
   descuidar

novice

novato, aprendiz, neófito, noviciado, novicio, converso, alumno, principiante
   maestro

nuisance

enojo, contrariedad, irritación, aburrimiento, molestia, lata, ofensa, peste, plaga, problema
   placer, deleite

nullify

anular, rescindir, cancelar, invalidar, neutralizar, abolir
   llevar a cabo, efectuar

number *(s)*

1 número, dígito, cifra, cuenta, figura, numeral, suma, total

2 conjunto, muchedumbre, colección, compañía, multitud, horda, grupo

numerous

numeroso, abundante, muchos, incontable
   pocos

nurse *(v)*

alimentar, asistir, nutrir, lactar, atender, cuidar, amamantar, criar
   descuidar, olvidar

O

obedience
    obediencia, acuerdo, conformidad, deber, respeto, reverencia, sumisión
    desobediencia, negativa

obese
    corpulento, gordo, gordinflón, obeso, rollizo
    delgado, chupado, seco

obey
    obedecer, seguir, cumplir, observar, atenerse a, someter
    desobedecer

object *(s)*
  1 hecho, fenómeno, cosa, objeto, realidad
  2 blanco, intención, meta, motivo, objetivo, propósito, plan

object *(v)*
    objetar, contravenir, oponerse, poner reparos, protestar
    estar de acuerdo

obligatory
    coactivo, forzoso, inevitable, necesario, obligatorio
    voluntario

oblige
  1 coaccionar, forzar, obligar, requerir, exigir, imponer, hacer cumplir
    sonsacar
  2 acomodar, favorecer, beneficiar, contentar, gratificar, servir

obliging
    considerado, cortés, amistoso, amable, civil, atento, educado, servicial
    poco servicial

oblivious
    descuidado, negligente, olvidadizo, despreocupado, desatento, distraído
    atento, preocupado

obscene
    obsceno, sucio, desagradable, impuro, inmoral, indecente, licencio-

so, ofensivo, pornográfico, vergonzoso, impúdico, relajado, disoluto
    decente

obscure *(aj)*
  1 oscuro, nublado, encapotado, cubierto
    claro, despejado
  2 ambiguo, dudoso, incomprensible, intrincado, misterioso, vago, complejo, enrevesado
    obvio, claro
  3 humilde, ignominioso, desconocido, anónimo, innominado, desapercibido
    distinguido, conocido

observe
  1 observar, detectar, descubrir, notar, percibir, ver, atestiguar
    pasar por alto, olvidar
  2 observar, mencionar, comentar, decir, notar
    callar
  3 observar, obedecer, cumplir, seguir, hacer, actuar, realizar, tener en cuenta
    hacer caso omiso, ignorar
  4 celebrar, recordar, solemnizar

obstacle
    obstáculo, barrera, dificultad, impedimento, interferencia, interrupción, obstrucción, revés, contratiempo
    ayuda, asistencia

obstinate
    obstinado, firme, persistente, contumaz, tenaz, cabeza cuadrada, terco, testarudo, perverso
    dócil, domable, sumiso

obstruct
    obstruir, atascar, impedir, interferir, prevenir, obstaculizar, interrumpir, retardar
    asistir, ayudar

obtain

   obtener, conseguir, alcanzar, ganar, lograr
   perder

obvious

   obvio, aparente, claro, distintivo, evidente, manifiesto, palpable, patente, perceptible, llano, visible
   oscuro, oculto, indistinto

occasional

   accidental, casual, infrecuente, irregular
   frecuente, normal

occupy

   1 emplear, utilizar, alquilar
   2 habitar, ocupar, poseer, ser dueño de
   3 ocupar, invadir, capturar, apoderarse de
   evacuar, desocupar

occur

   ocurrir, acontecer, aparecer, surgir, producir, producirse, aventurar, motivar

odd

   anormal, diferente, raro, extraño, excéntrico, excepcional, extraordinario, peculiar, original, inusual, fantástico, desigual, curioso
   común, normal, igual

offence, *(Am)* **offense**

   1 ofensa, crimen, delincuencia, falta, felonía, transgresión, pecado, delito
   2 enfado, indignación, ira, resentimiento
   encanto, delicia
   3 agresión, ataque, asalto, arremetida

offend

   1 ofender, molestar, herir, dañar, insultar, irritar, molestar, provocar, fastidiar, contrariar, mortificar
   agradar, contentar, dar gusto a
   2 ofender, pecar, transgredir, errar, equivocarse

offer *(v)*

   ofrecer, dar, mover, presentar, proporcionar, proveer, proponer, ofertar
   rehusar, rechazar, denegar

old

   viejo, anciano, antiguo, anticuado, cariado, de edad, mayor, obsoleto, pasado de moda, primitivo, senil
   nuevo, joven

omission

   omisión, falta, fallo, negligencia, descuido, equivocación, olvido
   cumplimiento, realización

omit

   omitir, dejar, eliminar, excluir, perder, olvidar, pasar por alto
   incluir

open *(v)*

   1 abrir, empezar, comenzar, iniciar
   2 exhibir, revelar, explicar, mostrar, descubrir

opening

   1 abertura, brecha, hendura, fisura, agujero, grieta, perforación, línea, ranura
   cierre
   2 principio, comienzo, inicio, inauguración
   final, conclusión

operation

   1 operación, negocio, acción, asunto, esfuerzo, manipulación, movimiento, actuación, procedimiento, proceso
   cese, suspensión
   2 *(medicina)* operación, intervención quirúrgica

opponent

   oponente, rival, adversario, antagonista, competidor, contendiente, contrincante, enemigo
   aliado, amigo

oppress

   oprimir, maltratar, cargar, aniquilar, aplastar, dominar, subyugar, tiranizar
   liberar, librar, aliviar

oppressive
1 opresivo, cruel, déspota, pesado, inhumano, severo, injusto, tiránico
ligero

2 opresivo, cerrado, sofocante, asfixiador, bochornoso
aireado, fresco

order *(v)*
1 ordenar, decretar, mandar, dirigir, prescribir, requerir
dejar, obedecer

2 ajustar, arreglar, ordenar, controlar, disponer, regular, clasificar
enredar, desordenar

ordinary
1 ordinario, corriente, común, habitual, normal, usual, regular, cotidiano
irregular

2 indiferente, ordinario, inferior, mediocre, malo, de segunda mano
superior, bueno

organise
1 organizar, arreglar, disponer, coordinar, establecer, formar, constituir, determinar, hacer
desorganizar, arruinar

2 *(Am)* sindicarse, afiliarse a un partido/sindicato

origin
1 origen, principio, causa, inicio, derivación, fundación, raíz, fuente
final

2 nacimiento, linaje, familia, origen
muerte, fallecimiento, final

original *(aj)*
1 original, aborigen, primario, primitivo, primordial, prístino
secundario

2 original, inventivo, nuevo, insólito
anticuado, viejo

originate
1 originar, empezar, emanar, fluir, proceder, hacer surgir, levantar
finalizar, acabar

2 crear, descubrir, formar, inventar, idear, producir

ornament *(s)*
adorno, ornamento, decoración, diseño, embellecimiento
mancha, tacha

ornament *(v)*
adornar, embellecer, arreglar, decorar, engalanar, aderezar
estropear, deslucir

ostentatious
ostentoso, fanfarrón, jactancioso, engreído, extravagante, gallardo, pomposo, presumido, pretencioso, vanidoso
modesto, módico

outrage *(v)*
abusar, injuriar, insultar, afrontar, indignar, ofender, maltratar, violar
cumplimentar

outrageous
abominable, atroz, excesivo, extravagante, furioso, inmoderado, loco, alocado, violento, terrible, monstruoso, escandaloso
moderado, tranquilo

overcharge
1 sobrecargar, cargar, oprimir, agobiar, hartar
cobrar menos, rebajar

2 exagerar

overcome
vencer, conquistar, ganar, aniquilar, destruir, derrotar, prevalecer, subyugar
rendirse, someterse

overlook
1 perdonar, condonar, disculpar
castigar

2 olvidar, ignorar, dejar pasar, omitir, pasar, perder
incluir, recordar

3 examinar, inspeccionar, indagar, supervisar, revisar, estudiar

own *(v)*
1 poseer, tener, ser dueño de

2 reconocer, aceptar, admitir, confesar, conceder, permitir
negar, denegar

P

pacify
> pacificar, aliviar, mejorar, calmar, moderar, conciliar, tranquilizar, suavizar, mitigar
> *provocar*

pain (s)
> 1 pena, dolor, aflicción, agonía, angustia, aspereza, incomodidad, sufrimiento, tormento, tortura, vejación
> *placer*
> 2 (fig) persona latosa

painful
> 1 doloroso, agonizante, molesto, desagradable, penoso, provocador, grave, atroz
> *inofensivo, indoloro*
> 2 arduo, difícil, duro, laborioso, severo
> *fácil*

pale (aj)
> pálido, ceniciento, de ceniza, sin color, blanco, cetrino, amarillento
> *subido, rojizo*

pamper
> mimar, acariciar, complacer, satisfacer, consentir, estropear
> *desatender*

panic
> alarma, consternación, miedo, pánico, temor, horror, terror
> *calma*

parade (s)
> 1 muestra, ostentación, pompa, fausto
> *freno, control, restricción*
> 2 desfile, parada, ceremonia, procesión, espectáculo, revista

pardon (s)
> perdón, absolución, amnistía, condonación, excusa, gracia, indulgencia, remisión, descargo
> *culpa*

parity
> paridad, analogía, correspondencia, igualdad, equivalencia, semejanza, similitud, parecido
> *desigualdad*

part (s)
> 1 pieza, parte, componente, constituyente, división, elemento, fracción, fragmento, porción, sección, trozo
> *total*
> 2 interés, asunto, facción, lado, grupo
> 3 negocio, cargo, deber, función, oficio, responsabilidad, trabajo

particle
> partícula, átomo, molécula, grano, ápice, pizca, mota, poquitín, pedacito, fragmento
> *entero*

partisan (s)
> partisano, discípulo, seguidor, partidario, partidista
> *líder, maestro*

passage
> 1 pasaje, avenida, curso, sendero, ruta, camino, carretera
> *barrera*
> 2 canal, viaje, tour, cruce, trayecto
> 3 pasillo, galería, vestíbulo, puerta, entrada, portal

pastime
> diversión, entretenimiento, recreo, pasatiempo
> *trabajo*

patent (aj)
> aparente, claro, evidente, indiscutible, manifiesto, obvio, patente, palpable
> *oscuro*

pathetic
> conmovedor, enternecedor, tierno, patético, lastimoso, lastimero
> *de risa*

patience
paciencia, calma, compostura, diligencia, tolerancia, resistencia, aguante, perseverancia, persistencia, resignación, serenidad, sumisión
excitación

patient *(aj)*
paciente, calmado, persistente, quieto, resignado, sumiso, sereno, sosegado, tranquilo, indulgente
excitable

patron
patrón, abogado, guardián, defensor, ayudante, protector, *(artes)* mecenas
enemigo

peace
paz, acuerdo, armisticio, calma, armonía, descanso, silencio, tranquilidad
discordia, guerra

peak
1 punta, cénit, cima, cresta, ápice, cumbre
fondo, asiento
2 *(fig)* cumbre, apogeo

peer *(s)*
1 asociado, compañero, igual, camarada, compinche
2 par, aristócrata, barón, conde, duque, señor, marqués, vizconde, noble
plebeyo

peevish
acrimonio, criticón, reparón, pueril, aniñado, infantil, malhumorado, irritable, petulante
amigable

penalty
multa, pérdida, castigo, sanción
recompensa

perception
percepción, concepción, discernimiento, idea, observación, reconocimiento, sensación
malentendido

perfect *(aj)*
1 perfecto, completo, completado, entero, consumado, terminado, total
incompleto
2 intachable, irreprochable, excelente, inmaculado, puro, espléndido
impuro
3 experto, consumado, ducho, hábil, cualificado

perform
1 conseguir, acabar, terminar, completar, actuar, hacer, efectuar, ejecutar, observar, satisfacer
fallar
2 actuar, escenificar, representar

periodical *(aj)*
periódico, intermitente, incidental, sistemático, regular
irregular

perishable
perecedero, decadente, destructible, agonizante, moribundo, frágil, fugitivo, mortal
duradero, durable

permanent
constante, duradero, fijo, inmutable, indestructible, invariable, estable, permanente, perpetuo, perdurable, eterno
temporal, provisional, temporáneo

permission
autorización, consentimiento, libertad, licencia, permiso, tolerancia
negativa, denegación

permit *(v)*
admitir, acordar, permitir, autorizar, consentir, dejar, tolerar
negar, denegar

perpetual
constante, continuo, eterno, incesante, duradero, infinito, interminable, permanente, perpetuo, ininterrumpido
temporáneo, provisional

perplex
1 molestar, distraer, perturbar, alterar, fastidiar, jorobar

2 complicar, embrollar, enredar, enmarañar, involucrar

3 dejar perplejo, confundir, desconcertar, desorientar

persecute
afligir, enfadar, molestar, agotar, acosar, hostigar, perseguir, oprimir
ofrecer amistad

perseverance
constancia, determinación, persistencia, perseverancia, resolución, tenacidad
inconstancia

persist
1 continuar, durar, permanecer, persistir
pasar

2 insistir, perseverar, persistir

personal
1 corporal, corpóreo, material, físico, personal
impersonal

2 individual, personal, peculiar, privado, especial
general

persuade
accionar, impulsar, persuadir, aconsejar, convencer, incitar, inducir, influir, prevalecer, urgir
disuadir

pertinent
aplicable, apropiado, apto, relevante, adecuado, pertinente, oportuno
irrelevante

perturb
perturbar, confundir, agitar, desordenar, inquietar, alterar, fastidiar
calmar

perverse
contrario, perverso, tenaz, obstinado, intratable, terco, testarudo, problemático, inmanejable
obediente, manejable, maleable

petition
petición, memorial, aplicación, solicitud, formulario, ruego, súplica

petty
pequeño, diminuto, insignificante, inconsiderable, inferior, menor, trivial, sin importancia
importante

picture *(s)*
1 imagen, cuadro, pintura, fotografía, retrato, dibujo, esquema

2 descripción, similitud, impresión, representación, parecido

piece
trozo, pieza, fragmento, pedazo, puñado, parte, porción
todo, entero

piety
devoción, gracia, piedad, santidad, reverencia, veneración
irreverencia, impiedad

pilfer
sisar, ratear, robar, hurtar
reemplazar

pillage *(s)*
pillaje, botín, presa, estrago, saqueo, rapiña, robo
reparación, indemnización

pine *(v)*
1 decaer, declinar, desvanecer, languidecer, consumirse, acabarse, flaquear
reponer, avivar, restablecer

2 desear, anhelar, suspirar (por), añorar

pity *(s)*
compasión, condolencia, simpatía, pena, afinidad, amabilidad, misericordia
crueldad

placid
plácido, calmado, frío, gentil, imperturbable, pacífico, quieto, sereno, tranquilo, impasible, ecuánime
temperamental, excitable, caprichoso

plague *(s)*
1 plaga, contagio, enfermedad, epidemia, infección, peste, pestilencia

2 *(fig)* aflicción, calamidad, mal, molestia, incomodidad, tormento, prueba, fastidio
beneficio, ventaja

plain *(aj)*
1 aparente, llano, claro, manifiesto, evidente, obvio, distintivo
   ambiguo, oscuro
2 franco, llano, abierto, sincero, honesto, cándido, directo, ingenuo
   engañoso, deshonesto
3 llano, plano, nivelado, suave, recto, igual
   desigual, abrupto

plane *(aj)*
   llano, plano, suave, igual, nivelado
   desigual, abrupto

plane *(s)*
   avión

play *(v)*
1 actuar, representar, escenificar
2 jugar, apostar, especular, *(fig)* arriesgar, invertir

plead
   rogar, alegar, argumentar, defender, discutir, mantener, pretextar, suplicar
   negar, denegar

pleasant
   agradable, aceptable, divertido, encantador, gratificador, deleitable, jocoso, humorístico, juguetón
   desagradable, antipático, malhumorado

pleasure
1 comodidad, confort, deleite, placer, felicidad, alegría, satisfacción
   pena, pesar
2 inclinación, preferencia, voluntad, deseo, objetivo
   desinclinación

pledge *(s)*
   bono, depósito, garantía, seguridad, prenda, señal

plentiful
   abundante, amplio, completo, copioso, fructífero, productivo, profuso
   escaso

plot *(s)*
1 cábala, complot, conspiración, intriga, maquinación, plan, estratagema

2 historia, materia, tema, hilo

plump
   rechoncho, regordete, gordo, obeso, fornido, corpulento, rollizo
   delgado, flaco

poignant
   punzante, doloroso, amargo, intenso, sarcástico, severo, conmovedor, patético
   suave

poisonous
   nocivo, venenoso, corrupto, dañoso, pestilente
   saludable

policy
   acción, discreción, procedimiento, regla, plan, estratagema, norma, acierto
   simplicidad, imprudencia, temeridad

polish *(v)*
   lustrar, abrillantar, pulir, renovar, limpiar (frotando), terminar, *(LAm)* bolear
   manchar

polite
   afable, civil, civilizado, complaciente, cortés, educado, gentil, refinado, urbanizado
   mal educado, descortés

pollute
   contaminar, corromper, ensuciar, polucionar, manchar, degradar
   purificar, limpiar

pompous
   augusto, pomposo, jactancioso, presumido, fanfarrón, ostentoso, suntuoso, vistoso, exagerado, pretencioso
   simple, sencillo

ponderous
   abultado, pesado, masivo
   ligero

portion
1 trozo, porción, fragmento, bocado, puñado, pieza, parte, sección
   todo, total, completo
2 ración, porción, cuota, cantidad, reparto

possess
    controlar, poseer, tener, mantener, obtener
    perder

possession
    control, custodia, ocupación, posesión, propiedad, tenencia
    pérdida

possessions
    efectos, acciones, riqueza, posesiones, bienes

possible
    posible, potencial, factible, probable, verosímil, practicable
    imposible, impracticable

posterity
    1 descendencia, familia, hijos, herederos, vástagos
    antepasados
    2 posterioridad, futuro
    pasado

postpone
    posponer, aplazar, retrasar, prorrogar, diferir
    acelerar, despachar

potent
    capaz, activo, efectivo, eficaz, eficiente, poderoso, fuerte, influyente, potente
    débil, impotente

poverty
    1 mendicidad, miseria, pobreza, indigencia, desgracia, necesidad, penuria, privación, escasez
    riqueza, opulencia
    2 deficiencia, esterilidad, aridez, infructuosidad
    fertilidad

power
    1 habilidad, capacidad, competencia, energía, facultad, fuerza, poder, potencia, poderío
    incapacidad
    2 autoridad, mando, control, poder, dominio, influencia, regla, soberanía
    sumisión, sujeción, sometimiento

practical
    1 práctico, eficiente, experimentado, cualificado, entrenado, adiestrado
    torpe
    2 práctico, servible, útil, utilizable

praise (v)
    1 aclamar, admirar, aplaudir, aprobar, cumplimentar, elogiar
    condenar, denigrar, culpar
    2 alabar, adorar, rogar, rezar, exaltar, glorificar

prayer
    1 ruego, súplica, petición, instancia, solicitud
    orden
    2 rezo, ruego, devoción, invocación, letanía, súplica

precarious
    peligroso, precario, dudoso, molesto, fastidioso, inseguro, incierto, de poca confianza, inestable, inseguro
    seguro, salvo

precipitate (v)
    acelerar, avanzar, despachar, expedir, precipitar, presionar, hacer correr
    retrasar, retardar

precise
    1 preciso, exacto, correcto, claro, categórico, explícito
    incorrecto
    2 cuidadoso, formal, exacto, preciso, puntilloso, escrupuloso

preface (s)
    prefacio, introducción, prólogo, preámbulo, preludio, preliminar
    apéndice, epílogo, conclusión

prefer
    1 escoger, elegir, desear, preferir, seleccionar, agradar
    rechazar, desechar
    2 avanzar, elevar, promocionar, levantar
    degradar

premature
    1 temprano, prematuro, adelantado, inmaduro, verde
    maduro

2 *(fig)* inconsiderado, precipitado, irreflexivo, intempestivo
considerado

presence

1 asistencia, presencia, compañía, proximidad, vecindad, vecindario
ausencia

2 aire, aspecto, apariencia, presencia, personalidad, porte, andares

presently

1 pronto, luego, dentro de poco, en breve
eventualmente

2 *(Am)* directamente, inmediatamente, en el acto, ahora, actualmente

preserve *(v)*

conservar, continuar, guardar, preservar, defender, mantener, proteger, retener, sostener
destruir

press *(v)*

1 presionar, comprimir, agarrar, estrujar, apretujar
soltar, dejar

2 presionar, empujar, hacer correr, dar prisa, acelerar

presumption

1 presunción, anticipación, creencia, conjetura, opinión, probabilidad, suposición

2 presunción, atrevimiento, audacia, osadía, temeridad
modestia

pretence

afectación, color, excusa, fingimiento, máscara, pretensión, pretexto, semblanza, simulación, velo
sinceridad, franqueza

pretext

afectación, apariencia, pretensión, excusa, máscara, pretexto, simulación, semblanza, velo
verdad

pretty

hermoso, bonito, bello, atractivo, elegante, fino, parecido, distinguido, de buen gusto, *(LAm)* lindo
feo

prevailing

1 común, corriente, general, ordinario, usual, normal
inusual

2 reinante, imperante, dominante, predominante, vigente, operante, operativo, eficaz, efectivo

prevent

anticipar, bloquear, prevenir, prohibir, impedir, interceptar, parar, obstruir, frustrar, estorbar
ayudar, apoyar

previous

anterior, antecedente, precedente
posterior, más tarde

pride

orgullo, arrogancia, insolencia, presunción, vanidad, engreimiento, altanería, desdén, vanagloria
humildad

prim

formal, etiquetero, presumido, mojigato, pedante, relamido
informal, cordial, campechano

primary

1 original, aborigen, primordial, primario, originario, radical

2 el mejor, el jefe, el primero, el más alto, principal, líder
el más bajo

prime

1 primario, primero, original, primitivo, temprano
posterior

2 principio, apertura, inicio

3 el mejor, capital, jefe, principal, excelente, de primera clase
inferior

prior

antecedente, anterior, temprano, previo
posterior, tardío

privacy

encubrimiento, escondrijo, seclusión, soledad, retraimiento, secreto, reserva, discreción
publicidad

privilege
ventaja, privilegio, permiso, derecho, prerrogativa, licencia
desventaja

prize *(s)*
premio, recompensa, botín, presa, trofeo

prize *(v)*
tasar, valorar, apreciar, estimar, clasificar
desdeñar

proceed
1 proceder, continuar, aventajar, progresar
retroceder, retirarse
2 emanar, originar, resultar, provenir

proclaim
anunciar, proclamar, publicar, circular, declarar, promulgar
esconder, encubrir, disimular

product
producto, consecuencia, efecto, producción, actuación, trabajo, fruto, resultado
causa

proficient
apto, atinado, hábil, experto, capaz, listo, competente, entrenado, versado, cualificado
no cualificado, no especializado

profit *(s)*
beneficios, ventajas, ganancias, ingresos, emolumentos
pérdidas

profuse
abundante, copioso, profuso, excesivo, extravagante, exuberante, pródigo
escaso, poco común

progress *(s)*
adelanto, avance, progreso, desarrollo, crecimiento, progresión, aumento
disminución

prohibit
prohibir, excluir, rechazar, impedir, estorbar, obstruir, prevenir
dejar, permitir

prologue
prólogo, introducción, preámbulo, prefacio, preliminar, preludio
conclusión

promise *(s)*
promesa, acuerdo, garantía, palabra, pacto, convenio, voto, acatamiento
negativa, denegación

prompt *(aj)*
1 ágil, apto, rápido, listo, vigilante, despierto, enérgico, vigoroso
lento, parado
2 temprano, pronto, puntual, oportuno
tardío

proper
1 apropiado, decente, decoroso, legítimo, educado, respetable, recto, conveniente, correcto
indecente, incorrecto
2 exacto, preciso, correcto, formal
incorrecto
3 individual, propio, particular, privado, peculiar, personal, especial

proposal
propuesta, esquema, oferta, plan, proposición, recomendación, sugestión, términos
rechazo, denegación

propose
1 diseñar, intentar, significar, proponer, planificar, esquematizar
rechazar
2 nominar, proponer, ofrecer, recomendar, sugerir
declinar

protect
defender, guardar, proteger, preservar, salvar, asegurar, amparar
atacar, agredir

proud
1 arrogante, orgulloso, presuntuoso, jactancioso, presumido, fanfarrón, imperioso
humilde
2 imponente, impresionante, majestuoso, magnífico, ostentoso, espléndido
innoble, vil

provide

1 dar, proporcionar, contribuir, suministrar, producir, ofrecer
privar

2 arreglar, preparar, reunir, colectar, recaudar, procurar

provoke

enfrentar, afrontar, agravar, enfadar, exasperar, incitar, enfurecer, insultar, irritar, ofender, provocar
apaciguar, calmar, aliviar

proximity

proximidad, cercanía, adyacente, vecindario, vecindad
distancia

public *(aj)*

conocido, abierto, común, general, notorio, público, popular
privado, secreto

punctual

temprano, exacto, preciso, pronto, puntual, estricto
tarde, tardío

pungent

acre, punzante, cáustico, picante, penetrante, intenso, agudo
suave, dulce

pupil

principiante, escolar, estudiante, catecúmeno, discípulo, aprendiz, novicio
profesor, maestro

purchase *(v)*

adquirir, comprar, obtener, ganar, conseguir, gestionar
vender

purge *(v)*

purgar, purificar, depurar, clarificar, limpiar
polucionar, ensuciar

push *(v)*

1 empujar, mover, apartar a codazos, dar empujones, impulsar, impeler
tirar

2 persuadir, impeler, presionar, acelerar, apresurar, apurar, dar prisas a
estar de acuerdo

put

1 poner, depositar, colocar, traer, ajustar
sacar

2 expresar, ofertar, ofrecer, proponer, exponer, plantear

3 incitar, inducir, obligar, forzar, instar

puzzle *(s)*

1 enigma, acertijo, adivinanza, pregunta difícil, misterio

2 confusión, dificultad, dilema, desconcierto, aturdimiento, turbación, azoramiento

Q

quack *(s)*
charlatán, farsante, impostor, pretendiente, saltimbanqui, *(medicina)* curandero
víctima

quail *(v)*
encogerse, recular, desanimarse, palidecer, desmayarse, acobardarse, arredrarse, estremecerse, temblar
confrontar, enfrentarse con, hacer frente

quaint
1 antiguo, anticuado, curioso, bizarro, fantástico, raro, extraño, peculiar, singular, inusual, excéntrico
normal

2 recóndito, ingenioso, abstruso, sutil
ordinario

qualification
1 habilidad, talento, capacidad, aptitud, cualidad, idoneidad, *(LAm)* calificación
inhabilitación

2 condición, limitación, estipulación, restricción

qualified
apto, cualificado, capacitado, habilitado, listo, sabio
inepto, incapacitado

qualify
1 adaptar, acomodar, ajustar, capacitar, autorizar a uno, preparar, equipar
incapacitar, inhabilitar

2 disminuir, limitar, moderar, modificar, reducir, regular, reprimir, refrenar, debilitar, cambiar

quandary
aturdimiento, dificultad, dilema, duda, desconcierto, turbación, perplejidad, apuro
convicción, creencia

quarrel *(s)*
pelea, lucha, refriega, reyerta, riña, altercado, contienda, controversia, diferencias, disputa, combate, violación, tumulto
paz, sosiego

quarrel *(v)*
reñir, pelear, luchar, altercar, alborotar, enfrentarse, no estar de acuerdo, diferir, disputar
llevarse bien, entenderse

quarter *(s)*
barrio, distrito, lugar, localidad, posición, región, territorio, punto
ciudad, país

queer *(aj)*
raro, curioso, extraño, excéntrico, extraordinario, único, singular, peculiar, inusual, sospechoso, misterioso
normal, corriente

quell
1 conquistar, dominar, derrotar, vencer, subyugar, suprimir, aplastar, aniquilar, destruir

2 reprimir, calmar, sofocar, aliviar, tranquilizar, mitigar, amortiguar, apaciguar
excitar, emocionar, incitar

quench
1 detener, refrenar, destruir, finalizar, acabar, suprimir, reprimir, extinguir
encender, prender

2 aliviar, refrescar, enfriar, apagar
excitar, estimular

query *(v)*
1 preguntar, indagar, cuestionar
responder, contestar

2 discutir, dudar, poner en duda

question *(v)*
1 preguntar, inquirir, examinar, interrogar, investigar
responder, contestar

2 poner en duda, cuestionar, dudar, contradecir
estar de acuerdo

question *(s)*
1 pregunta, interrogación, petición, investigación, cuestión
contestación, respuesta
2 controversia, disputa, duda, interrogante, pregunta
3 punto, moción, proposición, tópico, tema, asunto

quibble *(s)*
sutileza, objeción, reparo, equivocación, evasión, pretexto, pretensión, evasiva, peculiaridad, subterfugio
verdad, realidad

quick *(aj)*
1 rápido, activo, ágil, animado, brusco, veloz, vivo, ágil, ligero
lento, pausado
2 diestro, inteligente, hábil, agudo, mañoso, perspicaz, experto
estúpido, tonto
3 repentino, brusco, seco, excitable, impaciente, irascible, irritable, colérico

paciente
4 animado, enérgico, vivo
muerto

quicken
1 acelerar, dar prisa, apresurar, apurar
retrasar, retardar, tardar, demorar
2 animar, excitar, refrescar, vivificar, resucitar, revivir, estimular, revigorizar
amortiguar, aliviar

quit
1 abandonar, desamparar, dejar, renunciar, retirarse, rendirse, *(Am)* irse, marcharse
permanecer, estar, quedar
2 absolver, exculpar, exonerar, liberar, soltar
encerrar, confinar

quiz
1 acertijo, adivinanza, enigma, misterio
2 interrogatorio, encuesta, examen, *(Am)* test

quote *(v)*
citar, dar, aducir, hacer referencia, estimar

R

rabble
    canalla, muchedumbre, tropel, horda, turba, populacho, gentuza, chusma
    aristocracia

race *(s)*
    1 competición, contienda, caza, persecución, prueba
    2 raza, clan, familia, casa, origen, línea, linaje, tribu, descendiente, descendencia, progenie, prole

rack *(s)*
    percha, perchero, anaquel, estante, estantería, cuelgacapas, *(platos)* escurreplatos, *(tren)* rejilla, *(LAm)* colgadero

rack *(v)*
    1 forzar, estirar
    2 organizar, atormentar, molestar, torturar
    suavizar

radiant
    brillante, efulgente, radiante, resplandeciente, lustroso
    oscuro

radical *(aj)*
    1 radical, esencial, constitucional, arraigado, fundamental, innato, nativo, natural, orgánico, original, primitivo
    superficial
    2 completo, entero, extremo, excesivo, total, fanático

rage *(s)*
    1 cólera, ira, excitación, furia, frenesí, delirio, locura, pasión, vehemencia
    calma
    2 manía, moda, entusiasmo, rapto

rail *(v)*
    abusar, censurar, condenar, vituperar, mofarse, reprender, despotricar, denostar
    alabar, elogiar

raise *(v)*
    1 avanzar, elevar, erigir, exaltar, levantar, alzar, subir
    bajar, descender
    2 aumentar, agravar, engrandecer, realzar, intensificar
    3 despertar, evocar, conmover, estimular
    4 juntar, reunir, obtener, conseguir, recaudar

rampant
    1 excesivo, exuberante, desenfrenado
    restringido
    2 agresivo, dominante, furioso, impetuoso, incontrolable, vehemente, violento
    moderado, comedido

rancour, *(Am)* **rancor**
    rencor, animosidad, antipatía, enemistad, odio, malevolencia, malicia, resentimiento, ojeriza, virulencia
    benevolencia

range
    1 fila, hilera, grupo, *(montañas)* cordillera, sierra, *(Am)* dehesa, terreno de pasto
    2 alcance, distancia, recorrido, extensión, escala, gama, serie, amplitud, compás
    3 clase, tipo, especie, género, categoría

rapid
    rápido, veloz, pronto, ligero, apresurado, precipitado
    lento, tardío

rapture
    beatificación, beatitud, bienaventuranza, éxtasis, entusiasmo, exaltación, felicidad, alegría, ensalmo
    miseria

rare

1 raro, excepcional, infrecuente, singular, extraño, poco común, inusual
   común, normal

2 admirable, excelente, incomparable, selecto, escogido

3 crudo, medio cocido, poco hecho

rash

aventurero, audaz, descuidado, impetuoso, impulsivo, incauto, precipitado, rápido, temerario, imprudente
   cauto, prudente

rational

1 racional, inteligente, lúcido, sano, cuerdo, sabio, juicioso
   irracional, loco, demente

2 discreto, juicioso, moderado, razonable
   irrazonable

ravage *(v)*

destruir, devastar, arruinar, estropear, saquear, pillar
   restaurar

ravish

1 cautivar, encantar, seducir, deleitar, embelesar, arrebatar, transportar
   desagradar, ofender

2 abusar, seducir, desflorar, violar, forzar

reach *(v)*

1 alcanzar, llegar, conseguir, obtener
   perder, escapar

2 extenderse, estirarse, tocar

ready

1 listo, preparado, arreglado, completado
   incompleto, sin preparar

2 apto, listo, inteligente, rápido, experto, agudo, hábil, diestro
   inexperto, inepto

3 dispuesto, inclinado, deseoso, amable
   desinclinado

real

real, absoluto, actual, auténtico, cierto, esencial, genuino, intrínseco, positivo, sincero, verdadero
   falso

realise

1 comprender, entender, imaginar, coger, darse cuenta
   no entender

2 conseguir, adquirir, completar, efectuar, ganar, obtener, realizar
   comenzar

reality

realidad, certidumbre, hecho, verdad, verosimilitud
   falsedad, imaginación

rear *(v)*

1 educar, enseñar, subir, entrenar, cuidar, criar

2 elevar, levantar, izar, subir
   bajar

3 construir, erigir, edificar
   demoler

reasonable

1 razonable, honesto, justo, lógico, propio, derecho

2 inteligente, juicioso, racional, cuerdo, sano, sensible, sobrio, sabio
   irracional

3 moderado, tolerable
   irrazonable

rebel *(aj)*

rebelde, insubordinado, desobediente, insurrecto
   leal

rebel *(s)*

rebelde, insurrecto, revolucionario
   observante de la ley

recall

1 recordar, acordarse de
   olvidar

2 anular, cancelar, rescindir, retractar, revocar, renunciar
   reafirmar

recede

1 desistir, retirarse, retroceder
   avanzar

2 bajar, disminuir

receive
1 recibir, obtener, conseguir, adquirir, aceptar
dar, donar
2 admitir, recibir, saludar, dar la bienvenida, entretener
excluir

recent
reciente, fresco, último, moderno, nuevo, actual
viejo, antiguo, pasado de moda

reception
1 recepción, fiesta, espectáculo, reunión, guateque, banquete, tertulia
2 recepción, recibo, admisión, aceptación

recess
1 cavidad, esquina, hueco, nicho, escondrijo, lugar secreto
saliente, protuberancia
2 receso, vacaciones, respiro, descanso, *(Am)* recreo
día laboral, trabajo

reckon
1 calcular, contar, enumerar, computar
contar mal
2 considerar, estimar, evaluar, juzgar
3 creer, suponer, imaginar, pensar

recognise
1 admitir, reconocer, conceder, confesar
desconocer, rechazar
2 identificar, notar, saber, recordar, venir a la memoria
olvidar

recollect
recordar, acordarse de
olvidar

record *(s)*
1 cuenta, crónica, entrada, memoria, memorándum, minuta, registro
2 anales, archivos, fichero

recount
contar, describir, enumerar, narrar, recitar, relatar, repetir, decir

recover
1 recobrar, recuperar, restaurar, reparar, subsanar
2 recuperarse, curarse, reponerse, mejorarse
empeorar

rectify
1 rectificar, ajustar, enmendar, corregir, mejorar, reformar, regenerar
falsificar
2 *(química)* purificar, refinar

redress *(v)*
1 ajustar, enmendar, rectificar, reformar, remediar, reparar, reajustar
destruir, estropear
2 compensar, aliviar, mitigar

reflection
1 consideración, contemplación, deliberación, meditación, opinión, reflexión, pensamiento
2 calumnia, censura, reproche, acusación, imputación
alabanza, elogio

reform *(v)*
mejorar, enmendar, corregir, reformar, reconstituir, rectificar, regenerar, reorganizar, remodelar, reparar, restaurar
empeorar, desmejorar

refrain *(v)*
abstenerse, refrenar, cesar, desistir, retener, negar
persistir

refuse *(s)*
basura, porquería, desperdicios, sedimentos, escoria, trastos, viejos

refuse *(v)*
rehusar, declinar, negar, denegar, excluir, repeler, rechazar, repudiar
aceptar

refute
refutar, confutar, derrumbar, derribar, repeler, silenciar, rebatir
aprobar, comprobar, justificar, establecer

regard (v)

  1 mirar, ver, marcar, notar, darse cuenta, observar

  2 estimar, admirar, honrar, respetar, reverenciar, valorar

  3 contar, creer, estimar, imaginar, suponer

regret (v)

  lamentar, deplorar, afligirse, acongojarse, arrepentirse, *(fig)* llorar
  regocijar, alegrar

regular

  1 constante, habitual, establecido, fijo, regular, firme, uniforme
  irregular

  2 formal, metódico, normal, puntual, sistemático, ordenado, usual
  irregular

regulate

  ajustar, arreglar, controlar, dirigir, fijar, gobernar, guiar, manejar, ordenar, regular
  desordenar, desarreglar

reinforce

  reforzar, aumentar, fortificar, fortalecer, consolidar
  debilitar

reject (v)

  rehusar, rechazar, declinar, denegar, eliminar, excluir, renunciar, repeler, repudiar
  aceptar

relate

  relatar, describir, detallar, narrar, recitar, contar, decir
  ocultar, encubrir, disimular

release (v)

  1 soltar, librar, descargar, emancipar, liberar, desatar, aflojar
  apretar

  2 absolver, dispensar, exonerar, eximir

relevant

  aplicable, apropiado, apto, relevante, pertinente, relacionado
  irrelevante

reliable

  honesto, de confianza, fidedigno, confiable
  de poca confianza

relief

  ayuda, asistencia, comodidad, remedio, socorro, apoyo, sustento, alivio
  aflicción, angustia, miseria

relieve

  ayudar, aliviar, asistir, confortar, mitigar, remediar, socorrer, apoyar, sustentar
  aumentar, acrecentar

reluctant

  sentir repugnancia, sentir antipatía, tímido, desinclinado, dudoso, indispuesto
  deseoso, entusiasta

remain

  permanecer, continuar, durar, estar, vivir, morar, sobrevivir, esperar
  partir, dejar

remark (s)

  1 atención, nota, aviso, observación
  indiferencia, descuido

  2 comentario, declaración, afirmación, aserto, manifestación
  silencio

remarkable

  remarcable, distinguido, extraordinario, famoso, notable, prominente, raro, extraño, inusual, maravilloso
  ordinario, común

remedy (s)

  1 remedio, antídoto, cura, medicamento, medicina, ayuda, reconstituyente, tratamiento
  enfermedad, dolencia

  2 asistencia, reparación, compensación, ayuda

remembrance

  1 memoria, recuerdo, reminiscencia, pensamiento
  olvido

  2 memento, recuerdo, souvenir, señal de agradecimiento

reminiscence

  memoria, recuerdo, recolección

remission

1 remisión, exoneración, perdón, indulgencia, absolución, exculpación
   condenación

2 disminución, reducción, moderación, temperancia, suspenso
   aumento

remit (v)

1 enviar, transferir, transmitir, remitir
   guardar

2 absolver, perdonar, excusar, olvidar
   castigar

3 disminuir, abatir, decrecer, rebajar, moderar, aflojar
   aumentar

remote

1 distante, remoto, solo, alejado, fuera del camino, apartado, retirado
   cerca, próximo

2 ajeno, extranjero, sin relacionar
   relacionado

3 vago, pequeño, inconsiderado, débil
   considerado

remove

1 sacar, llevar, desplazar, eliminar, extraer, mover, transferir, transportar, quitar, suprimir, apartar, alejar
   retener, conservar

2 *(fig)* eliminar, matar, suprimir, deshacerse de

remunerate

compensar, indemnificar, pagar, recompensar, remunerar, reembolsar, gratificar
   agraviar, ofender

render

1 servir, prestar, rendir, dar, pagar, suministrar, devolver
   conservar, retener

2 causar, hacer, actuar, ejecutar, reproducir

3 interpretar, traducir

renounce

abandonar, abdicar, declinar, dejar, desamparar, renunciar, repudiar, pasar sin
   aceptar

repair (v)

1 fijar, enmendar, reparar, remendar, renovar, restaurar, subsanar, componer
   destruir

2 acudir, ir, reunirse con

repeal (v)

abolir, anular, cancelar, rescindir, repeler, retirar, destruir, revocar
   confirmar

repeat (v)

repetir, duplicar, recapitular, reiterar, continuar, referir
   discontinuar

replace

reemplazar, reestablecer, restaurar, reintegrar, devolver, resarcir
   quitar, llevarse

report (s)

1 cuenta, anuncio, comunicación, declaración, descripción, detalle, narrativa, noticias, reportaje, recital, rumor, historia
   silencio

2 detonación, descarga, sonido, ruido, explosión

3 minuta, nota, expediente, informe

report (v)

anunciar, circular, comunicar, declarar, describir, emitir, divulgar, narrar, proclamar, mencionar, recitar, relatar, publicar

representative (s)

representante, agente, delegado, comisario, apoderado, suplente, *(Am)* diputado
   principal

repress

castigar, corregir, controlar, reprimir, aniquilar, destruir
   animar, ayudar

reproach *(s)*
abuso, censura, condena, desaprobación, desgracia, deshonra, ignominia, indignación, oprobio, vergüenza
aprobación

repulsive
desagradable, nauseabundo, odioso, repelente, asqueroso, repugnante
agradable

request *(v)*
cuestionar, pedir, desear, rogar, solicitar, suplicar
negar

require
1 desear, necesitar, querer, carecer de
2 pedir, ordenar, exigir, requerir
rehusar, rechazar

resemblance
analogía, imagen, retrato, semejanza, parecido, similaridad
desigualdad

reserve *(v)*
reservar, aguantar, mantener, retener, almacenar
gastar

resignation
1 abandono, abdicación, renuncia, dimisión, sumisión
2 resignación, paciencia, resistencia, aguante, dominio
impaciencia

resist
resistir, atacar, oponer, repeler, confrontar, refrenar
someter(se)

resolute
constante, resuelto, determinado, firme, inflexible, perseverante, intencionado, impávido
débil, indeciso

resolve *(v)*
1 decidir, determinar, fijar, intentar, resolver, querer hacer
dudar
2 aclarar, explicar, resolver, desenmarañar, desenredar

resort *(s)*
1 refugio, retiro, lugar de veraneo
2 recurso, referencia

respect *(v)*
1 respetar, admirar, adorar, estimar, querer, cuidar, honrar, reverenciar, valorar, venerar
2 respetar, atenerse a, hacer caso de, notar, referirse a

respectable
respetable, decente, estimable, bueno, honesto, honrado, respetuoso, educado
mal educado, descortés

rest *(v)*
1 desistir, parar, estar, cesar, detener, interrumpir
continuar
2 relajar, descansar, reclinar, reposar, dormir, tenderse

restrain
refrenar, contener, reprimir, moderar, impedir, limitar, mantener, aguantar
dejar, liberar

result *(s)*
resultado, conclusión, consecuencia, efecto, decisión, terminación
causa

resume
empezar de nuevo, reanudar, recomenzar
parar

retire
1 partir, marchar, retirarse
llegar
2 retirar, sacar, quitar, remover
adelantar

retort *(v)*
contestar, devolver, responder
preguntar

retract
retractar, cancelar, renunciar, repudiar, rescindir, revocar, retirar, destituir
afirmar

retreat *(s)*
1 retiro, marcha, retirada

2 retiro, asilo, refugio, guarida, seclusión

reveal
anunciar, comunicar, divulgar, impartir, abrir, proclamar, revelar, publicar, mostrar, decir
esconder, disimular

reverse *(v)*
1 invertir, girar, volcar, trastornar, transponer, alterar, anular, cambiar
restaurar
2 rescindir, repeler, revocar
confirmar

revoke
abolir, anular, cancelar, abrogar, invalidar, repudiar, repeler, rescindir
ratificar

revolt *(v)*
1 rebelarse, amotinarse, resistir, levantarse contra
someterse
2 disgustar, desagradar, ofender, repeler, marear, causar náuseas
agradar

reward *(s)*
1 compensación, recompensa, mérito, premio, remuneración, pago
2 *(fig)* castigo, desquite, pena merecida

rich
1 rico, afluente, opulento, adinerado
pobre
2 costoso, caro, precioso, suntuoso, de gran valor
barato
3 abundante, amplio, copioso, rico, fértil, fructífero, productivo
estéril, árido
4 delicioso, dulce, sabroso, gustoso
insípido, soso

righteous
devoto, pío, piadoso, santo, virtuoso, moral, bueno, honesto, justo, equitativo
deshonesto, malo, inmoral

rigid
austero, seco, inflexible, rígido, riguroso, severo, duro
flexible

rigour, *(Am)* rigor
1 aspereza, austeridad, dureza, rigor, inflexibilidad, rigidez, exactitud, severidad
apacibilidad, suavidad, dulzura
2 *(tiempo)* severidad, inclemencia

riot
confusión, alboroto, conmoción, desorden, disturbio, rebelión, pelea, motín
paz

rise *(v)*
1 levantar, ascender, subir, aumentar, montar, ensanchar, engrandecer
descender, rebajar
2 aparecer, emerger, ocurrir, acontecer, originar
3 amotinar, rebelarse, sublevarse

robust
1 atlético, bravo, musculoso, poderoso, robusto, fuerte, enérgico, vigoroso
débil, flojo
2 rudo, brutal, inconsiderado, ordinario, grosero
refinado, considerado

romantic
1 extravagante, romántico, efímero, fabuloso, idílico, quimérico, fantástico, legendario, pintoresco, sentimental
práctico
2 exagerado, ficticio, improbable, irreal
realista

rough
1 mellado, desigual, desnivelado, sin pulir, sin forma
igualado, liso
2 brusco, mal educado, incivilizado, francote, abrupto, ordinario, grosero
educado, refinado

3 duro, severo, violento, insensible
amable, sensible
4 discordante, inarmónico, disonante
armonioso

row (s)
fila, hilera, serie, renglón, gama

row (s)
conmoción, querella, pelea, disturbio, tumulto, riña, disputa
paz, sosiego

rude
1 bárbaro, rudo, brusco, ordinario, grosero, vulgar, salvaje, incivilizado, indisciplinado, ignorante, mal educado
civilizado, enseñado, educado
2 claro, conciso, rudo, descortés, impertinente, insultante, insolente, grosero
educado
3 sin gracia, torpe, desmañado, poco elegante
elegante
4 indecente, *(chiste)* verde, *(LAm)* colorado

ruin (v)
1 demoler, destruir, derrumbar, echar abajo
restaurar
2 dañar, desfigurar, estropear, echar a perder
mejorar

rule (v)
1 decidir, decretar, establecer, juzgar
2 mandar, gobernar, dirigir, administrar, controlar, reinar

rumour. *(Am)* **rumor** (s)
rumor, chafardería, chisme, chismorreo, comadreo, habladuría
hecho, realidad

rush (v)
1 apresurar, correr, volar, presionar, empujar, ir deprisa
tardar, quedarse atrás
2 atacar, cargar, vencer, superar

ruthless
bárbaro, sin modales, cruel, fiero, feroz, duro, inexorable, inhumano, salvaje, severo, despiadado, implacable
humano, compasivo, misericordioso

S

sacrifice *(v)*
sacrificar, perder, inmolar, ofrecer, entregarse, rendirse
aceptar

sad
1 triste, deprimido, desconsolado, lúgubre, melancólico, furioso, serio, sombrío, abatido, desanimado
alegre
2 malo, calamitoso, deplorable, desastroso, grave
bueno

safe
1 guardado, protegido, salvado, seguro, ileso
inseguro
2 serio, fiable, confiable
desconfiable

sage *(aj)*
agudo, inteligente, juicioso, prudente, sagaz, sabio
estúpido

sanction *(s)*
aprobación, autorización, confirmación, sanción, soporte
denegación, negativa

sane
saludable, sano, lúcido, juicioso, sensato, sobrio
insensato, loco, demente

sarcastic
sarcástico, agudo, cínico, irónico, satírico, mordaz

satirical
mordaz, satírico, cortante, agudo, cínico, irónico, sarcástico
encomiable, elogiable

satisfaction
1 satisfacción, contento, alivio, disfrute, placer, gratificación
descontento, insatisfacción
2 expiación, compensación, recompensa, indemnización, remuneración, restitución, liquidación
perjuicio, daño

satisfy
1 contentar, gratificar, satisfacer, complacer
descontentar
2 compensar, indemnificar, recompensar, remunerar
perjudicar

saucy
insolente, irrespetuoso, poco serio, ligero, impertinente, impúdico, presuntuoso, rudo
modesto, serio, formal

savage *(aj)*
1 salvaje, aborigen, nativo, incivilizado, incultivado
civilizado
2 bárbaro, bestial, brutal, bruto, cruel, feroz, fiero
domado, domesticado
3 sanguinario, despiadado, homicida, implacable, agresivo
misericordioso, compasivo

savoury, *(Am)* **savory**
agradable, apetitoso, delicioso, sabroso, suculento, gustoso
incomible, desagradable, repugnante

scale *(v)*
ascender, escalar, montar, trepar
descender

scandalous
atroz, vergonzoso, escandaloso, ignominioso, odioso, calumnioso, difamatorio
honroso, formal

scarce
poco, deficiente, infrecuente, insuficiente, raro, poco normal, inusual
suficiente

scarcity
escasez, falta, carestía, deficiencia, rareza, penuria
abundancia

scare *(s)*
alarma, miedo, pánico, terror, temor

scare *(v)*
asustar, alarmar, acobardar, intimidar, consternar, aterrorizar
tranquilizar, alentar

scatter
1 diseminar, divulgar, emitir, difundir, extender, esparcir
juntar, recoger
2 disipar, dispersar, desunir, separar
reunir, juntar

scholarship
1 talentos, dotes, méritos, educación, conocimiento, aprendizaje
ignorancia
2 beca, ayuda económica

scold *(v)*
censurar, reñir, culpar, reprender, reprochar, vituperar
fomentar, estimular

scoundrel
bellaco, bribón, sinvergüenza, pillo, pícaro, picaruelo, vagabundo, villano
caballero, señor

scour
limpiar, asear, pulir, renovar, restaurar, depurar, frotar, blanquear, *(medicina)* purgar, *(Am)* restregar
ensuciar

scrap *(s)*
trozo, pedazo, fragmento, pizca, porción, bocado
todo, entero

screen *(v)*
1 cubrir, encubrir, disimular, ocultar, esconder, enmascarar
revelar, mostrar
2 defender, proteger, guardar, abrigar, amparar, resguardar

scrub *(v)*
limpiar, asear, frotar, depurar
ensuciar

scuffle *(s)*
alteración, refriega, lucha, pelea, reyerta, alboroto, combate
paz

seal *(s)*
garantía, promesa, confirmación, notificación, testimonio, autenticación

seal *(v)*
1 encerrar, cerrar, asegurar, fijar
abrir
2 asegurar, atestar, autentificar, confirmar, establecer, ratificar

secluded
solo, privado, remoto, retirado, aislado, solitario, poco frecuentado
ocupado, público

secret *(aj)*
1 secreto, cerrado, encerrado, cubierto, oculto, reticente, desconocido, no revelado
aparente, a la vista
2 recóndito, abstruso, clandestino, cabalístico, latente, misterioso, oculto, manifiesto, claro

section
sección, división, fracción, fragmento, parte, pieza, porción
todo, entero

sedative
calmante, lenitivo, relajante, tranquilizante, tranquilizador, sedante
estimulante

seize
prender, detener, arrestar, capturar, atar, apretar, sujetar, tomar, agarrar
perder, dejar, soltar

select *(v)*
seleccionar, escoger, preferir

sell
1 cambiar, vender, negociar, tratar, hacer negocios
comprar
2 *(fig)* traicionar

send
1 enviar, despachar, transmitir, mandar, remitir
recibir
2 emitir, propalar, dar, lanzar, arrojar
guardar, mantener

sensible

1 perceptible, tangible, visible, sensible
   insensible

2 observador, consciente, enterado, convencido, entendedor
   inconsciente

sensitive

susceptible, sensitivo, delicado, impresionable, perceptible, sensible, tierno, quisquilloso
   insensible, duro

separate *(aj)*

1 separado, desconectado, desunido, dividido, divorciado
   unido

2 solo, aparte, distintivo, independiente, individual

serene

1 calmado, tranquilo, sereno, imperturbable, pacífico, plácido, tranquilo
   alborotado, poco tranquilo

2 sereno, brillante, claro, despejado
   nublado

serious

1 devoto, serio, formal, grave, piadoso, sobrio, solemne, pensativo, constante
   caprichoso, inconstante

2 crítico, peligroso, grave, importante, trascendental, pesado, importante, influyente
   frívolo, trivial

servile

servil, bajo, abyecto, vil, doméstico
   independiente, magistral

shade *(s)*

1 sombra, oscuridad, penumbra, tenebrosidad
   luz, claridad

2 persiana, cortina, velo, pantalla

3 color, tinte, mancha, matiz, tono

4 sombra, aparición, fantasma, espíritu, espectro

share *(v)*

asignar, distribuir, dividir, repartir, desglosar, asignar
   quedar

sharp

1 agudo, penetrante, mordaz, cortante, afilado
   desafilado, despuntado, franco

2 alerta, apto, astuto, listo, inteligente, discernidor, observador, conocedor, ingenioso, preparado
   estúpido, torpe

3 ácido, picante, punzante, agrio, acre, cortado

4 intenso, severo, violento, horrible, fatal, doloroso, penoso
   apacible, pacífico, suave

shelter *(s)*

cubierta, defensa, guarida, puerto, abrigo, albergue, asilo, refugio, santuario, seguridad, *(fig)* protección, resguardo

shelter *(v)*

cubrir, resguardar, defender, guardar, abrigar, proteger, escudar
   mostrar, revelar, enseñar, descubrir

shine *(v)*

brillar, destellar, relucir, resplandecer, distinguirse

shock *(s)*

colisión, golpe, impacto, sorpresa (desagradable), encuentro, tropiezo

shock *(v)*

1 horrorizar, aterrar, asustar, escandalizar

2 causar náuseas, marear, ofender, desagradar, disgustar
   agradar

short

1 corto, breve, compendioso, conciso, lacónico, sucinto, resumido, sentencioso, brusco, *(persona)* bajo, *(LAm)* chaparro
   extenso, largo

2 deficiente, corto, inadecuado, insuficiente, limitado, pobre, escaso
   adecuado

3 abrupto, descortés, mal educado, cortante, directo, franco
   educado

shrewd
   agudo, astuto, mañoso, inteligente, ingenioso, taimado, perspicaz,
   sagaz
   estúpido, lerdo, atontado

sickness
   enfermedad, desorden, dolencia,
   achaque, indisposición, *(fig)* malestar, mal
   salud

signal *(aj)*
   eminente, extraordinario, famoso,
   memorable, notable, remarcable
   ordinario, corriente

signal *(s)*
   señal, marca, indicación

silence
   1 calma, paz, quietud, tranquilidad
   ruido

   2 mudez, reticencia, reserva, taci-
   turnidad
   habla

silly
   tonto, absurdo, aniñado, frívolo,
   idiota, imprudente, ridículo, estúpido, sin sentido, bobo, necio, insensato
   juicioso, inteligente

similar
   parecido, similar, uniforme, correspondiente, igual
   desigual

sincere
   cándido, inofensivo, franco, genuino, honesto, honrado, abierto, sincero, genuino
   falso, insincero, poco franco

single
   1 sencillo, singular, simple, individual, distintivo, solo, separado,
   único, solitario, *(habitación)* individual, *(LAm)* sencillo
   varios, muchos

   2 soltero, sin casar
   casado

   3 sencillo, simple, sin mezclar
   mezclado

skilful, *(Am)* **skillful**
   capaz, hábil, diestro, adepto, apto,
   inteligente, listo, ingenioso, experto, mañoso, conocedor, enseñado,
   educado, rápido, entrenado
   *patoso, inexperto, torpe, desmaña-
   do*

slow
   lento, retrasado, detrás, inactivo,
   dilatorio, estúpido, tardío, tedioso,
   cansado
   rápido, veloz

sly
   astuto, inteligente, avispado, furtivo, secreto, insidioso, clandestino,
   sutil
   *legítimo, honrado, inocente, can-
   doroso*

small
   1 pequeño, delgado, ligero, diminuto, en miniatura, insignificante,
   nimio, *(LAm)* chaparro
   grande, extenso, amplio

   2 inadecuado, insuficiente, trivial,
   sin importancia

smart
   1 experto, hábil, ágil, apto, brillante, inteligente, rápido, listo, agudo, perspicaz
   torpe, lerdo

   2 chic, elegante, de moda, fino, acicalado, atractivo, pulcro
   poco elegante, poco atractivo

smash *(v)*
   romper, estrellar, estropear, triturar, estrujar, destruir, hacer peda-
   zos
   reparar, restaurar, arreglar

smooth *(aj)*
   1 fino, plano, liso, llano, nivelado, pulido, suave, igual, uniforme,
   (LAm) parejo
   desnivelado

   2 agradable, suave, dulce, blando,
   grasoso, oleaginoso, aceitoso

   3 calmado, ecuánime, pacífico, tranquilo

soak

mojar, enjuagar, empapar, humedecer, saturar, remojar
secar

sober

1 abstemio, sobrio, moderado, templado, abstinente
borracho, bebido

2 calmado, compuesto, templado, frío, desapasionado, imparcial, grave, pacífico, quieto, racional, razonador, sereno, serio, solemne, moderado
inmoderado

soften

1 ablandar, reblandecer

2 disminuir, calmar, mitigar, templar, debilitar, suavizar
agravar

solitary

solo, solitario, único, desolado, remoto, retirado, retrasado, confiscado, infrecuentado
ocupado

sorrow *(s)*

aflicción, pena, dolor, tristeza, problema
alegría, felicidad

sound *(aj)*

1 completo, entero, firme, perfecto, robusto, sin dañar, vigoroso, enérgico, sano
defectuoso

2 correcto, justo, ortodoxo, apropiado, válido, derecho, verdadero, razonable

sound *(s)*

ruido, resonancia, tono, voz, estruendo, estrépito
silencio

spacious

amplio, ancho, cómodo, extenso, espacioso, grande, vasto
reducido

spare *(aj)*

1 económico, frugal, escaso, insuficiente
pródigo, despilfarrado

2 desvaído, delgado, fino, magro, flaco, chupado
regordete, rollizo, obeso

spare *(v)*

1 permitir, dar, gratificar, proporcionar

2 ahorrar, economizar, preservar, guardar, reservar
malgastar, derrochar, desperdiciar

speed *(v)*

1 expedir, enviar, apresurar, presionar, dar prisas

2 adelantar, avanzar, ayudar, asistir, promover, fomentar

spend

consumir, dispensar, disipar, gastar, desembolsar, agotar, expender, malgastar, despilfarrar
ahorrar

splendid

1 brillante, reluciente, espléndido, lustroso, radiante, refulgente
sombrío, deslustrado

2 magnífico, deslumbrante, deslumbrador, vistoso, impresionante, imponente
corriente, ordinario

split *(v)*

1 romper, hender, repartir, explotar, dividir, partir, separar
unir, juntar

2 hendirse, rajarse

3 *(fig) (Br)* chivatear, soplar

4 *(fig (Am)* largarse, irse

spoil

1 pillar, robar, saquear

2 gastar, despilfarrar, malgastar

3 dañar, destruir, desfigurar, arruinar, echar a perder, estropear, deteriorar
reparar, restaurar

spread *(v)*

1 dilatar, expandir, extenderse, abrirse, desenrollarse
contraer

2 publicar, emitir, circular, diseminar, proclamar, promulgar, propagar
callar, disimular, encubrir

stain *(s)*

1 mancha, tacha, borrón, coloramiento

2 *(fig)* desgracia, deshonra, deshonor, infamia, reproche, vergüenza
honor

stain *(v)*

manchar, tachar, emborronar, colorear, teñir, empañar, deslustrar, matizar
limpiar

stand *(v)*

1 continuar, permanecer, estar, parar
mover

2 soportar, sufrir, tolerar, aguantar, resistir

start *(v)*

1 empezar, iniciar, levantar, comenzar, emitir, originar
finalizar, acabar

2 alarmar, molestar, asustar, sobresaltarse, espantar

station *(s)*

1 estación, lugar, puesto, localización, sitio, situación

2 posición social, rango, categoría, status, grado, puesto, empleo, colocación

stay *(s)*

1 retraso, retardo, parada, pausa

2 apoyo, sostén, puntal, soporte

stay *(v)*

1 continuar, retrasar, retardar, parar, permanecer, tardar, quedarse atrás
marchar, irse

2 soportar, sostener, apuntalar, apoyar, reforzar

stem *(s)*

rama, tallo, tronco, vástago, renuevo

stem *(v)*

oponer, frenar, resistir, parar, cerrar, aguantar, detener, controlar
producir, dar, ceder

stimulate

animar, estimular, impeler, fomentar, incitar, inflamar, instigar, provocar, levantar, favorecer, promover
deprimir

stop *(v)*

1 cesar, parar, concluir, desistir, discontinuar, terminar
empezar, comenzar, iniciar

2 parar, arrestar, bloquear, romper, encerrar, cerrar, impedir, interceptar, interrumpir, obstruir, prevenir
continuar, seguir

storm *(s)*

1 tormenta, huracán, viento fuerte, lluvia, ciclón, tempestad, tornado, ventarrón
calma

2 *(fig)* agitación, tormenta, clamor, conmoción, disturbio, revuelo, tumulto, confusión, desorden

3 *(fig)* asalto, ataque, arremetida, embestida, ímpetu, acometida

straight

1 derecho, recto, perpendicular, erecto, vertical
horizontal, en pendiente

2 directo, cerca, corto, constante, inquebrantable, firme
tortuoso, sinuoso

3 cándido, franco, honesto, justo, de confianza, honorable
deshonesto

strain *(s)*

1 esfuerzo, fuerza, tensión, tirantez, arranque, tirón

2 ascendencia, linaje, familia, raza, tribu, rebaño

3 melodía, música, canción, tonada, trova

strength

coraje, energía, fuerza, firmeza, potencia, poder, resolución, espíritu, vehemencia, vigor
debilidad

strengthen
1 animar, fortalecer, vigorizar, fomentar, alentar
debilitar
2 confirmar, corroborar, establecer, justificar, apoyar

strip *(v)*
1 desvestir, destapar, descubrir, desnudar
cubrir
2 privar, despojar, desmantelar, pelar, robar, pillar, saquear, *(fig)* desnudar, descubrir

strong
1 atlético, fuerte, vigoroso, eficiente, saludable, muscular, poderoso, robusto, *(protesta)* enérgico, *(café)* cargado, *(color)* intenso, *(característica)* acusado
débil, flojo
2 ardiente, firme, tenaz, celoso
3 fuerte, salado, picante, con muchas especies
suave, flojo

stubborn
tenaz, resuelto, testarudo, inflexible, contumaz, intratable, obstinado, persistente, incontrolable
dócil

studious
estudioso, cuidadoso, diligente, trabajador, meditativo, reflexivo, pensador, erudito
desatento, distraído

stupid
estúpido, obtuso, lento, atontado, bobo, simple, insensato
inteligente

subdue
romper, controlar, conquistar, dominar, avasallar, sojuzgar, reprimir, vencer, derrotar
rendirse, someterse

subject *(aj)*
sujeto, dependiente, inferior, obediente, subordinado

subject *(s)*
1 materia, estudio, tema, objeto

2 dependiente, subordinado
superior
3 causa, motivo, razón, fundamento

submit
1 someterse, capitular, doblegarse, obedecer, acatar, resignarse, rendirse, tolerar
resistir, afrontar
2 proponer, presentar, aducir, referir, rendir

subservient
1 inferior, servil, subordinado, sujeto
superior
2 auxiliar, conducente, propicio, instrumental, provechoso, útil, subsidiario, servible, servicial

subsidiary
auxiliar, cooperativo, secundario, servicial, subordinado, suplementario, provechoso, útil
primario, principal

substitute *(s)*
agente, sustituto, diputado, equivalente, representante, apoderado, interino
jefe, principal, cabeza, director

subtle
astuto, mañoso, apto, agudo, taimado, curioso, perspicaz, penetrante, profundo, ingenioso
simple, ingenuo

successful
favorable, exitoso, fructuoso, feliz, oportuno, afortunado, próspero, victorioso
desafortunado

sudden
repentino, de repente, rápido, apresurado, inesperado, inusual, brusco, precipitado
intencionado, pensado, premeditado

suffer
admitir, aguantar, experimentar, permitir, soportar, sentir, sufrir, sostener, tolerar
resistir, aguantar

sufficient
adecuado, amplio, suficiente, lleno, satisfactorio
insuficiente

suitable
aplicable, apropiado, adecuado, apto, conveniente, pertinente, relevante
inconveniente, inapropiado

supplement *(s)*
adición, apéndice, posdata, suplemento, consecuencia, resultado

supply *(v)*
contribuir, ofrecer, suministrar, proporcionar, dar, satisfacer, almacenar, donar, ceder, otorgar
retener, negar, denegar

support *(v)*
1 mantener, sostener, aguantar, nutrir, apoyar
estorbar, dificultar, impedir
2 abogar, asistir, confirmar, defender, promocionar, secundar, apoyar
oponer
3 aguantar, sufrir, soportar, tolerar, resistir

suppress
ganar, vencer, conquistar, subyugar, reprimir, sofocar, ahogar, avasallar, dominar
dejar libre, liberar, libertar

sure
1 exacto, seguro, cierto, confidente, convencido, positivo, preciso, de confianza, verdadero
incierto
2 firme, seguro, sólido, estable

survive
sobrevivir, vivir, durar, perdurar
morir

suspect *(v)*
1 dudar, poner en duda, desconfiar, recelar
2 creer, sospechar, conjeturar, considerar, adivinar, suponer, imaginar
aceptar

sustain
1 soportar, aguantar, llevar, sentir, sufrir
2 ayudar, asistir, confortar, mantener, nutrir, alimentar, reanimar
pasar por alto, olvidar
3 aprobar, sostener, ratificar, confirmar

T

tail (*s*)

    cola, final, conclusión, extremo
    principio, cabeza

taint (*v*)

    contaminar, manchar, corromper,
    imbuir, empapar, infectar, polu-
    cionar, ensuciar, viciar, deslustrar
    limpiar

take (*v*)

    1 coger, capturar, agarrar, ganar,
    sujetar, empuñar, atrapar, obte-
    ner, asir, (*fig*) robar
    dejar

    2 aceptar, adoptar, asumir, conside-
    rar, suponer

    3 beber, comer, tomar, inhalar,
    tragar

talent (*aj*)

    talento, habilidad, aptitud, capaci-
    dad, facultad, genio, don, maña,
    destreza
    estupidez

tame (*v*)

    conquistar, disciplinar, domar, do-
    mesticar, subyugar, reprimir, es-
    clavizar, dominar, reprimir

tangible

    tangible, claro, categórico, eviden-
    te, palpable, positivo, real, sustan-
    cial, táctil, tocable, perceptible
    abstracto, irreal

task

    tarea, negocio, trabajo, labor, lec-
    ción, empleo, ocupación
    ocio, tiempo libre

taste (*s*)

    1 gusto, sabor
    insípidez

    2 (*fig*) deseo, predilección, cariño,
    afición

    3 (*fig*) discriminación, elegancia,
    estilo, perspicacia, discernimiento

teach

    enseñar, aconsejar, dirigir, edu-
    car, impartir, disciplinar, inculcar,
    informar, instruir, entrenar
    aprender

tear (*v*)

    desgarrar, dividir, lacerar, estro-
    pear, rasgar, rajar, romper, sepa-
    rar
    componer, remediar, zurcir

tease (*v*)

    molestar, incomodar, irritar, fasti-
    diar, provocar, atormentar, preo-
    cupar, inquietar, contrariar
    apaciguar, calmar

tedious

    aburrido, monótono, soso, pesado,
    prosaico, cansado, poco interesan-
    te, fatigoso
    interesante

temper (*s*)

    1 enfado, disgusto, temperamento,
    irritabilidad, irritación, pasión, re-
    sentimiento, enojo
    buen humor

    2 disposición, humor, naturaleza,
    temperamento, ánimo

    3 tranquilidad, compostura, imper-
    turbabilidad, ecuanimidad

temperate

    abstemio, calmado, frío, desapa-
    sionado, moderado, pacífico, man-
    so
    inmoderado

tempest

    tempestad, ciclón, huracán, tor-
    menta, tornado, ventarrón
    calma

tempestuous

    tempestuoso, ventoso, tormento-
    so, de mucho viento, borrascoso,
    turbulento
    calmado

temporary

breve, efímero, fugaz, pasajero, momentáneo, transitorio, provisional

permanente, duradero

tender *(aj)*

1 tierno, cariñoso, afectuoso, compasivo, gentil, humano, amable, amoroso, clemente, sentimental, simpático, de buen corazón

poco amable, despiadado

2 delicado, frágil, débil

fuerte

3 tierno, sensible, doloroso, dolorido

tender *(v)*

ofrecer, presentar, proponer, sugerir

tentative

experimental, provisional, de prueba, de juguete, de ensayo

cierto, verdadero

terminate

terminar, cesar, acabar, completar, concluir, finalizar, cerrar, resultar

empezar, comenzar

terrible

terrible, espantoso, horroroso, tremendo, imponente, horrible, monstruoso, horripilante

agradable, placentero

testify

testificar, afirmar, atestiguar, certificar, corroborar, declarar, atestiguar, deponer

negar, denegar

testimony

afirmación, confirmación, corroboración, testimonio, declaración, evidencia, prueba, autenticación, deposición

encubrimiento, disimulación

thick

1 espeso, compacto, condensado, denso, atestado

disperso, esparcido

2 grueso, abultado, gordo, rollizo, sólido, rechoncho

delgado, fino

3 abundante, frecuente, numeroso

4 nublado, espeso, brumoso, nebuloso, de niebla

claro, despejado

thin

delgado, atenuado, delicado, fino, ligero, flaco, chupado, desvaído, magro, en los huesos, transparente, esbelto, escuálido

gordo, grueso, obeso, rechoncho, espeso

thirsty

1 sediento, seco, árido

saciado, húmedo

2 impaciente, ávido, hambriento, anhelante, ansioso

satisfecho, saciado

thoughtful

1 contemplativo, meditabundo, deliberativo, pensativo, serio, especulativo, estudioso

irreflexivo, descuidado

2 atento, cuidadoso, solícito, considerado, circunspecto, prudente, discreto, cauto

descuidado

thoughtless

irreflexivo, descuidado, inactivo, inconsiderado, indiscreto, negligente, temerario, precipitado, imprudente, distraído

serio, meditabundo, atento

thrash

golpear, castigar, azotar, apalear, vapulear, maltratar

cuidar

threshold

1 puerta, umbral, entrada

2 *(fig)* comienzo, principio, apertura

final

throw *(v)*

echar, volver, arrojar, proyectar, tirar, lanzar, emprender, enviar, impulsar, propulsar

tener, agarrar, coger, asir

tidy

    limpio, nítido, ordenado, pulcro, esmerado, acicalado, aseado, arreglado

    sucio, desarreglado

tie (v)

    atar, vincular, encadenar, conectar, unir, ligar, apretar, asegurar

    desatar, desunir, aflojar

tight

    apretado, cerrado, compacto, tenso, firme, fijo, tirante

    suelto, flojo

timid

    tímido, asustado, cobarde, vergonzoso, evasivo, reservado, medroso, pusilánime, modesto, retraído, temeroso

    intrépido, audaz, valiente

tiny

    pequeño, diminuto, microscópico, en miniatura, menudo, pigmeo, enano

    grande

tip (s)

    1 aviso, consejo, advertencia, confidencia, notificación, soplo, chivatazo

    2 extremidad, final, punta, vértice, tope

    fondo, pie, asiento, parte baja

    3 propina, donación, dádiva, ofrenda, gratificación

tip (v)

    inclinar, sesgar, ladear, volcar

tolerate

    aguantar, admitir, permitir, soportar, sufrir, tolerar, resistir, recibir

    oponerse, resistir

torment (s)

    tormento, agonía, ansiedad, contrariedad, irritación, pena, aflicción, provocación, persecución, tortura

    calma, paz, consuelo

torture (s)

    agonía, angustia, dolor, pena, tormento, tortura

    consuelo

torture (v)

    agonizar, atormentar, doler

    aliviar, tranquilizar

toss (v)

    1 echar, lanzar, arrojar, tirar, proyectar, propulsar, impulsar

    2 agitar, sacudir, retumbar, abatir, retorcerse, debatirse

    descansar, apoyarse

tough

    1 durable, duradero, firme, inflexible, duro, tieso, rígido, tenaz

    débil, blando

    2 difícil, insensible, cruel, obstinado, terco, refractario, tenaz, molesto, fastidioso

    tratable, dócil

tragedy

    1 adversidad, calamidad, catástrofe, desastre, tragedia, infortunio, desgracia, desventura

    2 obra dramática, tragedia, drama

traitor

    traidor, apóstata, impostor, embustero, sinvergüenza, rebelde, renegado, bellaco, desertor

    leal, legitimista

tranquil

    tranquilo, calmado, plácido, quieto, sereno, pacífico, sosegado, imperturbable, ecuánime

    alborotado, poco tranquilo

tranquillity

    calma, paz, sosiego, tranquilidad, placidez, serenidad, reposo, quietud, silencio

    excitación

transform

    transformar, alterar, cambiar, convertir, transmutar, transfigurar

    mantener

transport (v)

    1 transportar, aguantar, llevar, traer, mover, transferir

    dejar

    2 (fig) transportar, encantar, deleitar, extasiar, embelesar

treat (s)

    banquete, placer, deleite, fruición, festín, refrigerio

treat *(v)*

1 tratar, atender, actuar, manejar, usar, administrar
manejar mal

2 entretener, divertir, agasajar, festejar

3 negociar, regatear, pactar

tremendous

alarmante, tremendo, horroroso, horrible, terrorífico, espantoso, temeroso, aprensivo
ordinario, corriente, normal

trespass *(s)*

1 usurpación, invasión, infracción, violación, intrusión

2 crimen, delincuencia, error, falta, ofensa, pecado, transgresión, maldad, perversión
observancia, cumplimiento

trial

1 examen, experiencia, experimento, prueba, ensayo, tentativa
logro, consecución

2 intento, esfuerzo, tentativa, trabajo

3 aflicción, pena, miseria, dolor, sufrimiento, problema, infortunio

4 acción, caso, proceso, juicio, vista, causa

trick *(v)*

engañar, defraudar, embaucar, timar, estafar
desengañar, desilusionar

trim *(v)*

1 cortar, recortar, acortar, reducir, podar, afeitar, esquilar, trasquilar
aumentar

2 ajustar, adornar, arreglar, embellecer, decorar, vestir, preparar
desarreglar

triumph *(v)*

triunfar, exaltar, prevalecer, florecer, prosperar, alegrar, tener éxito, ganar
fallar, perder

trivial

trivial, inconsiderable, insignificante, pequeño, baladí, nimio, sin importancia
importante

trouble *(s)*

problema, adversidad, aflicción, temor, dificultad, disturbio, pena, inconveniencia, irritación, sufrimiento, tormento, tribulación
felicidad

true

1 verdadero, auténtico, correcto, exacto, genuino, real, veraz
falso

2 constante, honesto, leal, fiel, honorable, puro, sincero, recto
infiel, desleal

trust *(v)*

creer, confiar, fiarse de, defender, esperar
desconfiar, recelar

truthful

1 exacto, preciso, correcto, verdadero, de confianza, de fiar, fiable, confiable
inexacto, incorrecto

2 cándido, franco, natural, sencillo, honesto, ingenuo, honrado
falso, mentiroso

tumult

refriega, riña, altercado, conmoción, desorden, fracaso, pelea, motín, disturbio, tumulto, contienda
tranquilidad, sosiego

tutor *(s)*

tutor, guardián, instructor, profesor, preparador, entrenador, preceptor
alumno, escolar

twist

contorsionar, torcer, enroscar, distorsionar, entrelazar, trenzar
destorcer

U

ugly
feo, desagradable, espantoso, horrible, monstruoso, ofensivo, repulsivo, terrible, repugnante, chocante, vil
atractivo, agradable

ultimate
último, conclusivo, concluyente, decisivo, final, extremo, más remoto
primero

umpire *(s)*
árbitro, juez
jugador, litigante

unanimity
unanimidad, acuerdo, concierto, concordato, armonía, unidad
desacuerdo

unbearable
insoportable, insufrible, intolerable, inaguantable
soportable, sufrible, aguantable

uncover
descubrir, exponer, revelar, mostrar, enseñar, desnudar
cubrir, tapar

undeniable
innegable, cierto, claro, evidente, indudable, obvio, incontestable, incuestionable
dudoso

underhand
clandestino, fraudulento, furtivo, secreto, ingenioso, disimulado, sigiloso, subrepticio
abierto, franco

understand
saber, conocer, comprender, entender, concebir, discernir, percibir, reconocer, ver

unfaithful
indiferente, insensible, desleal, infiel, pérfido, traidor, informal, de poca confianza
leal, fiel

unfold
1 desenredar, desenmarañar, abrir, expandir, desplegar, desenroscar
doblar, plegar
2 *(fig)* clarificar, revelar, desarrollar, explicar, ilustrar
ocultar, no revelar

unfortunate
desgraciado, desafortunado, calamitoso, deplorable, desastroso, malogrado, malhadado, infeliz
afortunado, agraciado

uniform *(aj)*
uniforme, parecido, consistente, constante, igual, regular, incambiable, invariable
variable, irregular

union
1 unión, combinación, juntura
separación
2 unión, alianza, asociación, coalición, confederación
separación
3 acuerdo, concordia, concordato, armonía, unanimidad, unísono, unidad
desunión, desacuerdo

unique
único, solo, singular, excepcional, raro, anormal, inusual, poco común
usual, normal

unison
armonía, acuerdo, concordato, concordia
desacuerdo

unite
unir, añadir, amalgamar, acoplar, asociar, mezclar, combinar, confederar, conectar, consolidar, incorporar
separar, desunir

unjust
1 parcial, injusto, con prejuicios, no equitativo
justo, imparcial

2 malo, fraudulento, atroz, nefando, equivocado, malvado, perverso
justo, bueno

unlucky
desafortunado, miserable, nefasto, de mal agüero, poco propicio, desfavorable, desgraciado
afortunado, de buen agüero, feliz

unreasonable
1 absurdo, tonto, irracional, estúpido, disparatado, ridículo, insensato
razonable

2 excesivo, exorbitante, inmoderado, extorsionador, injusto
razonable, justo

unsettle
perturbar, inquietar, desconcertar, desquiciar, trastornar, alterar
tranquilizar, calmar

unsteady
inseguro, cambiable, inconstante, irregular, tambaleante, informal, de poca constancia, variable, indeciso, irresoluto
firme, fijo, estable

unusual
inusual, curioso, excepcional, extraordinario, raro, remarcable, extravagante, extraño, singular, insólito, indeciso, irresoluto
firme, fijo, estable

upright
1 vertical, derecho, erecto, perpendicular
horizontal, plano

2 *(fig)* bueno, honesto, honrado, recto, incorruptible, virtuoso, justo
deshonesto

uproar
rugido, bramido, clamor, conmoción, confusión, ruido, turbulencia, estrépito, tumulto, desorden, alboroto
paz, tranquilidad, sosiego, calma

upshot
conclusión, consecuencia, final, resultado, acontecimiento
inicio, comienzo

urge *(v)*
1 urgir, obligar, forzar, impeler, incitar, estimular, instigar, presionar, empujar

2 implorar, recomendar, rogar, pedir, suplicar

urgent
urgente, inmediato, imperativo, importante, insistente, apremiante, acuciante
sin importancia

use *(v)*
1 utilizar, usar, emplear, ejercitar, practicar, aplicar
no usar

2 consumir, gastar, usar, agotar, expender
ahorrar, salvar

3 acostumbrarse, familiarizarse, habituarse

useful
útil, utilizable, ventajoso, beneficioso, efectivo, provechoso, saludable, servible
inútil, inservible, inoperante

V

vacant
1 vacante, vacío, desocupado, libre, pendiente, sin ocupar
ocupado
2 distraído, soñador, necio, irreflexivo, inconsciente
serio, pensativo

vagrant *(aj)*
nómada, vagabundeante, paseante, inhabitado, vagabundo, errante
aposentado, fijo

vagrant *(s)*
vagabundo, mendigo, pordiosero, ambulante, vago, gandul, caminante
habitante

vague
vago, dudoso, impreciso, indefinido, indeterminado, indistinto, oscuro, poco claro, desconocido
definido, claro

vain
1 vano, fútil, improductivo, trivial, sin importancia, inservible, inútil
productivo
2 arrogante, egoísta, ostentoso, orgulloso, vanidoso, engreído, presumido, exagerado
modesto, sencillo

valid
válido, convincente, sólido, concluyente, decisivo, eficaz, eficiente, bueno, justo, lógico, poderoso, sustancial, bien fundado
inválido, débil

valuable
costoso, caro, de valor, estimable, preciable, servible, práctico, útil
sin valor, inútil

value *(v)*
1 valorar, estimar, calcular, contar, tasar, evaluar

2 apreciar, estimar, considerar, atesorar, guardar
no hacer caso de, pasar por alto

vanish
desaparecer, esfumarse, disolver, desvanecerse
aparecer, surgir

vanity
1 vanidad, arrogancia, presunción, engreimiento, orgullo, egotismo
modestia
2 vacío, vaciedad, inutilidad, necedad, fatuidad, trivialidad, irrealidad

variation
alteración, cambio, desviación, diferencia, discrepancia, diversidad, marcha, modificación, variación
acuerdo, trato

vary
alterar, alternar, cambiar, diferir, diversificar, modificar, no estar de acuerdo, transformar, variar
continuar

vast
inmenso, ilimitado, colosal, enorme, grande, gigante, extenso, amplio
diminuto, pequeño

vault *(s)*
1 arco, techo, bóveda
2 catacumba, cripta, mausoleo, tumba, bodega, sótano

vehemence
vehemencia, ardor, entusiasmo, afán, ansia, seriedad, fervor, impetuosidad, intensidad, ilusión, pasión, violencia, celo
apatía

veil *(s)*
velo, cortina, persiana, cubierta, disfraz, máscara, pantalla, sombra

velocity

velocidad, celeridad, rapidez, prisa

lentitud

venerable

honorable, respetable, reverenciado, sabio, serio, juicioso, prudente, venerable

desdeñado

venerate

adorar, estimar, honrar, reverenciar, respetar, loar

deshonrar

venom

1 veneno, virus

antídoto

2 *(fig)* amargura, hiel, bilis, rencor, odio, malignidad, virulencia

alabanza, elogio

verge *(s)*

margen, límite, borde, canto

interior

verify

atestiguar, autentificar, confirmar, cerciorar, corroborar, probar, verificar

desaprobar

vernacular

indígena, materno, nativo, vernáculo, vulgar

extranjero

versatile

adaptable, cambiable, flexible, inconstante, versátil, variable

constante, invariable

vex

afligir, agitar, molestar, estorbar, irritar, ofender, provocar, atormentar, fastidiar, contrariar, impacientar

contentar, agradar

vexatious

acongojante, engorroso, fastidioso, desagradable, molesto, irritante, pesado, guasón, atormentador, importuno

satisfactorio, agradable

vice

vicio, corrupción, defecto, perversión, depravación, demonio, falta, inmoralidad, imperfección, debilidad, pecado

virtud

vicinity

vecindad, distrito, barrio, localidad, vecindario, proximidad

distancia

vicious

1 vicioso, malo, abandonado, corrupto, depravado, degradado, envilecido, inmoral, imperfecto, malicioso, pecaminoso, poco escrupuloso, cínico

virtuoso

2 contrario, malévolo, refractario, obstinado, revoltoso, ingobernable

victory

conquista, éxito, victoria, autoridad, superioridad, triunfo

derrota

vigilance

vigilancia, alerta, cuidado, precaución, observancia, circunspección, observación

desatención, distracción

vigorous

activo, enérgico, vigoroso, efectivo, eficiente, emprendedor, sano, robusto, fuerte, viril, animoso, brioso

vigour, *(Am)* vigor

vigor, actividad, animación, eficacia, energía, fuerza, salud, viveza, robustez, potencia, virilidad, vitalidad

debilidad

vile

vil, malo, abandonado, innoble, depravado, despreciable, impuro, miserable, bajo, pecaminoso, vicioso, débil

respetable, loable

vindictive

implacable, malicioso, maligno, rencoroso, despiadado, vengativo, malévolo

misericordioso, perdonador

violent

    violento, fiero, furioso, impetuo-
so, intenso, severo, ingobernable,
vehemente, salvaje, turbulento,
atroz, terrible
    calmado, tranquilo

virtue

    1 virtud, castidad, moralidad, pure-
za, bondad
    vicio

    2 eficacia, excelencia, integridad,
justicia, calidad, rectitud, valor

visible

    aparente, claro, evidente, mani-
fiesto, notable, obvio, patente,
perceptible, visible, distinguible,
observable
    invisible

vital

    1 vivo, vital, vivificante, viviente
    muerto, apagado

    2 crítico, vital, esencial, importante,
indispensable, necesario
    no esencial

vivacious

    vivaz, animado, alegre, juguetón,
divertido, alborozado, enérgico,
vivo

    torpe, lerdo

vivid

    1 brillante, claro, intenso, lúcido

    2 activo, animado, enérgico, expre-
sivo, rápido, vivo, fuerte, vigoroso
    sombrío, apagado, inactivo

vociferous

    clamoroso, ruidoso, alto, tumul-
tuoso, vociferante
    tranquilo, silencioso

voice *(s)*

    voz, articulación, expresión, len-
guaje, sonido, tono, palabra
    silencio

vow *(v)*

    afirmar, dedicar, consagrar, pro-
meter, jurar
    repudiar

vulgar

    1 *(persona)* vulgar, común, ordina-
rio, plebeyo, de humilde cuna
    educado, refinado

    2 general, nativo, vernáculo, vulgar

    3 *(indecente)* ordinario, vulgar, gro-
sero, de mal gusto, *(chiste)* verde,
(LAm) colorado

W

wail (s)

lamento, lamentación, queja, pena, sufrimiento, gemido, quejido

alegría, gozo

wail (v)

lamentar, llorar, deplorar, acongojarse .

alegrar, regocijar

waive

abandonar, renunciar, someterse, dimitir, diferir

demandar, insistir

wake (v)

1 levantar, despertar

dormir

2 activar, despertar, animar, excitar, provocar, encender

aliviar, disipar, aquietar

walk (s)

1 paseo, caminata, vuelta, excursión

2 paseo, avenida, pasaje, sendero, camino, senda, acera, vereda

wander

vagar, desviarse, marcharse, recorrer, errar por, pasear, deambular, callejear

establecer, colonizar

wane (s)

disminución, moderación, decadencia, declinación, pérdida

wane (v)

disminuir, abatir, decaer, declinar, fallar

crecer

want (s)

1 deseo, vehemencia, anhelo, ansia, necesidad, exigencia

indiferencia

2 escasez, deficiencia, insuficiencia, carencia, carestía

3 indigencia, miseria, penuria, pobreza

war (s)

guerra, contienda, hostilidad, enemistad, lucha

paz

warm (aj)

1 acalorado, caliente, tibio, templado, soleado, termal

frío

2 afable, amable, cordial, vivaz, apasionado, entusiasta, entusiasmado, emocionado, fervoroso, amistoso, simpático, vehemente

frío, flemático

warning

advertencia, aviso, amonestación, consejo, augurio, precaución, notificación, premonición, presagio, signo, señal

atención, estímulo

warrant (v)

1 afirmar, asegurar, atestiguar, declarar, afianzar

rechazar, no aceptar

2 aprobar, autorizar, garantizar, justificar

wary

cuidadoso, cauto, circunspecto, prudente, vigilante, observador

imprudente

wash (v)

lavar, mojar, bañar, enjuagar, humedecer

secar

watch (s)

1 atención, alerta, inspección, observación, vigilancia, interés

2 centinela, guarda, guardia, guardián, sereno

3 reloj, cronometrador

watch (v)

1 mirar, contemplar, observar, ver, notar, visualizar, marcar

2 guardar, mantener, proteger, atender

descuidar, pasar por alto

watchful

alerta, atento, circunspecto, cauteloso, cauto, observador, perspicaz, vigilante, prudente

imprudente, incauto

watery

1 aguado, mojado, humedecido, húmedo, acuoso
seco

2 aguado, diluido, insípido, soso
concentrado

wax *(s)*

cera, cerumen, cerilla

wax *(v)*

crecer, aumentar, ser, armar, montar
menguar, disminuir

weak

1 débil, delicado, frágil, quebradizo, enfermizo, lánguido, achacoso
fuerte, saludable

2 débil, indefenso, expuesto, sin protección

3 tonto, corto, simple, imprudente, irresoluto, débil
fuerte, listo, avispado

4 diluido, aguado, rebajado, flojo, insípido
concentrado

weaken

degradar, debilitar, presionar, rebajar, enervar, deteriorar, reducir
reforzar, fortalecer

wealth

1 bienes, activo, acciones, fortuna, fondos, dinero, posesiones, propiedad, riqueza
pobreza, miseria

2 abundancia, opulencia, afluencia, profusión
escasez, falta

wear

1 llevar, vestir, ponerse, usar, calzar

2 aguantar, resistir, durar

3 consumir, gastar, usar, estropear, deteriorar
arreglar

weary

1 cansado, fatigado, exhausto, agotado, hastiado
fresco

2 molesto, fastidioso, pesado, fatigoso, agotador

weave

trenzar, entrelazar, entremezclar, entretejer, tramar
deshacer, desenredar, desenmarañar

weep

llorar, lamentar, quejarse, gemir, protestar
reír

weight

1 peso, bulto, carga, gravedad, pesadez
ligereza

2 *(fig)* peso, consecuencia, eficacia, importancia, significado

welcome *(s)*

bienvenida, recepción, saludo, recibimiento, acogida

well *(aj)*

1 sano, robusto, saludable, bueno
enfermo, malo

2 benéfico, dichoso, feliz, provechoso, satisfactorio, útil

well *(av)*

1 con precisión, correctamente, bien, adecuadamente, eficientemente

2 abundantemente, copiosamente, ampliamente, totalmente

wheedle

halagar, camelar, mimar, cortejar, tentar, seducir, adular, lisonjear, complacer, persuadir
forzar, rechazar

whimsical

caprichoso, curioso, excéntrico, fantástico, extravagante, peculiar, raro, singular, original
serio, formal

whole

1 total, todo, completo, entero, integral, indivisible
parcial, divisible

2 bueno, sin fallo, perfecto, entero, sin dañar
imperfecto

wicked
amoral, malo, corrupto, abandonado, depravado, demonio, inmoral, impío, irreligioso, pecaminoso, vicioso, vil, villano, disoluto
virtuoso

wide
1 ancho, amplio, espacioso, comprensivo, extenso, grande, vasto
estrecho, pequeño
2 distante, remoto
cercano

wild
1 feroz, fiero, salvaje, indomable, indomesticable, indomado
domado, domesticado
2 furioso, impetuoso, ruidoso, rebelde, inconsiderado, turbulento, indisciplinado, violento, ingobernable
3 extravagante, fantástico, alocado, insensato, disparatado
4 ansioso, entusiasta, entusiasmado, excitado
5 desierto, incultivable, incivilizado, inhabitado

win (v)
1 ganar, conseguir, alcanzar, adquirir, conquistar, obtener, lograr, triunfar
perder
2 tentar, fascinar, atraer, convencer, influir, persuadir

wise (aj)
sabio, discreto, erudito, inteligente, juicioso, conocedor, educado, prudente, racional, razonable, sagaz
tonto, corto

wise (s)
manera, modo, guisa

wit
1 perspicacia, discernimiento, intuición, intelecto, percepción, agudeza, razón
ignorancia
2 diversión, jocosidad, humor, chiste

withdraw
1 partir, marchar, soltar, retirar, retroceder, separarse, secesionarse
permanecer, estar
2 renunciar, rechazar, retirar, desdecirse, rescindir, retractar
mantener

withhold
restringir, mantener, rehusar, reservar, resistir, retener
otorgar, conceder, ceder

withstand
confrontar, enfrentar, oponer, resistir
someter

witness (v)
1 atestiguar, testificar, confirmar, corroborar
desaprobar
2 marcar, notar, ver, darse cuenta, observar, percibir

wonder (s)
1 asombro, sorpresa, estupefacción, curiosidad, aturdimiento, perplejidad
calma
2 milagro, fenómeno, prodigio, rareza, maravilla

wonder (v)
maravillarse, preguntarse, meditar, especular, pensar

wonderful
maravilloso, milagroso, extraño, raro, remarcable, peculiar, fenomenal, sorprendente, asombroso

work (v)
1 manejar, dirigir, manipular, mover, operar, actuar
2 efectuar, conseguir, ejecutar, hacer, producir
3 trabajar, trabajar como un esclavo, trabajar como un negro, fatigarse, afanarse
descansar, mandar

worry (s)
contrariedad, disgusto, molestia, lata, ansiedad, cuidado, miedo, preocupación, inquietud, recelo,

duda, perplejidad, problema, impaciencia, aflicción
alegría, júbilo, regocijo

worship (v)
adorar, rogar, amar, respetar, honorar, rezar, venerar, reverenciar, idolatrar
detestar, odiar

worth
1 precio, coste, valor, tasa, tarifa
2 estima, excelencia, buena calidad, mérito, valor, provecho
inutilidad, falta de valor

wound (v)
1 dañar, herir, estropear, lastimar, lesionar, lacerar
curar, sanar
2 (fig) ofender, molestar, irritar, fastidiar

wrath
furia, ira, cólera, exasperación, indignación, pasión, resentimiento

serenidad, calma

wreck (s)
desolación, devastación, destrucción, ruina
reconstrucción

wretched
desastroso, calamitoso, incómodo, despreciable, vil, deplorable, afligido, angustiado, melancólico, miserable, pobre, desconsolado

wrinkle (s)
arruga, pliegue, estrujamiento, doblez, surco, fruncido
liso, terso, sin arrugas

wrong (aj)
equivocado, erróneo, falso, ilegal, estropeado, incorrecto, injusto, injurioso
cierto, acerado

wrong (s)
error, injusticia, inmoralidad, equivocación, pecado, debilidad, culpa

Y

yarn
> cuento, historia, anécdota, relato

yell *(s)*
> grito, aullido, chillido
> *susurro*

yell *(v)*
> gritar, chillar, chirriar, aullar, dar gritos
> *susurrar, cuchichear*

yield *(v)*
> 1 dar, proporcionar, producir, proveer, suministrar
> 2 abandonar, abdicar, capitular, ceder, renunciar, dimitir, someterse, rendirse
> *resistir, aguantar*
> 3 permitir, conceder, otorgar, autorizar, tolerar, aceptar
> *rechazar, anular, no aceptar*

yoke *(s)*
> 1 lazo, vínculo, cadena, unión, atadura
> 2 esclavitud, cautiverio, servicio, servidumbre, vasallaje
> *libertad*

yoke *(v)*
> conectar, acoplar, unir, juntar, liar, atar
> *desunir*

young
> joven, nuevo, menor
> *viejo, antiguo, mayor*

youth
> 1 juventud, adolescencia, inmadurez
> *edad, madurez*
> 2 joven, adolescente, chico, chaval, muchacho, mozo
> *adulto*

Z

zeal
celo, ardor, afán, ansia, entusiasmo, fervor, pasión
desinterés, frialdad, falta de entusiasmo

zealous
ardiente, apasionado, apremiante, fervoroso, entusiasta
frío, indiferente

zenith
cenit, ápice, apogeo, clímax, cumbre, cúspide, cima, vértice
base, nadir, punto más bajo

zest
entusiasmo, gusto, ganas, deseo, fruición, sabor, dejo
aversión, repugnancia, disgusto

PART TWO

ESPAÑOL – INGLES

ABREVIATURAS

aj	adjetivo
Am	(Norte) Americano
av	Adverbio
Br	Británico
fig	Figurativo
LAm	Latinoamericano
pl	Plural
s	Sustantivo
v	Verbo

A

abandonado
1 abandoned, deserted, (god)forsaken, derelict, vacant
inhabited, retained
2 neglected, forlorn, uncared for, (*LAm*) slovenly, untidy
looked after
3 (*LAm*) perverted

abandonar
abandon, desert, forsake, leave, leave behind, relinquish, renounce, resign, surrender, vacate, waive, yield to, quit, withdraw, retire
cherish, defend, keep, maintain, uphold

abarcar
include, embrace, take in, encompass, span, extend to, contain, comprise, undertake, take on, (*LAm*) monopolize, corner a market
exclude, omit

abastecer
supply, provide with, furnish
withhold, retain

abatido
1 downhearted, crestfallen, dejected, unhappy, depressed, despondent, discouraged, dispirited, downcast, low-spirited, sad
happy, optimistic
2 contemptible, base, despicable, low, mean
commendable, laudable

abatir
1 demolish, dismantle, knock down, cut down, fell, lower, strike, prostrate, lay low
construct, raise, erect
2 humiliate, debase, degrade, depress, humble, sadden, discourage, shame
elevate, raise, encourage, cheer (up)

abatirse
1 drop, fall, swoop, dive
rise
2 be depressed, get discouraged

abdicar
abdicate, relinquish, renounce, vacate
maintain, retain

abiertamente
openly, candidly, frankly, plainly, publicly
secretly, stealthily, privily

abismar
1 humble, crush, debase, degrade, cast down, humiliate
raise, elevate, exalt
2 spoil, ruin
reinstate, restore

ablandar
soften, soften up, appease, calm, diminish, loosen, moderate, mitigate, soothe, temper, (*LAm*) run in (a car)
aggravate, exasperate, irritate, provoke

abolir
abolish, annul, cancel, revoke
establish, reinstate

abominable
abominable, detestable, execrable, abhorrent, odious, loathsome, hateful, invidious

abominar
abominate, abhor, detest, execrate, hate, loathe, recoil from, regard with repugnance
admire, enjoy, like, love

abonar
1 guarantee, vouch for, support, confirm, insure, warrant
disclaim, disown, refuse, repudiate
2 pay, pay for, remunerate, settle
3 fertilize, manure

aborrecer
1 detest, abhor, hate, loathe
love, like, appreciate

2 desert, abandon

3 become bored by

abreviar

1 abbreviate, abridge, compress, condense, contract, cut short, epitomize, reduce, shorten
amplify, enlarge, extend, lengthen, prolong

2 hasten, advance, bring forward
retard

abrillantar

1 polish, brighten, burnish, shine, *(LAm)* glaze
sully, tarnish, discolour, taint, dull

2 enhance, add lustre to

abrir

1 open, open up, cut open, spread out, extend, *(forest) (LAm)* clear
close

2 start, begin, commence
end, finish

3 open, unfold
close

4 *(LAm)* run away, beat it

5 *(LAm)* backtrack, back-pedal

abrogar

abrogate, abolish, annul, cancel, rescind, revoke
enforce, maintain, ratify

abrumar

1 oppress, crush, weigh down, overwhelm
relieve, free

2 wear out, exhaust, tire

abrupto

1 abrupt, blunt, brusque, curt, discourteous, rude
civil, courteous, gracious, polite

2 abrupt, precipitous, steep, sudden, sheer
gradual, gentle

absolver

absolve, acquit, clear, discharge, excuse, exonerate, pardon, release
blame, censure, condemn

abstinencia

abstinence, abstemiousness, avoidance, forbearance, restraint
indulgence, incontinence

abstruso

abstruse, dark, enigmatic, hidden, recondite, difficult, deep, profound, incomprehensible
clear, concrete

absurdo

1 illogical, absurd, crazy, nonsensical, ridiculous, preposterous, farcical, irrational, silly, foolish
sensible, wise

2 eccentric, outlandish, odd, strange, extravagant

abundancia

abundance, superabundance, copiousness, plenty, plethora, plenteousness, profusion
lack, need, scarcity

abundante

1 abundant, copious, plentiful, numerous, plenteous, profuse
scarce

2 rich, fertile, fecund, exuberant
poor

aburrimiento

monotony, boredom, dullness, weariness, tedium
variety, diversity

acabado

1 complete, consummate, perfect
incomplete, imperfect

2 finished, destroyed, consumed
unfinished

3 old, worn-out, ruined in health, wrecked

acabar

1 finish, conclude, complete, terminate, finalize, come to an end
begin, commence, initiate, start

2 consume, exhaust, drain, deplete

3 kill, kill off, *(LAm)* speak ill of

4 *(LAm)* ejaculate, come

acaloramiento

1 ardour, suffocation, fatigue, heat

2 vehemence, passion, enthusiasm, exaltation
apathy, coolness, indifference, unconcern

3 anger, choler, ire

acallar

    silence, quieten, calm, reassure, placate, hush, assuage, pacify
    provoke, annoy, irritate

acatamiento

1 respect (for), docility, obedience, submissiveness
    disobedience, rebelliousness

2 awe, reverence, veneration

3 deference, regard, esteem
    scorn, disregard, disrespect

acatar

1 obey, respect, yield to, submit, *(LAm)* observe, notice
    disobey, resist

2 hold in awe, revere, reverence, venerate

3 defer to, treat with deference
    disrespect

accidental

1 accidental, incidental, unintentional, eventual, casual, secondary, contingent, chance
    designed, planned, essential

2 provisional, transitory, temporary, brief, transient
    permanent, constant

aceptación

1 acceptance, acknowledgement
    refusal, rejection

2 approval, approbation
    disapproval, disapprobation

3 popularity, standing
    unpopularity

aceptar

1 accept, admit, approve, give, receive
    reject, deny, refuse, repudiate, spurn

2 accept, face, compromise oneself, bind oneself

acerado

1 cutting, incisive, sharp
    blunt

2 *(fig)* incisive, biting, scathing, sharp, cutting, caustic, wounding, sarcastic, trenchant
    kind, mild, gracious

acerbo

1 rough, bitter, sour, sharp, harsh

2 unpleasant, cruel
    pleasant, kind

3 *(fig)* harsh, severe, rigorous, painful, distressing
    gentle

acérrimo

1 staunch, constant, faithful, firm, loyal, reliable, stout, true, steadfast, trustworthy, trusty
    disloyal, unfaithful, unreliable

2 bitter, cruel, fierce, harsh, merciless, ruthless, savage
    kind, merciful

acertado

1 correct, right, successful
    improper, unsuccessful

2 sensible, wise, sound
    unwise

3 bright, good

4 well-conceived

5 apt, fitting, well-aimed, appropriate, adequate, suitable
    unsuitable, inappropriate, inadequate

acertar

1 hit, hit upon, hit the mark
    miss

2 get, get right, guess, decipher, guess correctly, be right

3 find, discover, come across, succeed in tracing

4 achieve, succeed in reaching

5 manage, be successful
    fail

acicalar(se)

1 polish, burnish, clean, *(fig)* polish up, touch up
    dull, dim, stain, sully, tarnish

2 dress up, bedeck, adorn

3 smarten oneself, spruce oneself up, get dressed up

aclarar

1 light up, illuminate

2 clarify, thin, thin down, *(LAm)* clear

3 dawn, clear up

4 clarify, explain, make clear, illustrate, elucidate, cast light upon

5 resolve, remove

acoger

1 admit, accept, welcome, receive
repel, reject

2 protect, shelter, give refuge to, harbour

acogida

1 welcome, reception

2 admission, acceptance, approbation
rejection, repudiation, renunciation

3 shelter, refuge, asylum, hospitality

acometer

1 attack, close (in on), set upon, assail, rush on, charge
defend, protect

2 begin, embark on, undertake, attempt, tackle, deal with, try, attempt, take on

3 overcome, seize, take hold of

acomodadizo

1 accommodating, obliging, adaptable, acquiescent
inconsiderate

2 pliable, easy-going

acomodado

1 convenient, opportune, appropriate, suitable, adequate, fit
inconvenient, inappropriate, unsuitable

2 moderate, reasonable, moderately priced
expensive, dear

3 neat, orderly, presentable, fitting, becoming

4 well-to-do, wealthy, well-off, rich

acomodar

1 adjust, accommodate, adapt (to)

2 fit in, find room for, accommodate, take in, lodge

3 suit, adapt (to), match

4 arrange, compose, put in place, put in order, put right, repair, adjust
disarrange, disorder

5 reconcile

6 place, give a job to, take on, employ

acompasado

1 rhythmic, regular, metrical, measured
irregular, unsteady, varying

2 deliberate, considered, purposeful, studied, leisurely, slow

acongojar(se)

1 distress, grieve, oppress, afflict, sadden, trouble
comfort, delight, please

2 become distressed, get upset

acopiar

1 join, unite, assemble, collect, put together, gather together, accumulate, pile up
disperse

2 buy up, get a monopoly of

3 collect, hire

acoplar

1 *(technical)* couple, join, fit together, fit (into), insert
uncouple, remove

2 *(electricity)* connect, join up
disconnect

3 *(spaceship)* dock, link up

4 yoke, hitch

5 mate, pair

acoquinar(se)

1 intimidate, scare, cow, frighten, threaten, terrify, affright, alarm
reassure, calm, appease, pacify, lull

2 get scared, allow oneself to be intimidated

acordar

1 decide, resolve, determine

2 grant, accord, agree to, agree on, come to an agreement
disallow, disagree

3 reconcile, blend, harmonize, tune

acortar

1 shorten, cut down, reduce, abbreviate, abridge, condense, lessen, diminish, *(LAm)* tone down
enlarge, amplify, expand

2 limit, restrict, curtail

acosar

1 pursue relentlessly, chase, follow, hunt, track

2 *(fig)* hound, harass, badger, importune, molest

acotar

1 survey, mark out, limit, set bounds to

2 fence in, protect, preserve

3 lop, prune, shorten, truncate, dock, cut (off)

4 annotate, mark elevations on

5 *(fig)* accept, adopt, choose
reject

6 *(fig)* vouch for, guarantee

7 *(fig)* check, verify

acre

1 *(taste)* sharp, bitter, tart, piquant

2 *(smell)* acrid, pungent, stinging, penetrating

3 sour

4 *(fig)* biting, mordant, caustic, sarcastic, trenchant
gentle, mild

acrecentar(se)

1 increase, augment, grow
abate, decrease, reduce

2 advance, promote, further the interests of
discourage, dissuade, hinder

acreditar

1 do credit to, add to the reputation of

2 vouch for, guarantee, warrant

3 prove, justify, confirm, substantiate

4 sanction, authorize, approve, allow, permit
disallow, refuse

5 *(commerce)* credit

acriminar

incriminate, accuse, impute, blame, censure
exonerate, acquit, absolve, vindicate

activar

1 activate

2 expedite, speed up, hurry along
delay

3 brighten up, poke

4 *(commerce)* stimulate

activo *(aj)*

1 active, agile, alert, efficient

2 lively, animated, spirited, vivacious

3 prompt, punctual, timely, early, rapid, quick, ready

4 energetic, vigorous, strong, indefatigable, industrious

5 busy, diligent, occupied, employed, engaged

activo *(s)*

(commerce) assets

actual

1 present, present-day, up-to-date, recent, latest, modern
obsolete, old, out-of-date

2 current, common, prevailing, popular, topical, fashionable
uncommon, unfashionable

acuciar

1 urge on, goad, prod, spur, stimulate, incite, instigate

2 hasten, expedite, hurry, precipitate
delay

3 harass, mob, press, worry

4 desire keenly, long for, crave, yearn for, hanker after

acucioso

diligent, zealous, keen, eager, earnest, fervid
cold, cool, indifferent

acudir

1 come, come along, come up, turn up, present oneself

2 come/go to the rescue, go to help, assist, help, appear in court

3 *(agriculture)* produce, yield

4 answer, *(horses)* obey

acuerdo

1 agreement, union, consonance, conformity, harmony, blend
disagreement, discord

2 determination, *(parliament)* resolution

3 agreement, treaty, contract, pact

4 *(LAm)* consultative meeting

acumular

accumulate, agglomerate, amass, gather, collect, assemble, pile up, hoard, reunite

acusación

1 accusation, denunciation

2 *(law)* accusation, charge, indictment, arraignment
defence, apology

acusar(se)
1 blame, accuse
2 accuse, charge, indict
3 impute, attribute, point to, proclaim the guilt of
4 denounce, reveal, show, betray
5 *(cards)* declare, lay down
6 confess, own up

achaque
1 indisposition, infirmity, sickliness, weakness, ailment, malady, menstrual period, monthlies
2 vice, defect, flaw, fault, weakness
3 matter, subject
4 pretext, excuse, apology

achicar(se)
1 shorten, cut short, reduce, lessen, contract, diminish
2 *(fig)* dwarf, belittle, diminish, dishonour
3 discourage, dishearten, intimidate, browbeat, frighten, scare

achuchar
1 crush, squash, squeeze flat
2 *(fig)* crush, drain, bleed
3 push, shove, jostle, harass, pester
4 urge on a dog

adamado
1 effeminate, womanish, womanlike, soft, delicate
manly, virile
2 elegant, chic
3 flashy

adecuado
1 adequate, fit, suitable
inadequate, unfit, unsuitable, improper
2 sufficient, appropriate, requisite, satisfactory
insufficient, inappropriate, unsatisfactory
3 well-to-do, well-off

adecuar
adapt, adjust, make suitable, prepare, make ready, fit
disarrange, disorder

adefesio
1 pile of nonsense, absurdity, rubbish
2 queer bird, ridiculous person
3 outlandish dress, ridiculous attire
4 unwanted object, white elephant

adelantar
1 move forward, move on, advance, *(sport)* pass on, pass forward
2 speed up, quicken, hurry along, accelerate
slow down, delay
3 advance, pay in advance, lend
4 get ahead, outstrip, overtake, pass
fall behind, fall back
5 advance, further, promote
6 go ahead, get on, make headway, improve, progress
7 be fast, gain

adelanto
1 advancement, progress, growth
2 advance, improvement, betterment
3 *(commerce)* advance, loan

además
also, further, furthermore, in addition to, moreover, otherwise, too, besides
except, save

aderezar
1 make up, put together, beautify, deck, array, adorn, polish, dress up
2 arrange, put in order, prepare, get ready
3 season, garnish
4 tidy up, fix, repair, remedy, compose, mend, patch up

adhesión
1 adhesion, adherence, affiliation
2 approval, acceptance, consent
disapproval, refusal, dissent
3 union, attachment, devotion, affection

adicionar
add, augment, sum up, count up
deduct, subtract

adiestrar(se)
1 train, teach, coach

2 *(military)* drill
3 guide, conduct, escort, lead
4 practise, train

adinerado
rich, wealthy, well-off, well-to-do, moneyed
poor, impecunious, indigent

adjunto *(aj)*
joined on, attached to, appended, enclosed

adjunto *(s)*
1 addition, annex, adjunct, enclosure
2 assistant

admirar(se)
1 admire, esteem, regard
2 respect, look up to
3 astonish, surprise, cause to marvel
4 be astonished, be surprised, marvel (at)

admitir
1 admit, receive, accept, take, welcome
refuse, reject
2 permit, consent to, allow, suffer, endure
refuse, deny
3 suppose, concede, open one's doors to, think well of

adoptar
1 adopt, foster
abandon, repudiate
2 take, accept, admit, approve, welcome
reject, disapprove
3 follow, embrace

adorar
1 idolize, desire intensely, love intensely
hate, abhor
2 adore, worship, revere, venerate
despise, execrate

adornar
adorn, decorate, beautify, embellish, ornament, deck, array, polish, dress up

adquirir
1 get, obtain, reach, achieve, attain
lose, give, sell

2 gain, appropriate, take possession of, obtain
lose, forfeit
3 contract

adular
flatter, compliment, court, humour, inveigle
offend

adulto *(aj)*
adult, full-grown, mature, of age, ripe
adolescent, immature

advenedizo *(aj)*
1 foreign, from outside, alien, strange, newly arrived
native, indigenous
2 upstart

adversario
adversary, opponent, enemy, antagonist, rival, competitor
ally, friend, partner

adversidad
adversity, misfortune, setback, mishap, calamity, trouble, bad luck
good fortune, prosperity, happiness

advertir
1 observe, note, notice, take note of, note intently
overlook
2 point out, draw attention to
3 warn, caution, inform, notify, advise, counsel

afable
affable, amiable, friendly, genial, courteous, attentive unaffected, natural, simple, easy, pleasant, nice
unfriendly, hostile, uncivil, discourteous

afamado
famous, renowned, celebrated, well-known, distinguished, illustrious, eminent
undistinguished, unknown

afán
1 desire, urge, eagerness, zeal, anxiety, solicitude
2 earnestness, diligence, great care
3 hard work, industry, exertion, toil, fatigue, tiredness, pain, trouble

afanoso
1 hard, heavy, laborious
2 tough, uphill
3 industrious, solicitous
4 feverish, hectic

afear
1 make ugly, deface, spoil, disfigure, deform
improve, preserve
2 *(fig)* condemn, censure, decry, reprimand, vituperate
approve

afección
1 affection, fondness, tenderness, endearment, inclination
2 *(medicine)* illness, ailment, disease, condition, trouble

afectación
affectation, artificiality, affectedness, unnatural imitation
artlessness, unaffectedness

afectar
1 affect, move
2 *(LAm)* hurt, damage, harm
3 *(LAm)* take on, assume

afectuoso
affectionate, loving, tender, lovable, friendly, affable
distant, hostile, brusque

afeminado *(aj)*
effeminate, womanish, womanlike, unmanly
manly, virile, masculine

aferrar
1 grasp, grab, seize, grapple, secure, fasten, moor
release, disengage, free, unfasten
2 insist, be obstinate about, not back down

afianzar
1 strengthen, fasten, secure, support, prop up
2 guarantee, stand surety (for), answer (for), vouch for
repudiate, disclaim

afición
1 inclination, affection, fondness, attachment, devotion, liking (for), taste (for)
dislike, aversion
2 hobby, pastime

aficionado *(s)*
enthusiast, amateur, dilettante, fan, follower, supporter

afín *(aj)*
1 similar, related, analogous, equal
2 next, near, contiguous, bordering, adjacent

afinar
1 perfect, finish, complete, polish (up), touch (up)
2 specify, determine exactly, fix, be precise, be exact
3 *(technology)* purify, refine, temper, tune (up)
4 sing in tune, play in tune
be out of tune

afirmar
1 assure, consolidate, back, strengthen, secure, rest on, be supported by, steady
2 asseverate, confirm, aver, assure, assert, state, affirm
3 ratify, reiterate

afligir
1 oppose, impede, grieve, sadden, distress, trouble, torment, mortify
2 distress, lay waste, ruin, depress, afflict
console, comfort
3 *(LAm)* beat, hit

aflojar(se)
1 distend, loosen, unfasten, undo, release, set free, let go
secure
2 fork out, pay up, cede
3 abate, weaken, grow cool, get slack, grow weak, get softer
4 come loose, work loose, slacken
tighten

afluencia
1 inflow, influx, flow, press, crowd, jam, attendance, number present
2 abundance, plenty
3 eloquence, fluency

afortunado
fortunate, lucky, happy, successful
unfortunate

afrenta
affront, offence, wrong, dishonour, shame, insult, outrage, abuse, opprobrium, vilification
compliment, courtesy

afrentar
offend, insult, injure, vilify, dishonour, outrage, abuse, wrong
praise, honour

agarrar(se)
1 grasp, grip, seize, catch hold of, grab, clutch, pick up
2 get, wangle
3 *(commerce)* corner the market in, pile up stocks of
4 take hold (of), stick, *(Br)* take root
5 fight, have a fight, quarrel
6 hold on
release, let go
7 *(LAm)* pick, catch

agasajar
1 treat well, fête, give a royal welcome to, feast, wine and dine, entertain royally, regale
2 flatter

ágil
agile, lithe, quick, nimble, lively
slow, lazy, clumsy

agitar(se)
1 wave, flap, shake, brandish, stir, stir round, stir up
2 stir up, excite, rouse, disturb, worry, upset, make anxious
3 wave, wave to and fro, flutter, flap, shake, get rough
4 get excited, get worked up, get worried, get upset, upset oneself

aglomerar
agglomerate, crowd together, collect, pile up, accumulate
separate, disperse

agobiar
weigh down, bow down, oppress, burden, overwhelm, fatigue, tire
relieve

agonía
1 agony, death throes, death agony
2 *(fig)* anguish, agony, torment
3 *(fig)* desire, yearning

agonizar
bother, annoy, irritate, harass, molest, pester, plague, vex
calm, comfort

agotar(se)
1 consume, drain, finish, expend, spend, use up, deplete, empty
2 debilitate, weaken, exhaust, tire out
3 become exhausted, be finished, be used up, give out, run out, sell out
4 go out of print
5 exhaust oneself, wear oneself out

agraciado
1 beautiful, lovely, pretty, graceful, nice, attractive
ugly
2 lucky, fortunate
unlucky, unfortunate

agraciar
1 concede, favour, authorize, reward
2 grace, adorn, make more attractive
3 pardon

agradar
content, satisfy, please, delight, cheer (up), be pleasing to, be to the liking of
displease, dissatisfy

agravar
weigh down, make heavier, increase, make worse, aggravate, oppress, burden (with)
lighten, diminish, lessen

agregar
1 unite, join together, add, add up, augment, gather, collect
subtract
2 appoint, attach (to the staff of)

agreste
1 uncultivated, wild, country, rural, untamed, uncivilized
cultivated, civilized
2 *(fig)* rough, uncouth, rude, vulgar

agriar(se)
1 sour, turn sour
2 *(fig)* exasperate, exacerbate, vex, annoy
assuage, calm, pacify, placate

3 get worse, get exasperated, become embittered

agrupar(se)
1 group together, gather, assemble, crowd together
2 form a group, gather, come together, crowd together, cluster, bunch together

aguantable
tolerable, bearable, endurable, sufferable, supportable
unbearable, intolerable, insufferable

aguantar
1 bear, put up with, hold up, sustain, withstand, support, suffer, tolerate, endure
2 control oneself

aguante
1 strength, resistance, vigour, energy, stamina
2 suffering, patience, tolerance, fortitude

aguar
1 water down
2 *(fig)* spoil, mar, frustrate, perturb, disturb, upset, interrupt

agudo
1 sharp, pointed, acute
2 high, high-pitched, shrill, piercing
3 sharp, keen, acute, penetrating, smart, clever, trenchant, penetrating, ready, lively, acute, searching, sharp, pungent
4 *(grammar)* accentuated

aguijón
1 thorn, point, prickle, spine
2 *(zoology)* sting
3 point of a goad, goad
4 *(fig)* stimulus, goad, incentive, spur, incitement

aguzar
1 file, sharpen, whet
2 *(fig)* incite, stir up, stimulate, goad

ahínco
insistence, determination, perseverance, tenacity, firmness, emphasis, effort, earnestness, intentness

ahogar(se)
1 drown, asphyxiate, suffocate, smother
2 repress, extinguish, smother, put out
3 choke back, stifle, hold in
4 oppress, fatigue, weary, tire, burden
5 drown oneself

ahorrar
1 save, put by, keep, reserve
spend
2 economize, save
3 avoid, prevent
4 free (a slave)

ahorro
economy, saving, frugality, husbandry, parsimony, thrift

ahuyentar
1 drive away, frighten away, put to flight, keep off
2 banish, dispel

airar
annoy, irritate, anger, infuriate, make furious, provoke
appease, pacify

airoso
1 airy, draughty, windy, blowy
2 *(fig)* graceful, elegant, jaunty, successful

aislado
1 isolated, cut off, shut off (from), lonely, solitary, retired, remote, quiet
2 *(electricity)* insulated

aislar
isolate, separate, detach, cut off, shut off
unite

ajar
1 crumple, crush, mess up, ruffle, rumple, tamper with, spoil
2 *(fig)* abuse, disparage, humiliate

ajeno
1 outside, alien to, foreign to, inconsistent (with), inappropriate (for, to)
2 unaware of, unsuspecting

ajustar(se)
1 fit (to, into), fasten, engage

2 adjust/regulate (a machine), put right (an abuse)

3 (fig) adjust, adapt to

4 strike (a relationship), make (an agreement), arrange (a marriage), settle/reconcile (differences)

5 settle (an account)

6 fix (a price)

7 hire, engage

8 adjust oneself, get adjusted (to), conform (to), comply (with)

alabar(se)

1 celebrate, praise, eulogize, pay tribute to
offend, injure

2 think right, approve

3 boast, be pleased, be satisfied

alarde

1 (military) review

2 (fig) show, display, parade, ostentation, vainglory, bragging

3 supreme effort, (sport) sprint, dash

alarmar

1 alarm, frighten

2 (military) alert, rouse, call to arms

alba

dawn, dawning, daybreak, sunrise
sunset

albedrío

1 decision, election, judgement, desire, wish

2 whim, fancy, caprice

3 appetite, taste, pleasure

albergar

1 shelter, give shelter to, give refuge to, give hospitality to, give lodgings to, lodge, put up

2 cherish, have, experience

albor

1 whiteness

2 dawn, dawn light

alborotar

1 agitate, disturb, stir up, perturb, scandalize, shock, yell, shout, raise voices, proclaim
pacify, soothe, mollify

2 excite, incite, stir up, incite to rebel, rouse to revolt

3 excite, arouse the curiosity of

alboroto

1 tumult, sedition, revolt, uprising, mutiny

2 shouting, din, uproar, racket, brawl, riot

3 scare, shock, alarm

alborozo

merriment, rejoicing, pleasure, joy, content(ment)

alcance

1 reach

2 (military) range, scope, grasp, importance, significance

3 chase, pursuit

4 (commerce) adverse balance, deficit

5 stop-press (news)

6 intelligence, capacity, talent

alcanzar

1 catch, catch up (with), overtake, catch (train, post)
lose, miss

2 achieve, get, obtain, attain
lose

3 hit, (ball, bullet) strike

4 reach, amount to

5 reach to, perceive, take in

6 live into the period of, live on into the time of

7 grasp, catch hold of, get, obtain

8 grasp, understand, comprehend

alegrar

1 animate, excite, please, cause to rejoice, gladden

2 animate, brighten up, enliven, cheer up

3 excite, stir up

4 slacken (sail)

alegre

1 happy, merry, glad, carefree, cheerful, gay, sunny, good, (news) cheering, (colour) bright, (day, period) happy, (weather) pleasant

2 bold, reckless

3 risqué, blue

4 fast, immoral

alegría

1 happiness, joy, gladness, cheerfulness, gaiety, merriment, brightness

2 recklessness, irresponsibility

alejar
separate, remove, withdraw, retire, divert, sidetrack, turn aside
approach, draw near

alentar
1 encourage, cheer, inspire, *(LAm)* applaud, clap
2 stiffen, bolster up
3 *(spirits)* raise, buoy up

aletargar
make sleepy, make drowsy, make lethargic, put to sleep, numb
enliven, animate, rouse

alevosía
treachery, treason, betrayal, disloyalty, faithlessness, perfidy, perfidiousness
loyalty, faithfulness

algarabía
shouting, uproar, confusion, hullabaloo, gibberish

álgido
icy, chilly, crucial, decisive
warm

alianza
1 alliance, union, confederation, league, union
2 marriage, partnership
3 wedding ring

aliar(se)
1 unite, ally, combine, associate, merge, confederate
disunite, separate
2 form an alliance

alicaído
sad, downhearted, disheartened, dejected, downcast
happy, optimistic

aliciente
attraction, incentive, stimulus, spur, inducement, impulse

aliento
1 breath, breathing, exhalation, respiration
2 puff, gust, breath
3 *(fig)* spirit, effort, courage, mettle, resolution
apathy, indifference, unconcern

aligerar
1 quicken, hurry, accelerate
delay
2 lighten, alleviate, relieve, moderate, attenuate, lessen, minimize
aggravate, intensify, make worse

alimentar
1 feed, nourish, sustain, maintain
2 support, keep going, nourish, foment

alimenticio
nourishing, nutritious, strengthening, invigorating, wholesome
unwholesome

aliñar
1 garnish, season
2 beautify, deck, array, polish, dress up, embellish
disfigure

alisar
polish, burnish, touch up, smooth
dull, tarnish, wrinkle, crease

alistar
register, enrol, inscribe, matriculate, affiliate
erase, obliterate, remove

aliviar
1 lighten, unload, relieve, alleviate, ease
burden
2 moderate, mitigate, soothe, soften, improve, recover

almacenar
store, put in storage, stock up with, gather together, collect, assemble
distribute, spend

alocado
crazy, foolish, silly, idiotic, mad
sane, sensible

alojar
lodge, shelter, put up, accommodate, quarter
eject, expel

altanería
arrogance, haughtiness, disdain, pride, snobbishness, scorn, superciliousness
humility

altanero
arrogant, haughty, disdainful, overbearing, contemptuous, scornful, supercilious
humble, servile

alteración
1 alteration, disturbance, change, variation
2 start, scare, shock, perturbation, confusion, overturning

alterar
1 alter, change, move, disturb, vary
2 perturb, disturb, confuse, worry, trouble, overturn, upset

alteza
1 height, elevation, altitude
bottom, depth
2 sublimity, excellence

altivez
arrogance, haughtiness, pride, disdain, scorn, contempt
humility, modesty

alucinación
bewilderment, confusion, blindness, hallucination, illusion
reality

alumbrar
clarify, illumine, illuminate, brighten, light (up)
darken

alza
rise, increase, price increase, elevation, *(military)* sight, *(Am)* raise

alzar
1 raise, elevate, lift (up), turn up, *(agriculture)* gather, climb, *(LAm)* pick up
lower, descend
2 *(fig)* ascend, exalt
descend

allanar
1 smooth, level, roll flat, flatten, level off, even out
2 *(fig)* surmount, resolve, vanquish, subdue, overcome, master

allegado
1 relation, relative
2 partial, partisan
3 near, close, neighbouring, adjacent, adjoining

allegar
1 approach, come near, approximate, bring close
2 gather together, assemble, collect, aggregate, amass
disperse, scatter

amabilidad
amiability, kindness, benignity, friendliness, humanity, niceness, sympathy
animosity

amable
affable, courteous, attentive, affectionate, sociable, friendly, nice, congenial, sympathetic
unkind, unsociable, unfriendly

amainar
slacken, loosen, undo, relax, give in, yield, diminish, decline, grow weak

amanecer
dawn, dawning, daybreak, sunrise
sunset

amaneramiento
affectation, artificiality, mannerism, unnatural imitation
artlessness, unaffectedness

amansar
1 domesticate, train, tame, subdue
2 quieten, calm, reassure, pacify, mitigate, ease, tranquillize, *(Am)* tranquilize
excite

amar
love, adore, worship, like
hate, abhor

amargura
bitterness, affliction, pain, grief, sorrow, tribulation, distress, suffering
sweetness, solace, comfort

amarrar
fasten, tie up, secure, pinion, shackle, chain, moor, *(LAm)* tie
loosen, untie, release

amedrentar
intimidate, threaten, terrify, frighten, scare, alarm
reassure

amenguar

1 diminish, reduce, lessen, decrease, contract, curtail
increase

2 *(fig)* dishonour, discredit, humiliate
honour, dignify

ameno

agreeable, pleasant, delightful, entertaining, charming, friendly, amusing
disagreeable

amigable

amiable, friendly, cordial, fraternal, neighbourly
ill-natured, unfriendly

amistad

friendship, devotion, affection, fondness, intimacy, love
enmity

amo

master, proprietor, employer, boss, chief
employee, underling

amoldar

1 adjust, adapt, accommodate

2 conform, come to an agreement, reach a compromise, submit, accept
disagree

amontonar

assemble, amass, accumulate, pile up, put together, collect, gather together
disperse, scatter

amor

love, amity, affection, fondness, liking, passion
hatred

amortiguar

diminish, lessen, minimize, mitigate, moderate, alleviate, deaden, muffle

amparo

1 asylum, refuge, shelter, defence, help, aid

2 protection, favour, support
abandonment

amplio

ample, extensive, vast, spacious, wide, capacious, roomy, loose, baggy, full
restricted

amputar

amputate, cut off, curtail, lop, remove, sever, truncate

amueblar

furnish, equip, fit, provide, supply, stock

analfabeto

illiterate, uneducated, unlettered, untaught, untutored
literate, educated

análisis

1 analysis, breakdown, distinction, separation, segregation, dissection
synthesis

2 study, observation, examination

anarquía

1 anarchy

2 *(fig)* chaos, disorder, confusion, indiscipline, misrule, lawlessness, riot

anatema

anathema, excommunication, malediction, imprecation, curse, proscription, ban, prohibition
blessing

ancho

1 wide, ample, broad, capacious, spacious, vast, full
narrow, constricted

2 *(fig)* liberal, open-handed

3 *(fig)* arrogant, conceited, smug, self-satisfied

andar

1 go, walk, travel

2 function, *(machine)* work, go
stop

andrajoso

tattered, ragged, in rags, torn, broken
neat

anegar

flood, deluge, inundate, engulf, submerge, swamp, sink, drown, capsize

anfitrión
> host, landlord, proprietor, innkeeper, entertainer
> *guest*

angustia
> anguish, distress, grief, pain, affliction, torture, agony
> *tranquillity*

anhelar
> crave, desire, be eager for, long for, yearn for, want
> *disdain, ignore*

animación
> activity, bustle, liveliness, animation, spirit, vivacity
> *dullness, lifelessness*

animado
> 1 animated, lively, spirited, stirring, vivacious
> *dull, torpid*
> 2 encouraged, comforted
> 3 agitated, heated, excited

animadversión
> animadversion, antipathy, animosity, ill-will, antagonism
> *sympathy, friendliness*

animar
> 1 animate, give life to, revive
> 2 *(fig)* cheer up, liven up, brighten up, stimulate, provoke, move, encourage, comfort
> *depress*

ánimo
> 1 valour, intrepidity, bravery, courage, soul, heart
> 2 intention, will-power, design, purpose, aim, idea, thought

aniquilar
> annihilate, destroy, exterminate, ruin, extirpate
> *construct, conserve*

anónimo
> 1 anonymous, nameless, unidentified, unacknowledged, unattested
> 2 *(commerce)* limited

ansia
> 1 aspiration, desire, eagerness, anxiety, yearning

2 affliction, tribulation, anguish, distress, grief, anxiety

antagonista
> antagonist, adversary, rival, enemy, opponent
> *ally, friend*

antecedente *(aj)*
> antecedent, anterior, preceding, previous
> *later*

antiguo
> old, archaic, remote, ancient, former
> *new, young, modern*

antipatía
> antipathy, dislike, aversion, animadversion, repugnance, abhorrence, disaffection, ill-will, revulsion
> *sympathy*

anudar
> 1 knot, tie, unite, join together, secure
> *untie*
> 2 continue, renew

anular
> 1 annul, revoke, repeal, cancel, abolish, suppress, remove
> 2 deprive of authority, deny, incapacitate, render unfit, disqualify
> *authorize, confirm, consolidate*

anunciar
> announce, proclaim, predict, presage, augur, prognosticate, *(commerce)* advertise

añadidura
> addition, complement, extra, extension, appendage
> *reduction*

añejo
> old, ancient, mature, *(wine)* mellow
> *immature*

aojar
> bewitch, fascinate, charm, entrance, captivate

apacible
> mild, gentle, pacific, tranquil, calm, quiet, restful, agreeable

apaciguar
mollify, pacify, placate, appease, soothe, tranquillize, calm, quieten

apagar
1 put out, extinguish, turn off, silence, muffle, suffocate, quench (thirst)
2 repress, hold back, retain, stifle, contain
3 reduce, lessen, soften, weaken

apañar
1 pick up, collect, gather, save
2 pick up, take hold of, grasp
3 deck, array, compose, tidy up, dress
4 mend, patch up, repair

aparente
apparent, clear, evident, manifest, obvious, plain, unmistakable, suitable, adequate
dubious, uncertain, unsuitable

apartar
1 select, choose, pick
2 separate, disunite, distance, divide, remove, extract
3 estrange, turn aside, abandon, quit, withdraw
4 dissuade, distract

apasionado
impassioned, passionate, biased, prejudiced

apasionante
thrilling, exciting, gripping, moving
tame, unexciting

apasionar
excite, arouse, incite, provoke, stimulate, stir up, whet

apenar
afflict, sadden, grieve, distress, trouble, embarrass
console

apercibir
1 prepare, foresee, anticipate, get ready (for)
2 warn, notify, advise, inform
3 *(LAm)* notice, see, observe

apertura
opening, inauguration, beginning, commencement

closure

apetito
1 appetite, necessity, hunger
2 inclination, desire, craving, hankering

apetitoso
appetizing, tasty, savoury, rich, delicate, tempting

aplastar
1 crush, squeeze, squash flat
2 confound, humiliate, shame, embarrass, depress

aplaudir
applaud, cheer, clap, commend, praise, eulogize, celebrate

aplazar
prorogue, postpone, delay, defer, put off
expedite

aplicación
1 adaptation
2 assiduity, attention, study, perseverance, application

aplicado
diligent, attentive, assiduous, studious, persevering, tireless, hardworking, industrious
lazy

aplomo
aplomb, gravity, serenity, circumspection, self-assurance
diffidence, self-effacement, timidity

apocado
pusillanimous, timid, cowardly, scared, bashful, recreant
brave

apocar
1 diminish, lessen, reduce, shorten, limit, narrow
2 humiliate, beat down, humble, reduce
3 scare, intimidate, frighten

apócrifo
apocryphal, unauthentic, false, sham, fake, hypothetical
genuine, true, authentic

apogeo
apogee, splendour, plenitude, magnificence, climax
base, nadir, decadence

apoyar
1 lean, rest (on), be supported by, load up, shoulder, bear
2 confirm, sustain, second, authorize
3 *(fig)* favour, help, support, back, defend, protect

apoyo
support, backing, favour, help, protection, patronage

apreciar
1 estimate, evaluate, value, rate, *(LAm)* be grateful for, appreciate
2 estimate, consider, deem, esteem, value
3 perceive, notice, see, observe, *(LAm)* become aware of
4 *(commerce)* appreciate

aprehender
apprehend, detain, capture, take hold of, catch, arrest, seize, imprison
release, set free, liberate

apremiar
1 squeeze, *(fig)* oppress
2 urge, urge on, hurry, compel, force

aprensión
apprehension, fear, distrust, scruple, suspicion

aprestar
prepare, arrange, get ready, dispose

apresurar
expedite, accelerate, speed up, quicken, hurry, precipitate

apretar
1 narrow, compress, squeeze, tighten, press together
2 oppress, afflict, importune, hound, pester, distress

aprisionar
1 capture, imprison, catch, arrest, seize
set free
2 bind, tie, seize, grasp, fasten, subject, subjugate
untie, unbind, set free, liberate

aprobación
approbation, approval, acquiescence, consent, assent, conformity
disapproval

aprobar
1 approve, assent, consent, admit, conform
2 pass (exams)

apropiado
appropriate, adequate, opportune, convenient, suitable
inappropriate, inopportune, inadequate, inconvenient, unsuitable

apropiar
1 apply, accommodate
2 appropriate, take possession of, usurp, arrogate, seize

aprovechado
diligent, studious, hardworking, industrious, thrifty, unscrupulous

aprovechar
1 serve, be useful, be worth, be of use
2 exploit, profit from, take advantage of

aproximar
bring close, bring near, approach, join, unite

aptitud
aptitude, capacity, disposition, sufficiency, competence, suitability
inability, ineptitude, incompetence

apuesto *(aj)*
1 decked, arrayed, adorned
2 elegant, graceful, neat

apurado
1 needy, poor, indigent
2 difficult, arduous, dangerous
3 exact, precise

apurar
1 purify, purge
2 finish, consume, exhaust, drain, use up
3 afflict, distress, grieve, annoy
4 compel, force, hurry, hasten, accelerate

aquietar
pacify, calm (down), quieten, appease, placate
provoke, excite

arcaico
archaic, antiquated, old, old-fashioned, out-moded
modern, up-to-date

ardiente
1 burning
2 *(fig)* fervid, fervent, vehement, spirited, passionate
cold

arduo
arduous, difficult, laborious, toilsome, exhausting
easy, simple

argumentar
argue, object, refute, contradict, discuss, impugn

árido
1 arid, dry, sterile, unproductive
fecund
2 monotonous, boring, tedious, wearisome

arisco
surly, unsociable, intractable, sullen, gloomy

armonía
harmony, concord, consonance, conformity, agreement, concert, peace
discord

aromático
aromatic, fragrant, perfumed, odoriferous, scented
fetid, ill-smelling

arrasar
1 level, flatten out, smooth
2 demolish, destroy, devastate, ruin, wreck
rebuild

arrear
urge, drive on, impel, instigate, press
deter

arrebatado
1 precipitate, impetuous
2 violent, enraged

arrebato
1 sudden start, sudden impulse, impetus
2 fit of rage, fury, choler
3 rapture, trance, ecstasy

arreciar
augment, increase, enlarge, extend
abate, decrease

arriesgado
1 risky, dangerous, exposed
2 daring, audacious, reckless, imprudent

arriesgar
1 risk, expose, venture
2 dare, take a risk

arrogancia
1 haughtiness, arrogance, pride, scorn, disdain
2 valour, courage, spirit, dash

arrojar
1 throw, hurl, fling, fire, shoot
2 emit, give out, send out, *(LAm)* bring/throw up
3 *(commerce)* yield, produce
4 attack, assault

arrostrar
defy, confront, oppose, resist, challenge, face up to

arruinar
ruin, wreck, destroy, demolish, devastate, *(LAm)* deflower
construct, erect, build

artero
astute, clever, smart, artful, crafty, cunning
artless, open, frank

asco
revulsion, repugnance, nausea, loathing, disgust

aseado
clean, tidy, neat, smart, orderly, spruce
untidy, dirty

asediar
1 blockade, lay siege to, besiege, surround, fence in
2 *(fig)* importune, molest, hound, pester, pursue relentlessly

asegurar
1 consolidate, strengthen, secure, fix
2 guarantee, warrant, pledge
3 affirm, asseverate, certify, confirm, ratify, assure

asenso

assent, approval, approbation, acquiescence, consent
dissent, disapproval

asentir

assent, affirm, approve, agree, consent
disagree, dissent

asequible

available, accessible, attainable, approachable, reasonable

aseverar

asseverate, affirm, confirm, aver, declare, maintain, assert
deny

asir

seize, catch, take, grasp, grab, apprehend
loose, release

asistir

1 be present at, attend
2 help, support, favour
desert, abandon

asociar

associate, join, unite, reunite, affiliate
dissociate

asolar

1 destroy, devastate, demolish, raze, flatten
2 settle, *(liquids)* deposit

asombro

amazement, astonishment, fright, fear, scare
indifference

áspero

1 rough, uneven, *(fig)* difficult, tough
2 *(fig)* rigid, rigorous, rude, unpleasant
civil, pleasant
3 intractable, sullen, gloomy, surly

asqueroso

repugnant, nauseating, repellent, repulsive

astucia

1 astuteness, sagacity, subtlety, craftiness, slyness
2 ploy, trick, gimmick

asustar

startle, frighten, scare, intimidate, terrify

atacar

1 fill, stuff, pack, press together
2 attack, assault
3 oppose, refute, impugn

atajar

1 interrupt, detain, stop, hold back, contain
2 be ashamed, be embarrassed
3 *(LAm)* catch, catch in flight

ataque

1 aggression, attack, assault
2 accident, attack, fit

atar

bind, tie, tie up, secure, fasten
loosen, untie

atascar

1 obstruct, *(fig)* hinder, stop up, blind, bar, bolt
2 get stuck, get into a jam

ataviar

1 deck, array, compose, adorn, beautify, decorate, polish, dress (up)
2 *(LAm)* adjust, adapt, accommodate

atender

1 hear, listen, notice
2 care for, look after, watch over, be vigilant, keep watch, attend to
neglect

atenerse

abide by, adhere to, subject oneself, adapt oneself, adjust

atropellar

1 knock down, run down, run over, push
2 *(LAm)* make love to, seduce, dishonour

aventar

1 fan, blow, winnow
2 *(LAm)* throw (out), chuck out

aviar

1 equip, supply, provide, prepare, get ready
2 *(LAm)* advance money, lend equipment, provide with food

B

bajada
slope, descent, drop, fall, declivity
ascent

bajar
1 diminish, decrease, lessen, decline
increase
2 lower, lower the price of, reduce
raise, put up
3 haul down (a flag)
4 get down, get out of, dismount, descend
ascend, get into
5 humiliate, humble, mortify, shame
exalt

bajeza
lowliness, abjectness, ruin, baseness, vileness, degradation
dignity, pride

bajo
1 cheap, moderate, reasonable
expensive
2 short, small, stunted
tall
3 faint, soft, low
4 abject, base, degrading, vile, menial, vulgar
noble, lofty

bajón
decline, decrease, diminish, fall, drop
increase, rise

balancear
1 balance, vibrate, sway, fluctuate
2 oscillate, swing, rock
3 vacillate, doubt, hesitate
decide

balanceo
1 balancing, fluctuation
2 oscillation, swinging, to-and-fro movement

balbucear
stammer, stutter

baldío
1 wild, deserted, uncultivated
inhabited
2 barren, infecund, infertile, unfruitful, unproductive
fecund, fertile, productive

banda
1 band, gang, faction, clique, set, group, party, coterie
2 band, strip, strap, belt, *(LAm)* fan belt

bandera
flag, standard, insignia, banner, streamer, ensign, pennon, pennant, colours

bandido
bandit, brigand, thief, marauder, outlaw, footpad, highwayman

baratija
trinket, trifle, junk

barbaridad
1 barbarity, barbarism, ferocity, cruelty, inhumanity, fierceness
2 atrocity, outrage, hugeness, immensity
3 foolish remark

bárbaro *(aj)*
1 barbarous, savage, fierce, ferocious, cruel, inhuman, brutal
cultured, refined
2 uncouth, coarse, rough, atrocious, awful
refined

bárbaro *(s)*
barbarian, ruffian, savage, boor, brute, philistine

barco
boat, ship, vessel, barque

barranco
1 ravine, gorge, gully, defile, pass, fissure, cleft, *(LAm)* cliff
2 difficulty, embarrassment, impediment, obstruction, obstacle

barraca
1 hut, cabin, cot, cottage, lodge, shack, shanty, hovel, den, booth
2 *(LAm)* large storage shed, market stall

barrenar
1 drill, bore, make holes in
2 infringe, contravene

barrer
1 sweep, sweep away, brush, clean, clear, remove
dirty
2 free, clear, make something disappear, remove

barrera
1 barrier, fence, hurdle
2 obstacle, impediment

barullo
1 confusion, disorder, muddle, mess
2 tumult, uproar, commotion, disturbance, row

basura
1 dirtiness, dirt, filth
2 litter, *(Br)* rubbish, *(Am)* garbage

basto
1 rude, bad-mannered, unpolished, crude, vulgar, coarse, common
refined, cultured
2 rough, coarse

batir
1 strike, knock, knock down, beat, punch, whip, spank
2 defeat, rout, vanquish, crush
3 fight, combat, battle, struggle, war
4 beat, mix, whisk
5 *(medicine)* explore, scan, probe, examine, search

beato
1 blessed, pious, devout
2 hypocritical, prudish

belén
1 crib, manger
2 crèche
3 confusion, disorder, muddle, mess, trouble, tangle, mix-up
order

bellaco *(aj)*
1 cunning, sly, crafty, tricky, wily, artful
artless

2 wicked, rascally, roguish
3 *(LAm)* brave

bellaco *(s)*
rogue, villain, scoundrel, scamp, knave
gentleman

bello
1 beautiful, lovely, handsome
ugly
2 elegant, exquisite, choice, admirable
inelegant, unrefined

bendecir
1 bless, adore, exalt, glorify, magnify, worship, extol
abhor, execrate, curse, hate
2 bless, sanctify, consecrate

bendito
1 blessed, sacred, holy, saintly
2 blessed, happy, lucky, fortunate
cursed, unhappy, unlucky, unfortunate
3 simple, natural, unaffected, candid, frank, naïve

beneficiar
1 benefit, be of benefit to, favour, help
harm, damage
2 exploit, use, utilize, profit by, profit from, take advantage of
3 *(LAm) (animal)* slaughter, *(person)* kill, shoot
4 *(LAm) (land)* cultivate, *(mine)* exploit, work, *(mineral)* process, refine, *(agriculture)* process

beneficio
1 benefit, advantage, boon, favour, service, good
disadvantage, injury
2 benefit, emolument, return, profit, gain, acquisition, winnings
loss
3 *(LAm)* killing, slaughter, slaughtering
4 *(LAm) (agriculture)* cultivation, *(mine)* exploitation, *(mineral)* processing, smelting, treating

beneficioso
> beneficial, profitable, useful, productive, lucrative, favourable, advantageous, fruitful
> *disadvantageous, unprofitable, useless, unproductive*

beneplácito
> 1 approval, consent, permission
> *disapproval*
> 2 acquiescence, agreement, assent
> *denial, refusal*

benevolencia
> benevolence, kindness, indulgence, hospitality, kindliness, generosity, beneficence

benévolo
> benevolent, kind, benign, indulgent, magnanimous, generous, bountiful, philanthropic, charitable, beneficent, obliging, helpful, propitious
> *egoistic, selfish*

benigno
> 1 benevolent, kind, good, indulgent, human, humane, merciful
> *disobliging*
> 2 temperate, mild, gentle, soft, sweet
> *harsh*

berrinche
> 1 temper, tantrum, whim, fit, ill-humour
> 2 *(LAm)* pong, stink

bestia *(aj)*
> ignorant, stupid, foolish, simple, brutish, barbarous, coarse, rough, uncouth, unpolished

bestia *(s)*
> 1 beast, animal
> 2 idiot, fool, simpleton, imbecile

bestial
> 1 bestial, brutal, inhuman, barbarous, cruel, brutish, depraved, gross, vile, irrational
> *human, rational*
> 2 marvellous, terrific, great

bien *(s)*
> favour, mercy, benefit, advantage, profit, gain
> *disadvantage, loss, evil*

bienaventurado
> 1 blessed, saintly
> 2 happy, fortunate, lucky
> *unhappy, unfortunate, unlucky*
> 3 candid, frank, simple, naïve, innocent, unwary
> *artful, secretive*

bienes
> capital, riches, wealth, property

bienestar
> 1 comfort, convenience
> *discomfort, inconvenience*
> 2 abundance, riches, luxury, comfortable living, welfare, well-being, weal
> *poverty, penury, misfortune*

bienhechor *(aj)*
> beneficent, charitable, benevolent, munificent, bounteous

bienhechor *(s)*
> benefactor, protector

bizarría
> 1 gallantry, valour, bravery, vigour, effort
> *cowardice, fear*
> 2 generosity, show, magnificence, splendour, *(Am)* splendor
> *meanness, dullness*

bizarro
> 1 valiant, brave, energetic, vigorous
> *cowardly*
> 2 generous, splendid, magnificent
> *mean, dull*
> 3 gallant, dashing

blando
> 1 gentle, tender, mild, benignant, soft, sweet
> 2 cowardly, weak

blandura
> 1 gentleness, smoothness, softness, sweetness
> *harshness*
> 2 tenderness, soft-heartedness, compassion, sympathy, humaneness, humanity
> *hardness, harshness*
> 3 kindness, clemency, indulgence
> *cruelty*

blasfemar
blaspheme, swear, curse, vituperate
praise, extol

blasfemia
blasphemy, profanity, swearing, curse, malediction, oath

bloquear
1 block, obstruct, hinder, impede, stop, blockade, besiege, lay siege to, surround
clear
2 isolate
3 freeze, immobilize

bobada
nonsense, foolishness, foolish action, foolish statement, silliness, stupidity

bobo (aj)
simple, daft, naïve, silly, foolish, stupid, idiotic
smart, clever

bobo (s)
simpleton, fool, idiot

bocado
1 mouthful, bite
2 bit, bridle

bochornoso
1 sultry, muggy, thundery, stifling, oppressive
cool, fresh
2 embarrassing, disconcerting, distressing

bofetada
slap, smack, blow

bombo (aj)
stunned, surprised

bombo (s)
1 drum
2 praise, eulogy, encomium
3 poster, advertisement, advertising

bondad
1 benignity, benevolence, generosity, kindness, goodness, magnanimity, humaneness, humanity
cruelty
2 affability, indulgence, clemency, tolerance, gentleness, meekness, sweetness

bonito
beautiful, lovely, pretty, attractive, fair, elegant, bonny, comely, nice
ugly

borde
border, edge, margin, side, rim, hem, end, extreme

borrar
delete, expunge, efface, obliterate, cancel

borrascoso
1 tempestuous, stormy
2 disordered, uncontrolled, unbridled

borrón
1 stain, mark
2 stain, blemish, defect, imperfection, flaw

borroso
1 stained, soiled, blemished, tarnished
2 smudged, illegible, blurred, dimmed, obscure
3 confused, nebulous, vague, unclear
clear

botar
1 throw, hurl, bowl
2 dismiss, evict, throw out, fire, sack, *(LAm)* throw away, chuck out
3 jump, jump about, leap

botón
1 button, switch, knob
2 leaf bud, bud, shoot, tip

bravío
1 wild, untamed, fierce, indomitable, savage, ferocious
tame
2 wild, rough

bravo
1 brave, bold, daring, dauntless, intrepid, fearless, valiant, valorous, courageous, fine, splendid
cowardly, craven
2 fierce, ferocious, savage, untamed, wild, cruel
tame

3 wild, rough, stormy
calm

4 *(LAm)* hot, strong

bravura

1 bravery, valour, courage
cowardice, timidity

2 ferocity, fierceness
gentleness

brega

1 argument, brawl, quarrel, fight,
struggle, conflict, battle

2 hard work, bustle, labour, fatigue,
weariness

breve *(aj)*

brief, short, terse, concise, curt,
succinct, compendious
*lengthy, prolix, rambling, verbose,
wordy*

breve *(s)*

papal brief

brevedad

brevity, succinctness, conciseness,
terseness, shortness, condensation
prolixity

bribón *(aj)*

1 idle, lazy

2 dishonest, sly, cunning, mischievous, villainous

bribón *(s)*

rascal, rogue, scoundrel, villain,
swine, scamp
gentleman

brillante *(aj)*

1 brilliant, resplendent, shining,
refulgent
dull, tarnished

2 *(fig)* admirable, excellent, lucid

brillante *(s)*

diamond

brillar

1 shine, sparkle, dazzle

2 *(fig)* shine, excel

brillo

1 brilliance, shine, lustre, brightness
opacity

2 *(fig)* brilliance, splendour, renown, fame, glory
obscurity

brío

1 spirit, resolution, effort, strength,
courage
indecision

2 spirit, dash, grace, elegance, gal-
lantry

brioso

spirited, lively, bold, courageous,
energetic, vivacious
calm

broma

1 joke, trick, jest, quip, witticism

2 fun, merriment, sport, frolic,
diversion

bronca

1 row, dispute, quarrel, brawl, fight,
uproar, tumult
peace, tranquility

2 fuss, commotion, agitation, excitement, stir, bustle, flurry

3 reprimand, rebuke
praise

bronco

1 rude, surly, bad-mannered, uncouth, coarse, vulgar, crude
polite

2 harsh, hoarse, raucous
gentle, tender

3 harsh, rough, intractable, unsociable, sullen, gloomy

brumoso

1 nebulous, hazy, misty, cloudy
clear

2 obscure, incomprehensible, confused, hazy
clear, comprehensible

brusco

1 brusque, abrupt, curt, blunt,
harsh, unpleasant, rude, discourteous
*gentle, mild, pleasant, polite, cour-
teous*

2 sudden, unexpected, unforeseen
foreseeen, expected

brutalidad

brutality, cruelty, bestiality, ferocity, rudeness
humanity, culture

bruto *(aj)*
1 stupid, foolish, incapable
sensible
2 unbridled, uncontrolled, brutish, vicious, depraved
3 coarse, unpolished, rude, bad-mannered, vulgar, crude
4 *(LAm)* silly, foolish
bruto *(s)*
1 brute, animal
2 *(weight, income)* gross
bueno
1 good, kind, indulgent, benevolent, charitable, virtuous, pleasant, compassionate
bad, unpleasant
2 right, exact, true, proper, suitable
3 pretty, beautiful
ugly

bulto
1 volume, size, mass, bulk, body
2 package, bundle, bale, load, burden, *(LAm)* briefcase, bag
3 lump, swelling
bulla
din, uproar, confusion, racket, row, commotion, rumpus, *(LAm)* quarrel, fight, brawl
bullicio
bustle, noise, uproar, racket, rumpus, commotion, gibberish
burla
1 jibe, taunt, jeer
2 joke
3 trick, hoax, fraud, practical joke
burlas
1 mockery, ridicule
2 joking, fun

C

cabal
finished, completed, right, exact, whole, entire, honest, just , fair
incomplete, dishonest

cábala
1 cabal, intrigue, clique, coalition, conspiracy
2 conjecture, guess, supposition

caballero
gentleman, nobleman, aristocrat, peer

cabaña
cabin, hut, shack

cabecera
1 head, bedside
2 title, heading, headline

cabeza
1 head
foot
2 intelligence, talent, capacity, judgement, brains
3 person, individual
4 chief, director, superior
5 capital
6 beast, animal
7 origin, beginning, start, top, summit

cabo
1 point, extreme, extremity, end, limit
2 handle, haft, helve, stock
3 end, finish, close
start, beginning
4 promontory, cape
5 cable, rope, cord

cacarear
cackle, boast, brag, crow, exaggerate

caco
thief, pickpocket, *(fig)* coward

cadena
1 series, succession, continuation, link, connection, chain
2 *(fig)* subjection, dependence, slavery

cadencia
cadence, rhythm, movement, measure
dissonance, discord

caducar
1 become senile, become old
2 expire, go out of date, cease, terminate, stop, end

caduco *(aj)*
1 senile, very old, decrepit
potent, strong, young
2 *(botany)* deciduous
3 fleeting, passing, transitory, perishable
4 *(law, commerce)* out of date, expired, invalid

caer
1 decline, descend, go down, collapse, drop, fall down
rise, lift, raise
2 disappear, die, perish, succumb
3 suit, fall, *(clothes)* fit
4 collapse, fall

caída
1 descent, slope, decline, decadence, collapse, drop, fall
2 lapse

calamidad
calamity, disaster, misfortune, catastrophe, mischance, mishap, adversity
fortune, good luck

calar
1 soak, saturate, drench, permeate
2 penetrate, perforate, pierce, go through
3 size up, see through, penetrate
4 *(fig)* humiliate

cálculo
1 calculation, count, computation
2 conjecture, supposition, guess, hypothesis, assumption, theory, surmise
3 *(medicine)* gallstone, stone

calibre
1 calibre, bore, diameter, gauge, measure
2 (fig) scope, faculty, ability, talent

calificar
1 qualify, characterize
disqualify, discredit
2 baptize, christen, call, brand (as)

calma
1 calm, fair weather
2 peace, tranquillity, repose, serenity, quiet(ness)
3 apathy, slowness, phlegm
4 (commerce, finance) calm, inactivity, lull

calmante
sedative, palliative, analgesic, narcotic, tranquillizer

calmar(se)
1 calm down, reassure, quieten, calm, put to sleep, pacify
excite, stimulate
2 mitigate, moderate, palliate, soothe
3 (wind) fall

calmoso
1 calm, quiet, tranquil
2 apathetic, indolent, late, slow, phlegmatic
active, nervous

calor
1 heat, warmth
cold
2 (fig) ardour, fervour, vivacity, enthusiasm, energy, fever, passion, intensity, vehemence
cold, indifference

calumnia
calumny, false accusation, false imputation, defamation, libel, slander, obloquy, vilification, vituperation
commendation

callado
silent, uncommunicative, reticent, taciturn, reserved, discreet
communicative

cámara
1 room, chamber, hall

2 (nautical) stateroom, cabin, saloon
3 (agriculture) granary, barn
4 (politics) Parliament, Spanish Cortes

cambiar
1 exchange, permute, swap, switch
2 vary, change, transmute, transform, alter, convert, modify, transfigure, transfer, move
stay, remain, place, locate, site, ratify

cambio
1 alteration, change, move, switch, shift
2 change, exchange
3 (commerce) price, rate of exchange
4 exchange, barter
5 change, small change

caminar
1 go, travel, journey, cover, walk
2 cross, travel through, cover
3 (LAm)(mechanics) work

camino
1 track, route, course, path, way, road
2 (fig) manner, means, mode, procedure, way

campeón
1 victor, champion, winner
2 champion, protector, defender

campestre
country, rural, rustic

campo
1 country, countryside, cultivation, field
2 (football) pitch, course, camp
3 (art) ground, background, (heraldry) field
4 (LAm) space, room

canal
1 canal, channel, strait
2 tube, pipe, drainpipe, gutter, TV channel

cancelar
1 cancel, annul, abolish, wipe out the memory of
2 extinguish, pay off, sell off, settle, resolve

candor
candour, frankness, ingenuousness, simplicity, innocence, sincerity, artlessness, naïveté, honesty
malice, villainy, shyness, craftiness

canijo
weak, sickly, unhealthy, infirm, feeble, delicate, frail
robust, healthy, strong

canjear
change, exchange, swap, barter, trade, traffic

canon
1 rule, norm, precept
2 census
3 rent, *(commerce)* tax

cansado
1 tired, exhausted, fatigued, weary, jaded
2 tiresome, tedious, exhausting, wearisome, vexatious, boring

cansancio
1 fatigue, lassitude, *(Br)* puncture, *(Am)* flat (tyre)
2 weariness, exhaustion, tedium, boredom, annoyance

cansar
tire, tire out, weary, exhaust, bother, pester, anger

cantidad
quantity, amount, aggregate, part, portion, sum

caos
chaos, confusion, disorder, anarchy
order, coherence, discipline, clarity

caótico
chaotic, confused, disordered, untidy, disorderly

capacidad
1 capacity, space
2 aptitude, intelligence, talent, sufficiency, competence, suitability

capar
1 castrate (an animal), geld
2 *(fig)* reduce, cut down, curtail, diminish

capaz
1 capacious, spacious, roomy, extensive, vast, grand
2 intelligent, competent, expert, sufficient, apt, suitable
incapable, inept

capital *(aj)*
1 capital, chief, supreme, paramount, essential, principal, primordial, fundamental
2 *(LAm)* capital letter

capital *(s)*
1 *(finance)* capital, capital sum, wealth, riches, goods, money, property
2 *(politics)* capital, capital city

capitulación
1 pact, agreement, treaty, compromise, settlement
2 *(military)* capitulation, surrender, delivery

capitular
1 agree to, agree on
2 *(law)* charge (with), impeach
3 come to terms, make an agreement (with), cede, surrender, give in, submit
4 *(military)* capitulate, surrender

capricho
caprice, whim, fancy, humour, fantasy, vagary, notion
steadfastness

caprichoso
capricious, changeable, whimsical, fickle, inconstant, irresolute, mercurial, unsteady, volatile, variable
steadfast

captar
1 perceive, apprehend
2 *(water)* collect
3 attract, get, obtain

captura
capture, seizure, apprehension, imprisonment, arrest

carácter
1 nature, disposition, character, condition, idiosyncrasy
2 *(LAm)* *(theatre)* character, personage

característica

característic, peculiarity, singularity, particularity, distinctive trait, property

característico *(aj)*

peculiar, proper, particular, singular, distinctive

carencia

lack, shortage, want, privation, deprivation
abundance, excess

carestía

scarcity, shortage, want, need, penury
abundance, plenty

carga

1 weight, burden, load
2 tribute, imposition, tax, mortgage
3 obligation, care
4 *(military)* charge, assault, attack

cargar(se)

1 rest (on), be supported (by), lean (against), rest
2 face up to something
3 attack, assault, charge
4 attribute, impute
5 importune, upset, annoy, bother, irritate
6 tax

cargo

1 load, burden, charge
2 post, office, job, charge
3 obligation, care, custody, direction
4 accusation, recrimination, imputation
5 debit, debt

caridad

1 compassion, pity, mercy
mercilessness, inhumanity
2 charity, help, alms, aid
miserliness

cariño

1 affection, tenderness, fondness, love, endearment, friendship
dislike, indifference, enmity
2 adulation, flattery
3 *(LAm)* caress, stroke

cariños

endearments, show of affection

caro

1 costly, dear, expensive
2 dear, beloved, loved

carrera

1 run, race, *(bullfight)* running
2 course, route, stretch (of a journey), trajectory, way, *(LAm)* avenue
3 profession, career, *(study)* course
4 *(stocking)* ladder

carta

1 missive, epistle, letter, note
2 charter, instrument, deed, bond
3 map
4 menu
5 playing card

casa

1 dwelling, abode, mansion, home, residence, house, building
2 family, lineage
3 *(commerce)* company, firm, business

casar

1 marry off, give in marriage, pair, join, unite, fit (into)
2 abolish, abrogate, *(law)* annul, quash

castigar

1 penalize, punish, sanction
pardon
2 mortify, afflict, chastise
3 correct, amend
4 diminish, reduce

castigo

1 punishment, penalty, sanction, sentence
2 mortification, affliction, chastisement, castigation
3 correction, corrective

castizo

1 pure, correct
impure
2 traditional, authentic
derived
3 pure-bred, racially pure

casto

chaste, pure, undefiled, incorrupt, virtuous, honest
impure, unchaste, corrupt

casual
accidental, contingent, fortuitous, conditional, casual, chance, incidental
foreseen, planned, essential, calculated

casualidad
chance, accident, fluke, coincidence, luck
forethought, certainty, confidence

casualidades
(*LAm*) casualties

catar
1 try, taste, sample
2 examine, see, test, prove

categoría
category, class, sphere, hierarchy, rank, standing, condition

categórico
categorical, decisive, absolute, conclusive, downright, final, definitive
indeterminate, relative

caución
caution, security, guarantee, bail, surety, pledge

causar
1 cause, produce, originate
2 cause, motivate, occasion, provoke, determine, result in

cautela
1 caution, wariness, precaution, prevention, circumspection, distrust, reserve
2 astuteness, skill, dexterity, deceit, swindle, trick

cautivar
1 capture, seize, catch, arrest, imprison
2 (*fig*) captivate, attract, seduce

ceder
1 give in, yield, submit, compromise, make concessions
insist
2 fall back, retreat, drop, (*fig*) back down
3 diminish, reduce, lessen, decrease, mitigate
4 give, transfer, sell
take, remove

cegar
1 make blind, deceive
2 (*fig*) close, shut, cover, conceal, wrap, stop up, block up

celebrar
1 celebrate, solemnize, commemorate
2 praise, eulogize, pay tribute to, applaud, extol, exalt, glorify, laud, magnify

célebre
celebrated, famous, reputed, illustrious, glorious

celebridad
1 celebrity, fame, renown, reputation
2 celebration, festivity

celeridad
celerity, promptitude, diligence, speed, velocity, rapidity
slowness

celo
zeal, care, diligence, enthusiasm, devotion, ardour
indifference, coldness

censura
1 censure, disapproval, reproval, condemnation, criticism, blame
2 detraction, gossip
3 judgement, examination, censorship

censo
census, tax, tribute, leasehold, mortgage

cerrado
1 closed, shut, sealed
2 (*matter*) incomprehensible, obscure
3 (*sky*) cloudy, overcast, (*atmosphere*) heavy, (*night*) dark, black
clear
4 (*person*) quiet, silent, reserved, uncommunicative, secretive
communicative, open
5 obtuse, dim, dull, slow, thick, dense

cerrar(se)
1 close, shut
2 block, obstruct, block up, stop up
3 stop, turn off
4 close, complete, bring to a close
5 close in, enclose

certificar
1 affirm, confirm, asseverate, assure
2 guarantee, warrant, pledge, answer for

cesar
cease, stop, finish, terminate, interrupt, suspend
begin, initiate

cielo
1 atmosphere, firmament, sky, heaven
2 Eden, Paradise, empyrean, heavenly kingdom
Hell

cierto
1 certain, sure, undoubted, unquestionable, positive, real
2 true, truthful, reliable, right, correct

circumscribir
circumscribe, limit, restrict, encircle, surround, make more specific

cisma
schism, discord, dissension, disagreement, quarrel, separation

cita
1 appointment, date, meeting
2 mention, allusion, note
3 quotation, citation

citar
1 make an appointment with
2 allude, mention, name
3 quote, cite
4 *(law)* summons

claridad
1 clarity, brightness, radiance, luminosity, light
obscurity, darkness
2 transparency, limpidity, lucidity, translucence
3 *(fig)* frankness, sincerity, candour, openness, truth
insincerity, falsehood

claro
1 luminous, brilliant, resplendent
dull
2 illuminated, lit up
3 transparent, limpid, crystalline, diaphanous, translucent
4 *(fig)* illustrious, famous, distinguished, enlightened, celebrated, eminent, renowned
5 perspicacious, shrewd, sharp, alert, astute, acute
6 evident, intelligible, manifest, unquestionable, obvious, plain
7 frank, open, sincere, truthful, candid, ingenuous
artful, secretive, sly

coartar
limit, restrict, compel, coerce, restrain
permit, allow, leave

cobrar
1 receive, earn, get, collect
pay, disburse
2 recover, recuperate, satisfy

codicioso
1 interested, anxious, ambitious, avid
2 *(fig)* industrious, hard-working

coercer
coerce, constrain, contain, limit, check, restrain, repress, subject, subjugate

cohibir
check, restrain, repress, subjugate

colocar
1 put, place, instal, situate, *(LAm)* put away, put back
2 employ, destine, occupy, accommodate
3 invest, employ, find a job for

coloquio
conversation, dialogue, discussion, chat, lecture

combinar
combine, unite, couple, join, coordinate, coalesce, merge
separate

comenzar
begin, commence, start, initiate
end, finish, terminate

cometido
　　commission, task, assignment, mission, charge, obligation

comodidad
　1 comfort, convenience, advantage, welfare, well-being
　　inconvenience
　2 opportunity, facility, advantage
　3 self-interest, usefulness
　　disinterestedness, unselfishness

cómodo
　1 convenient, favourable, comfortable, well-to-do
　2 adequate, appropriate, suitable, opportune

compartir
　　share (out), divide (up), distribute, apportion

compensar
　1 compensate, balance, counterbalance, make equal, *(fig)* offset
　2 indemnify, recompense, compensate

competencia
　1 competition, rivalry, contention, dispute, emulation
　2 authority, jurisdiction
　3 competence, aptitude, sufficiency, capacity, ability, suitability
　　incompetence, inability

complacer(se)
　　please, satisfy, delight, cheer, liven (up)
　　bother, grieve, disgust, displease

componer(se)
　1 arrange, prepare, accommodate, constitute, form
　2 remedy, repair, restore, mend, *(LAm) (bone)* set
　3 adorn, dress, decorate, season
　4 outline, shape, dress up, give character to, compose, make up

comprar
　1 acquire, procure, obtain, get, buy, purchase
　2 suborn, bribe

comprender
　1 embrace, contain, include, comprise, encircle, surround
　2 understand, conceive, penetrate

comprimir(se)
　1 squeeze, press (together), pack, crush
　2 oppress
　3 repress, subjugate

comprobar
　　verify, confirm, find out, make sure

compromiso
　1 engagement, agreement, pact, accord, treaty
　2 commitment, obligation, duty, pledge
　3 embarrassment, difficulty, awkward situation, conflict, jam

común *(aj)*
　1 general, universal, common
　2 ordinary, vulgar

común *(s)*
　1 community, commune
　2 toilet, w(ater) c(loset)

concebir
　1 comprehend, understand, perceive, penetrate
　2 imagine, conceive, create, invent, think (up), plan
　3 *(medicine)* conceive

conceder
　1 concede, grant, confer
　2 admit, agree, assent
　　deny, disagree, dissent

concepto
　1 idea, notion
　2 thought, sentence
　3 opinion, judgement

conciso
　　concise, brief, terse, pithy, short, succinct, laconic, compressed
　　prolix, verbose, wordy

concluir(se)
　1 conclude, finish, terminate, finalize, end
　2 finish, finish off, *(commerce)* sell off cheap
　3 consume, expend, exhaust, deplete, use up, drain
　4 infer, deduce, conclude

condición
1 nature, condition
2 nature, character, disposition
3 state, situation, position, rank, class, category, quality
4 restriction, clause, stipulation, requirement, condition

conducir(se)
1 direct, guide, conduct
2 administer, govern, rule, manage, run
3 transport, carry, take, convey, lead
4 behave, conduct oneself, act

conferencia
1 conversation, colloquy, conference, dialogue
2 dissertation, disquisition, discourse

confianza
1 trust, confidence, faith
2 self-assurance, self-confidence
3 familiarity, intimacy

confirmar
confirm, corroborate, ratify, verify, substantiate, prove

conflicto
1 struggle, combat
 peace
2 disparity, dissension, disagreement, difference, clash
3 difficulty, hardship, jam, squeeze

confrontar
1 bring face to face, confront
2 compare

confundir(se)
1 mix (up), confuse, confound
2 mistake, be wrong, make a mistake
3 deceive, bewilder
4 humiliate, disconcert

confuso
1 mixed up, in disorder
2 obscure, doubtful
3 disturbed, embarrassed, ashamed, flustered
4 confounded, mistaken, confused

conjunto *(aj)*
1 joined, united, contiguous

2 incorporated, mixed, mingled

conjunto *(s)*
total, totality, aggregate

conocer(se)
1 understand, know, comprehend
2 perceive, note, take account of, notice
 ignore, forget

consagrar
consecrate, declare sacred, dedicate, destine, *(fig)* devote

conseguir
attain, secure, achieve, bring about, obtain, get

considerable
big, large, great, grand, substantial, considerable, important, numerous

consideración
1 attention, reflection, study, meditation
 thoughtlessness, inattention
2 importance, total (sum)
3 urbanity, respect, deference, esteem, courtesy

consolar
console, comfort, calm, encourage

constitución
1 complexion, temperament, constitution, nature
2 statute, ordinance, constitution

constituir
1 constitute, make up, form, compose
2 found, establish, institute, erect, build, (put in) order

consuelo
1 consolation, alleviation, relief, solace
2 joy, pleasure, happiness

consumir
consume, eat up, destroy, wear away, waste away, use up, drain

contar
1 count, compute, calculate
2 narrate, relate, tell, recount

contender
1 contend, fight, struggle, battle
2 compete, rival, vie with

3 dispute, debate, argue

contienda
1 contest, fight, struggle, battle
2 dispute, quarrel, brawl

contiguo
contiguous, adjacent, next, adjoining

contingencia
contingency, possibility, chance, accident
certainty, sureness

contrariar
1 oppose, contradict, impede, obstruct, hinder
facilitate, make easy, satisfy, be satisfied
2 annoy, upset, vex, mortify

contrario *(aj)*
1 opposite, opposed, contradictory, contrary
2 harmful, damaging, detrimental

contrario *(s)*
enemy, adversary, antagonist, rival

convenio
agreement, contract, pact, compromise

convenir(se)
1 arrange, agree, agree with, agree on, agree to
2 suit, be suitable for, be good for, be appropriate, be convenient for
3 agree, come to an agreement
4 be advisable, be fitting

copia
1 abundance, plenty, copiousness, profusion
2 transcription, transcript, copy
3 plagiarism
4 reproduction, tracing
5 imitation, parody

coraje
1 courage, daring, valour, effort, impetus, impulse
cowardice
2 anger, ire, irritation, choler, fury, rage, annoyance
tranquillity, peace

corriente *(aj)*
1 running, flowing

2 present, current, everyday, standard
3 accepted, admitted, usual, ordinary, common
extraordinary

corriente *(s)*
1 *(water)* current, stream, flow
2 *(electricity)* current
3 course, tendency, drift

corrupción
1 corruption, rot, decay, decomposition, putrefaction
2 stink, stench, bad smell
3 *(fig)* corruption, depravity, perversion
4 corruption, graft, bribery
5 *(law)* seduction

cortés
gracious, courteous, polite, affable, friendly, urbane, refined, attentive
impolite, unrefined

crear
1 give birth to, create
2 institute, found, establish
3 produce, invent, make

crédito
1 credit, reputation, fame, prestige, renown, authority
2 responsibility, solvency, confidence
3 belief

criar
1 create, give birth to
2 *(animals, birds)* rear, raise, keep, breed, fatten
3 *(plants)* grow, tend, cultivate
4 *(land)* bear, grow, produce
5 suckle, feed, nurse
6 bring up, raise, educate, instruct
7 *(wine)* age, mature
8 *(fig)* foster, nourish, nurture

cultivar
1 cultivate, work, till, grow
2 *(fig)* cultivate, develop, improve

cultura
1 civilization, education
2 instruction, erudition, knowledge, learning, culture

cumplir
  1 realize, carry out, effect, execute, obey, observe, fulfil
  2 serve, discharge, carry out, attain, reach
  3 occur, happen, come about, come to be

cúmulo
  accumulation, agglomeration, multitude, mountain, crowd, total, heap

custodiar
  guard, protect, defend, keep, watch over, take care of, look after

CH

chafar
1 squash flat, flatten, crush
2 crumple, wrinkle, crease, spoil, make a mess of, ruin
3 confuse, shame, embarrass
4 *(LAm)* hoax, deceive

chalado
1 silly, crazy, dotty, touched
2 enamoured

charlar
talk, chat, chatter, gossip

chasco
1 prank, trick, joke, gibe, deception, deceit, swindle
2 disappointment, disenchantment, disillusionment

chasquear
1 tease, make fun of, trick, make a fool of, deceive, cheat, swindle
2 frustrate, disappoint, disillusion

chillería
1 noisy row, shouting, screaming
2 scolding, telling-off

chirriar
creak, squeak, chirp, sing, growl

chispa
1 spark, sparkle, ray, beam, lightning

2 penetration, sharpness, ingenuity, wit, humour, liveliness
3 drunkenness

chocar
1 shock, startle, be surprised
2 bump into, crash, collide
3 fight, quarrel, dispute

choque
1 bump, jolt, impact, crash, collision
2 fight, quarrel, row, conflict, dispute, contention

chulo *(aj)*
1 amusing, charming, attractive, winning
2 smart, showy, attractive, flashy, gaudy, vulgar
3 jaunty, swaggering
4 bold, outspoken, fresh, pert, saucy, obstreperous, truculent
delicate, correct
5 slick, rascally, villainous
6 *(LAm)* pretty, attractive, elegant, graceful
unattractive, ugly
7 *(fig)* brilliant, super

chulo *(s)*
rascal, scoundrel, pimp
gentleman

D

dar(se)
1 donate, present, surrender
2 facilitate, offer, concede, grant, supply, provide, give
3 produce, yield

dato
fact, datum, piece of information

debatir
debate, dispute, contend, quarrel, argue

decencia
1 decency, decorum, dignity
   indecency
2 composure, modesty, demureness, respectability, cleanness, cleanliness
   filth, immorality

decisión
1 decision, decisiveness, resolution, determination, support
   indecision, vacillation, doubt
2 *(law),* judgement, sentence, verdict, ruling
3 firmness, audacity, bravery

declarar(se)
1 declare, state, explain, expound
2 decide, resolve, pronounce sentence on
3 *(law)* testify, depose, bear witness to, make a statement, give evidence

declinar
1 decline, diminish, decay, lessen, grow weak
2 decline, refuse, renounce, resign
   accept

decorar
1 adorn, beautify, ornament, decorate
   deface, disfigure

decoro
decency, respect, honour, estimation, dignity, propriety, decorum, respectability
indignity, shamelessness

dedicar
1 offer, consecrate, dedicate, devote
   deny
2 employ, destine, apply, assign, occupy

defender(se)
1 defend, shield, protect, preserve, sustain
   attack
2 defend, advocate, justify, excuse, forgive, exculpate
   attack, blame

deferencia
deference, consideration, respect, attention, condescension
rudeness, disrespect

degenerar
degenerate, decline, get worse
improve

degradar
degrade, humiliate, debase, depress, reduce, lessen, lower
ennoble, honour, exalt

delatar
denounce, accuse, inform against, uncover, betray

delicado
1 attentive, courteous, watchful, refined, polite, gentle
   discourteous, unrefined, impolite
2 sensitive, tender, ticklish, susceptible
3 delicate, weak, ill
   strong
4 hypersensitive, touchy, fastidious, squeamish
5 slender, slight, fragile, frail
6 dainty, exquisite, savoury, tasty
   coarse
7 difficult, risky, exposed

demasía
1 excess, surplus
   scarcity
2 insolence, daring
   courtesy, propriety, decency, decorum

3 abuse, disorder, outrage

4 evil, wickedness, crime, offence

demostrar

prove, show, reveal, make evident, manifest, demonstrate

hide, conceal

denigrar

1 denigrate, vilify, revile, run down, discredit, debase

honour, praise

2 injure, offend

denotar

denote, indicate, signify, signal, announce

depresión

1 depression, sunken place, hollow, descent, drop, fall

2 sinking, collapse

3 humiliation, degradation

4 depression, melancholy, dejection, discouragement

liveliness, sprightliness

depravación

depravity, perversion, corruption, wickedness

virtue

deprimir

1 depress, press down

2 humiliate, degrade, humble, humiliate

3 depress, sadden, discourage

animate, encourage

derecho *(aj)*

1 right, right hand

2 straight, direct

crooked, indirect

3 just, legitimate

unjust, illegal

4 vertical, upright

horizontal

derecho *(s)*

1 right, claim, title, privilege

2 law, justice, fairness

injustice

3 *(coins, medals)* obverse, face

derechos

(finance) dues, fees, taxes, royalties

derramar(se)

1 disseminate, spread, scatter, spill, pour out

2 *(fig)* publish, divulge

3 flow into, result in

derroche

1 waste, squandering, extravagance, prodigality

2 *(fig)* abundance, profusion, plenty, copiousness

derrotado

1 defeated, ruined, broken

2 shabby, ragged, poor

desacuerdo

disagreement, discord, difference, quarrel

pact, agreement, harmony, concord

desafecto *(aj)*

disaffected, hostile, contrary, opposite

desafecto *(s)*

disaffection, disagreement, antipathy, aversion, animosity

desagrado

displeasure, dissatisfaction, discontent, disgust, bother, annoyance, trouble

desaire

disfavour, disdain, scorn, contempt, rudeness, discourtesy, slight, snub

respect

desaliño

negligence, carelessness, neglect, slovenliness, untidiness

care

desánimo

discouragement, depression, prostration

encouragement, joy

desapacible

unpleasant, disagreeable, hard, harsh

pleasant, agreeable

desaparecer

1 hide, conceal, get lost, vanish, disappear

reveal, disclose

2 flee, escape

desaprobar
1 disapprove (of), reprove, censure, condemn, vituperate
2 (examination) fail

desarreglar
disorder, decompose, alter, disorganize, disarrange, upset, confuse
arrange, compose, fix (up)

desarrollar
1 unroll, unfold, open out
2 (fig) develop, evolve, explain, expound, carry out
3 advance, progress, grow
4 extend, amplify, augment

desarrollo
advance, development, progress, growth, increase, unfolding

desasosiego
1 anxiety, worry, annoyance, uneasiness, disquiet
2 (politics) unrest

desastre
disaster, catastrophe, calamity, cataclysm, devastation, ruin, destruction

desatender
1 disregard, pay no attention to, ignore
regard, pay attention to
2 abandon, forget, neglect, overlook
look after, care for
3 slight, offend

desatino
1 foolishness, folly, silliness, tactlessness
2 blunder, mistake, error, foolish act

desavenencia
disagreement, difference, discord, friction, rift, quarrel

desazón
1 insipidity, tastelessness
2 (fig) discontent, annoyance, displeasure, frustration
3 restlessness, disquiet, uneasiness
4 (land) poorness

5 (medicine) discomfort, indisposition

descansar
1 rest, support, lean (on)
2 help, assist, aid
3 rest, sleep, lie down, repose
4 (agriculture) lie fallow

descanso
1 rest time, break, respite, relief, rest, repose
2 small table, side table, occasional table
3 (technical) rest, support, bench, bracket
4 (architecture) landing

descarado
shameless, brazen, barefaced, cheeky, saucy, insolent, foulmouthed

descender
1 lower, let down, get down, lift down, take down
2 descend, go down, come down, be demoted
ascend, rise
3 (fig) fall, reduce, demean oneself
4 drop, fall, diminish, decrease
rise, increase
5 descend from, be derived from, be descended from
6 proceed from, originate in

desconfianza
apprehension, distrust, suspicion, resentment, malice

descontento (aj)
displeased, upset, annoyed, dissatisfied, discontented
pleased, satisfied

descontento (s)
dissatisfaction, displeasure, anger, irritation, annoyance, discontent
contentment, satisfaction, pleasure

descubrir
1 discover, find, detect, spot, unearth, uncover, denounce
2 discover, ascertain, learn
3 discover, invent
4 disclose, reveal, manifest, show
hide

descuidado
1 slack, careless, negligent, forgetful
2 slovenly, untidy, unkempt, neglected, abandoned
3 unprepared, unready, off guard

descuidar
omit, forget, neglect, abandon, forsake
remember, watch

descuido
1 neglect, omission
2 negligence, inadvertence, carelessness, untidiness
3 lapse, slip, blunder

desdén
disdain, contempt, scorn, indifference, detachment
admiration

desdeñar
disdain, despise, scorn, slight, spurn, snub
admire, appreciate, esteem, regard

desechar
1 exclude, separate, set aside
2 scrap, cast aside, throw out, throw away, reject, expel
3 censure, reprove, scorn

deseo
desire, want, wish, appetite, ambition, aspiration, greed, lust, anxiety

desgracia
1 misfortune, mishap, setback, adversity, unhappiness
happiness, good fortune
2 disgrace, disfavour
3 entrails, offal

desigual
1 unequal, different, unfair, unequitable
2 uneven, irregular, unequal, broken
3 *(fig)* arduous, difficult
4 inconstant, variable, changeable, capricious, unpredictable

desmembrar
1 cut up, dismember

2 divide, separate, disintegrate, split, break up

desmesurado
1 excessive, enormous, inordinate, disproportionate
2 insolent, impudent, discourteous
polite

desorientar
1 mislead, misdirect, misguide
2 *(fig)* confound, confuse, bewilder

despachar
1 conclude, hurry, make haste
2 resolve, decide
3 send, send away, remit, despatch
4 sell, expend, deal in
5 *(fig)* kill, dispatch

despedir(se)
1 see off, show out
2 throw, hurl, launch, spread, scatter
3 despatch, send
4 fire, sack, discharge, dismiss, throw out, expel

despierto
1 awake
2 *(fig)* alert, sharp, ready, watchful, bright, quick, alive

despótico
despotic, tyrannical, arbitrary, lawless, absolute

desprender
1 separate, detach, unfasten, loosen
unite
2 renounce, give up, surrender
accept
3 deduce, infer, follow

destierro
exile, ostracism, deportation, proscription, banishment

destinar
destine, designate, dedicate, apply, employ, occupy

destino
1 fate, destiny, fortune, star, luck
2 end, purpose, aim, intention, objective
3 occupation, post, place, employment
4 destination

detener(se)
1 stop, suspend, intercept
2 arrest, apprehend, catch, capture, imprison
3 retain, conserve
4 linger, delay, slow down, be delayed, be late

detestar
1 detest, hate, loathe, abominate
2 condemn, execrate, curse

detrimento
1 detriment, deterioration, breakdown, fault, failure
2 loss, hurt, damage, harm, injury

dicha
luck, fortune, prosperity, happiness

dicho *(aj)*
above-mentioned, aforementioned, named, cited

dicho *(s)*
proverb, saying, adage, apothegm, maxim, dictum

dictamen
opinion, dictum, judgement, legal opinion, report

dictar
1 dictate, inspire, suggest
2 decree, pass judgement, pronounce, promulgate
3 *(LAm)* give, deliver

diferente
different, distinct, diverse, divergent, dissimilar, uneven, unequal
even, equal, similar

difícil
1 difficult, hard, arduous, involved, complicated
easy
2 rude, surly, unpleasant, rough, bitter, harsh

dificultad
1 obstacle, impediment, hindrance, obstruction, nuisance, bother, embarrassment, difficulty, inconvenience
2 conflict, opposition
3 doubt, objection

digno
1 worthy, fitting, proper, appropriate, adequate
2 worthy, upright, honourable
3 dignified, grave, serious, decorous, decent, honest

dimitir
renounce, decline, refuse, resign, relinquish

dirección
1 direction, way, *(fig)* course, trend
2 direction, guidance, control, administration, management, running, rule, leadership, government
3 address

discreto
1 discreet, prudent, cautious, circumspect, sensible, sane
2 sharp, clever, ingenious
3 quiet, sober, reserved

disculpa
1 excuse, defence, exculpation, plea, apology
2 excuse, pretext, dodge, subterfuge

disculpar(se)
1 defend, justify, excuse
2 pardon, forgive, exonerate, exculpate
3 excuse oneself (from), apologize (for)
blame oneself (for)

disensión
1 dissent, dissension, difference, disagreement
2 discord, contention, dispute, argument, brawl

disgusto
1 anger, annoyance, displeasure, vexation
2 grief, chagrin, sorrow, affliction, sadness, pain
3 disgust, repugnance, revulsion

disimular
1 hide, conceal, dissemble
2 disfigure, mask, feign, sham, fake, disguise
3 excuse, overlook, tolerate, permit, pardon

dispensar
1 dispense, give, concede, grant
2 excuse, pardon, absolve, forgive
3 exempt

dispersar(se)
1 dispense, disperse, disseminate, scatter
2 rout, drive off, frighten off, confuse

dispuesto
1 arranged, disposed, prepared, ready, forewarned
2 able, apt, suitable, wide-awake, bright, intelligent
3 neat, elegant, spruce

disputa
dispute, debate, altercation, contention

distinción
1 distinction, difference
2 distinction, honour, prerogative
3 elegance, refinement

distinto
1 distinct, different, diverse, dissimilar
   similar
2 distinct, clear, precise, intelligible
   confused

distinguir
1 distinguish, discern, make out, recognize
2 distinguish, differentiate (between)
3 distinguish, separate, single out
4 distinguish, mark, stamp, characterize
5 *(fig)* distinguish, honour, celebrate

distracción
1 distraction, amusement, entertainment, diversion, pastime, recreation, hobby
2 distraction, absent-mindedness, forgetfulness, omission, lapse, inadvertence

disturbio
disturbance, riot, tumult, row, uproar, mutiny, revolt

diversión
diversion, distraction, amusement, recreation, relaxation, pastime, hobby, entertainment

diverso
diverse, different, distinct, scattered

diversos *(aj)*
several, various, many, varied

diversos *(s)*
(commerce) sundries, miscellaneous (items)

divulgar
spread, circulate, publish, disseminate, popularize, *(pejorative)* divulge, disclose, let out

dócil
1 docile, submissive, obedient
2 gentle, peaceful, sweet, mild

donaire
1 cleverness, wit, sharpness
2 elegance, grace, charm, gentility

dulce *(aj)*
1 agreeable, delightful, gentle, sweet, pleasant, affable
2 indulgent, helpful, kind

dulce *(av)*
sweetly, softly

dulce *(s)*
sweet, sweetmeat, *(Am)* candy

dulzura
sweetness, gentleness, mildness, goodness, kindness

duro
1 resistant, strong, tough, consistent, compact
2 *(fig)* severe, rude, violent, cruel, inhuman, harsh, rough, pitiless
3 tiresome, tedious, boring, intolerable, unbearable, hard

E

echar(se)

1 throw, cast, fling, pitch, toss, hurl, launch

2 emit, send forth, discharge, give off, give out

3 eject, throw out, chuck out, turn out, dismiss, fire, sack, discharge, expel

4 post, mail, dispatch, send

5 throw oneself (at), hurl oneself (at), rush

6 lie down, stretch out

edificar

1 construct, raise, build, erect
destroy

2 *(fig)* edify, improve, uplift, ennoble

educar

1 educate, teach, guide, direct, show

2 develop, perfect, refine

3 raise, bring up

4 domesticate, train, tame

efectivo *(aj)*

1 effective

2 actual, real, true, certain, positive

3 regular, permanent, established

efectivo *(s)*

cash, money

efecto

1 effect, result, consequence, product

2 purpose, end, objective

3 effect, impression, impact

efectos

1 bills, securities

2 effects, goods, things, *(finance)* assets, *(commerce)* goods, articles, merchandise

eficaz

1 efficacious, effective, telling, active, strong, energetic, powerful

2 efficient
inefficient

egregio

eminent, illustrious, celebrated, famous, distinguished
commonplace, ordinary

ejecutar

1 execute, carry out, perform, obey, observe, fulfil, finish

2 execute

3 *(music)* perform, render, play

4 *(law)* attach, distrain on

5 *(computers)* run

elegancia

1 elegance, grace, smartness, stylishness, distinction, taste

2 *(portraiture, painting)* shape, form

elemental

1 elemental, fundamental, primordial

2 elementary, rudimentary, primary, natural, unaffected, simple
secondary, difficult

3 obvious, evident

elevar(se)

1 raise, elevate, put up, lift (up), *(electricity)* boost
lower

2 construct, erect, build
destroy

3 *(fig)* exalt, magnify, ennoble, enlarge
humiliate

4 rise, go up, soar, tower

5 be transported, go into a rapture

6 *(pejorative)* get conceited, become overbearing

eliminar

1 eliminate, suppress, remove, take away, exclude

2 *(medicine)* expel

elogiar

praise, celebrate, pay tribute to, eulogize, extol, speak in praise of
denigrate

eludir

elude, avoid, escape, shun, dodge
oppose, confront, challenge

embarazar(se)
1 make pregnant
2 hinder, obstruct, impede, hamper, get in the way
   facilitate, make easy

embarazo
1 pregnancy
2 obstruction, impediment, difficulty, obstacle, snag
3 timidity, shrinking, shyness, embarrassment

embeber(se)
1 absorb, soak up, saturate, impregnate
2 insert, introduce (into), incorporate, contain, comprise, *(fig)* imbibe
3 be absorbed in, become engrossed in, be enraptured with, be enchanted with

embestida
1 attack, assault, onslaught, charge (of a wild animal)
2 importunate demand

embrollo
1 entanglement, tangle, mix-up, confusion, muddle, mess, fix, jam, row, uproar
2 fraud, trick, lie, fib

embrollar(se)
complicate, confuse, confound, disturb, mess up, embroil, get into a muddle, get into a mess
   clear up, resolve, put in order

eminencia
1 height, elevation, eminence
2 projection, prominence, salient
3 *(fig)* excellence, sublimity, superiority

eminente
1 high, elevated, eminent
2 superior, distinguished, notable, illustrious, excellent, eminent

empacho
1 obstacle, impediment, hindrance
2 *(medicine)* indigestion, surfeited feeling
3 *(fig)* embarrassment, awkwardness, bashfulness, timidity, shame

emplear
use, employ, engage, hire, occupy, spend, put in, invest

empleo
1 use, employment, application, *(commerce)* investment
2 employment, work
3 occupation, post, charge, job, position

emprender
commence, begin, initiate, start, undertake, embark on, tackle
   finish, stop

empresa
1 enterprise, project, design, undertaking
2 *(commerce, finance)* enterprise, company, firm, society, management
3 symbol, slogan *(chivalry)* motto, device

empujar
1 shove, push, *(mechanics)*, drive, move, propel
2 *(fig)* excite, incite, stimulate
   debilitate

encadenar(se)
1 chain (together), put chains on, fetter, shackle
2 immobilize, paralyze, tie (up), tie down
3 *(fig)* enslave, subdue, subjugate
   liberate, set free, release
4 join, unite, link, connect

encantar
1 bewitch, enchant, cast a spell on, charm
   disenchant
2 *(fig)* charm, delight, enchant, captivate, fascinate, seduce, attract
   repel

encanto
1 spell, enchantment, witchcraft, magic, bewitchment
2 delight, fascination, seduction
3 *(fig)* charm, delight, enchantment

encarecimiento
1 *(commerce)* price rise, price increase, high cost

2 stressing, emphasizing, insistence

3 exaggeration, overrating, extolling highly

encargo

1 assignment, job, post, charge, commission, responsibility

2 order, request, *(commerce)* order (for)

encubrir(se)

hide, conceal, cover (up), cloak, harbour, shelter, abet
discover, reveal oneself, betray

enfadar(se)

1 anger, irritate, annoy, upset, bother, trouble, become angry, be annoyed

2 *(LAm)* be bored, get bored

engaño

1 deceit, deception, fraud, trick, swindle, lie, falsehood

2 error, mistake, misunderstanding, delusion
truth, reality

engaños

wiles, tricks

engendrar

1 procreate, beget, breed

2 *(fig)* breed, cause, engender, generate, produce, occasion, start, originate

engrandecer

1 augment, amplify, increase, enlarge, magnify

2 elevate, highlight, accentuate

3 *(fig)* exaggerate, eulogize, extol, praise (highly), exalt

enlace

1 link, bond, connection, liaison, union, chaining together, relationship, *(chemistry, electricity)* linkage
separation, disconnection

2 marriage, nuptials, wedding

enmendar(se)

1 correct, rectify, repair, emend, reform
pervert, corrupt

2 make amends for, indemnify, satisfy, compensate, make good

enorme

enormous, colossal, huge, excessive, disproportionate, immeasurable, *(fig)* monstrous

ensalzar(se)

1 exalt, glorify, praise

2 eulogize, extol, praise (highly), pay tribute to

ensayar

1 test, experiment with, try out, *(medicine)* examine

2 train, teach

3 try, attempt, endeavour, try to, *(theatre)* rehearse

ensayo

1 test, trial, experiment, examination, search, attempt, practice, exercise

2 *(literature)* essay, exercise

3 *(theatre)* rehearsal

4 *(metals)* assay

entender

1 understand, comprehend, realize, grasp
misunderstand

2 intend, mean

3 think, believe, infer, deduce

4 hear

entendido *(aj)*

1 understood, agreed

2 expert, skilled, trained, wise, knowing, well-informed, clever, smart

entendido *(s)*

connoisseur, expert

enterar

1 inform, instruct, make known, advise, tell
ignore

2 *(LAm)* pay, hand over, make up, round off

entero *(aj)*

1 entire, whole, complete, exact
incomplete, imperfect

2 *(mathematics)*, whole, integral

3 *(biology)* not castrated

4 *(fig)* honest, upright, straight, firm, resolute

5 *(fig)* healthy, strong, robust

entero *(s)*
1 *(mathematics)* whole number, integer
2 *(commerce)* point

entorpecer
1 stupefy, stun, disturb
2 impede, obstruct, hinder, retard, delay, slow down, embarrass

entorpecimiento
1 lethargy, torpor, dullness, numbness, confusion, disturbance
2 obstacle, difficulty, impediment, delay, embarrassment
facility

entrar
1 introduce, insert, fit into, penetrate, enter
remove
2 flow into, run into, empty into, drain into
3 be admitted to
4 begin, commence, start
5 *(military)* attack, invade, capture, enter
6 *(computers)* access

entremeter(se)
insert, introduce, implicate, involve, interfere in, meddle in

entrever
1 distinguish, make out, glimpse, catch a glimpse of
2 *(fig)* conjecture, guess, suspect (something of)

envolver
1 wrap (up), pack (up), tie up, do up, swathe, cover, enfold, envelop, muffle (up)
unwrap, unfold
2 *(military)* encircle, surround
3 *(fig)* imply, involve, implicate

época
era, time, season, period, age, epoch

equilibrio
1 balance, equilibrium, harmony, proportion, equality
2 equanimity, good sense

equivocar(se)
be wrong, make a mistake, be mistaken

erróneo
erroneous, mistaken, false, untrue, inexact
correct, right

error
error, mistake, lapse, fault, blunder, inadvertence
correction

escabroso
1 rough, rugged, uneven, unequal, abrupt
2 *(fig)* harsh
3 hard, difficult, tough, thorny
3 blue, dirty, risqué, impolite, unsuitable

escarmiento
lesson, example, warning, punishment

escasez
1 shortage, scarcity, insufficiency, exigency, lack
abundance, plenty, sufficiency
2 meanness, miserliness
generosity, open-handedness
3 penury, poverty
riches, wealth

esclarecer
1 light up, illuminate
2 *(fig)* explain, elucidate, shed light on, clarify, make clear, clear up
3 *(fig)* enlighten
4 make famous, make illustrious, ennoble

escocer
1 annoy, bother, hurt
2 sting, smart, redden
3 *(fig)* suffer, feel bitter about, feel sorry about, grieve

escollo
1 reef, rock
2 hidden danger, risk
3 trap, pitfall, obstacle, snag, difficulty, stumbling block

esconder(se)
1 hide, cover, conceal, conceal oneself
open, uncover
2 *(fig)* include, contain, enclose, shut up

escrúpulo
1 scruple, hesitation, doubt, suspicion, distrust, fear, apprehension
2 scrupulousness, exactitude, precision, (great) care

escuálido
1 skinny, scraggy, thin, weak, emaciated, feeble, gaunt, lean
2 squalid, filthy

espantar(se)
1 frighten, scare, frighten off, scare away, terrify, intimidate, appal, horrify
2 get frightened, get scared, be appalled, be amazed, be astonished (at)

especial *(aj)*
1 special, especial, singular, particular, peculiar
2 adequate, proper

especial *(s)*
1 *(LAm)* special offer
2 *(LAm)* show

eslabonar
link, connect, relate, join, tie, bind (together)

espaciar(se)
1 space out, spread, extend, stretch out, dilate
2 distance, separate
3 relax, enjoy oneself

esparcir(se)
1 scatter, spread, spread out, extend
2 propagate, publish, divulge, make public
3 relax, enjoy oneself, amuse oneself, distract oneself

especie
1 species, class, group, category, kind, sort
2 pretext, appearance, colour, shade
3 case, matter, subject, business, event
4 fame, rumour, piece of news, reputation

espectáculo
1 spectacle, show, function, representation, performance

2 contemplation, vision

espíritu
1 spirit
2 mind, intelligence, turn of mind
3 spirit, energy, dash, go
4 *(religion)* spirit, soul
5 spirit, ghost, phantom
6 spirits, liquor

espléndido
1 splendid, lavish, generous, liberal
2 splendid, ostentatious, magnificent, sumptuous, superb, rich

esquela
1 short letter, missive, note
2 obituary

esquivar
1 elude, avoid, shun, dodge
2 retreat, withdraw, retire, keep away, move away

estación
1 time, epoch, period, season
2 stop, station

estancar(se)
1 hold up, hold back, block, delay, suspend, detain, paralyze
2 stagnate, become stagnant, be held back
3 *(commerce)* monopolize, establish a monopoly in, corner

estéril
sterile, barren, arid, unfruitful, fruitless, ineffective

estimación
1 estimation, valuation, assessment
2 estimate, estimation, valuation
3 esteem, regard, respect, admiration, consideration

estimar
1 estimate, appraise, gauge, reckon, compute, evaluate, value, assess
2 esteem, respect, appreciate, consider
3 believe, think, judge, opine

estirado
1 stretched tight, taut
2 *(fig)* stiff, pompous, haughty, arrogant, proud

estirar(se)
1 stretch, pull out, lengthen, extend

2 delay, prolong, dilate, stretch out

estorbar
    impede, obstruct, hinder, hamper,
    complicate, embarrass
    facilitate, permit

estorbo
    hindrance, impediment, obstruc-
    tion, difficulty, obstacle, embar-
    rassment, bother, snag
    help

estragar
    ruin, corrupt, spoil, pervert, de-
    prave

estrechar(se)
  1 narrow, make smaller, reduce,
    take in, draw tighter
  2 squeeze, hug, embrace
  3 compel, constrain, oblige, force,
    require, need
  4 persecute, pester, hound, pursue
    relentlessly
  5 narrow, get narrow, tighten, get
    tighter

estrecho *(aj)*
  1 narrow, tight, close, cramped,
    small
    ample, wide
  2 reduced, limited, suffocated,
    smothered
  3 rigorous, strict, austere, rigid
  4 *(pejorative)* miserly, mean, mean-
    spirited

estrecho *(s)*
    strait, channel, canal, passage

estrépito
    noise, din, racket, commotion,
    rumpus, row, uproar

estropear(se)
  1 wound, hurt, maim, cripple, injure
  2 spoil, damage, ruin, mangle, mess
    up, make a mess of
    arrange, repair
  3 crumple, tear
  4 pervert, distort
  5 get damaged, be ruined, go bad,
    deteriorate

estructura
    structure, framework, order, dis-
    tribution, organization

estruendo
  1 noise, racket, din, clamour, crash,
    clatter
  2 *(fig)* confusion, turmoil, uproar
  3 pomp, ostentation

estrujar(se)
  1 squeeze, tighten, compress, press,
    crush
  2 *(fig)* drain, bleed white

estudio
  1 study
  2 research, survey, investigation
  3 book, work, monograph, text,
    manuscript
  4 bedsitter, studio flat
  5 *(art)* studio

evacuar
    vacate, clear, free, abandon, desert

evocar
  1 evoke, call forth, conjure up,
    invoke, call up
  2 *(fig)* recall, remember

eventual
  1 casual, accidental, chance, tem-
    porary
  2 uncertain, possible, conditional
    (upon circumstances)

evidente
    evident, obvious, clear, visible,
    manifest, ostensible, undoubted,
    unquestionable, axiomatic

exagerar
    exaggerate, overdo, overstate, en-
    large upon, carry to extremes, in-
    crease, put up the price of

exaltar(se)
  1 exalt, glorify, praise, extol, el-
    evate, raise
  2 get excited, get carried away, get
    heated, get worked up

examen
  1 examination, investigation, in-
    spection, observation, analysis
  2 test, trial

examinar(se)
  1 examine, observe, study, ana-
    lyse, inquire, investigate, inspect
    closely, consider pros and cons

2 test, question

3 take an examination, be examined

exánime

1 inanimate, lifeless, dead

2 unconscious, weakened, debilitated

exasperar(se)

1 exasperate, irritate, exacerbate, annoy, make worse

2 become angry, get exasperated, lose patience

exceder(se)

1 exceed, surpass

2 stand out, excel

3 go too far, overreach oneself

exceso

1 excess, surplus, redundancy, superfluity, pleonasm
   scarcity, lack

2 outrage, crime, infraction

excitar(se)

1 excite, stimulate, provoke, move, incite, induce
   soothe, calm

2 get excited
   calm down

excluir

exclude, rule out, reject, except, eliminate, separate, expel, shut out, suppress

excusar(se)

1 excuse, pardon, forgive, exculpate, exempt, justify

2 avoid, prevent

3 apologize

exento

1 exempt, free, clear

2 unobstructed, open

3 *(architecture)* free-standing

exhalar(se)

1 exhale, breathe out, breathe, heave, utter

2 emit, give off, give out

3 breathe hard, hurry, run

exhortar

exhort, plead, supplicate, ask for, counsel, advise, incite, excite, animate

exigir

1 order, command
   obey

2 require, demand, ask for, request, need, insist on

exiguo

scarce, insufficient, small, scanty, insignificant, reduced
   abundant, generous

eximir

exempt, dispense, relieve of, pardon, release, set free
   oblige, condemn

exonerar(se)

1 exonerate, free from blame

2 lighten, relieve, alleviate, unload, unburden oneself

expansión

1 expansion, extension, dilation, prolongation

2 development, growth

3 diffusion, circulation, divulgation

4 relief, relaxation, recreation, diversion

expansivo

expansive, communicative, effusive, affectionate

expedición

1 expedition

2 *(commerce)* shipment, shipping, consignment, sending

3 speed, promptitude, dispatch

expedir

1 send, ship, ship off, forward, dispatch, remit

2 draw up, make out, issue

expirar

1 expire, terminate, finish, conclude, finalize
   begin

2 die, breathe one's last, pass away
   be born

explicar

1 explain, interpret, expose, clarify, develop

2 declare, express, put forward a theory

3 teach, show, practise

4 satisfy, justify, exculpate

explícito
    explicit, clear, express, manifest, determined

explorar
    explore, investigate, *(medicine)* probe, *(radar)* scan, examine

explotar
1 run, work, operate
2 exploit, use, utilize, profit from, take advantage of
3 explode, burst, go off

exponer(se)
1 expose, lay bare, manifest, disclose, interpret
2 display, exhibit, *(photography)* expose
3 risk, run the risk of doing, lay oneself open to (danger), endanger, (ad)venture

exposición
1 explanation, interpretation, exposé, narrative, account, statement
2 presentation, display, *(art)* exhibition, *(commerce)* show, fair
3 *(photography)* exposure
4 petition, claim
5 risk, danger

expulsar
1 eject, throw out, fire, sack, expel, show someone the door
2 expel, banish, *(sport)* send off

extender(se)
1 unfold, open out, spread out, unwrap, extend
2 amplify, enlarge, extend
3 propagate, diffuse, divulge, spread, scatter
4 issue, make out, draw up
5 stretch oneself out, talk at length

exquisito
    exquisite, delicious, tasty, excellent, delicate

extenso
1 vast, spacious, extensive
2 *(fig)* long drawn out, prolonged

exterior *(aj)*
1 external, extrinsic, outer
2 foreign, alien

exterior *(s)*
1 exterior, surface, periphery
2 outward appearance, aspect, looks, bearing
3 foreign countries, abroad

extracción
1 extraction
2 origin, birth, lineage, stock, class
3 *(lottery)* draw

extracto
1 extract, substance, essence
2 abstract, summary, abridgement

extraordinario *(aj)*
1 extraordinary, uncommon, singular, exceptional, rare, strange
2 surprising, shocking, strange, odd

extraordinario *(s)*
    (newspaper) special number

extravagante
    extravagant, odd, eccentric, rare, shocking, outlandish

extremo *(aj)*
1 last, ultimate, extreme, farthest, outermost
2 extreme, exaggerated, excessive
3 *(fig)* desperate, critical, extreme, utmost

extremo *(s)*
1 extremity, end
2 terminus, limit
3 point, matter, issue

exuberancia
1 exuberance, high spirits
2 lushness, abundance, plenty, prodigality, copiousness, profusion, plenitude
    scarcity, lack, shortage

F

fábrica
1 factory, edifice, structure, building, construction
2 manufacture, production

fabricar
1 manufacture, make, produce, prepare, elaborate
2 build, construct, devise
3 *(fig)* invent, imagine, forge, fabricate

fábula
1 fable, tale, myth
2 fiction, invention, falsehood, fib
truth, reality
3 rumour, gossip

fabuloso
1 fabulous, mythical, mythological, legendary
2 imaginary, fictitious, false, invented, feigned
3 incredible, exaggerated, extraordinary, inadmissible

fácil
1 easy, simple, straightforward, comfortable, convenient
2 probable, likely
3 friendly, docile, manageable, compliant
4 easy, loose

facilitar
1 favour, prefer, facilitate, make easy
make difficult, complicate
2 supply, provide

facultad
1 capacity, aptitude, ability, capability, faculty
2 power, authority, right
3 licence, permission, authorization, consent
4 *(University)* Faculty, School

falaz *(aj)*
1 deceitful, treacherous, lying
true, truthful, sincere
2 deceptive, fallacious

falsear
1 falsify, forge, counterfeit, fake, adulterate, corrupt
2 buckle, sag, give way, *(fig)* flag, slacken

falso
1 false, deceitful, lying, imaginary, invented, feigned, erroneous, mistaken, deceptive
2 falsified, adulterated, apocryphal, spurious, bogus, sham
3 treacherous, disloyal, unfaithful
true, loyal, faithful, trustworthy
4 feeble, flimsy, unstable

falta
1 fault, defect, flaw, imperfection, deficiency, shortcoming, failure
2 want, need, lack, privation, absence, scarcity, shortage
3 carelessness, negligence, fault, sin
4 fault, blunder, mistake, error, lapse

falto
1 defective, faulty, deficient, short, lacking, scarce
2 poor, wretched, mean

falla
fault, flaw, defect, imperfection, failure

fallar
1 *(law)* judge, sentence, pronounce sentence on
2 fail, miss, go wrong, be lacking, be wanting

fama
1 name, renown, reputation, repute, glory, fame
2 report, rumour

familia
1 parentage, family, *(LAm)* relative
2 household, lineage, race, caste, stock
3 offspring, descendants, children

fanático *(aj)*
 fanatical, intolerant, intransigent, enthusiastic, worked-up, over-excited
 tolerant

fanático *(s)*
 fanatic, bigot, *(film, sport)* fan, admirer, supporter, enthusiast

fantasía
 1 imagination, fantasy
  reality
 2 whim, caprice, fancy
 3 conceit, vanity, airs

fantástico
 1 fantastic, phantasmagoric, imaginary, unreal, feigned, fictitious
 2 capricious, whimsical, fanciful
 3 fantastic!, great!, terrific!

fastidiar
 annoy, bother, vex, upset, sicken, disgust, weary, bore

fastidioso
 wearisome, tedious, boring, annoying, disgusting

fatal
 1 fatal, deadly
 2 inevitable, inexorable, predestined, inescapable
 3 adverse, ill-fated, fateful, disastrous, gloomy, unlucky, unfortunate, cursed
 4 awful, terrible, horrible

fatalidad
 1 destiny, fate, fatality
 2 adversity, misfortune
  happiness

fatiga
 1 fatigue, weariness, tiredness, breathlessness

fatigas
 1 nausea, disgust, repulsion
 2 hardships, troubles, toils, worries

fatigar(se)
 1 tire, exhaust, weary, weaken
 2 annoy, vex, bother, pester

fatigoso
 1 tiring, exhausting, fatiguing
 2 *(medicine)* laboured, difficult
 3 trying, tiresome, wearisome

fatuidad
 1 fatuity, foolishness, inanity, stupidity, silliness, frivolity
  discretion
 2 conceit, vanity, arrogance, presumption, petulance
  modesty

favor
 1 service, good turn, help, aid, succour, favour, *(Am)* favor
 2 protection, support, backing, sponsorship, favour, *(Am)* favor
 3 token, gift, favour, *(Am)* favor

favorecer
 1 help, aid, assist, succour
 2 protect, support, back, second, sponsor, prefer, favour, *(Am)* favor

fe
 1 religion, faith, dogma, belief
 2 assurance, confidence, credit, trust
  distrust
 3 security, asseveration, affirmation, witness, testimony
 4 fidelity, loyalty, rectitude, honesty
  infidelity, disloyalty, dishonesty

felicidad
 1 well-being, satisfaction, contentment, happiness, joy
  unhappiness, sorrow, pain, disenchantment, disillusionment
 2 luck, fortune

feliz
 1 happy, content, satisfied
 2 fortunate, lucky, successful
 3 opportune, timely, right, correct, effective

fenómeno
 1 phenomenon
 2 appearance, manifestation, portent
 3 prodigy, genius, monster
 4 *(fig)* oddity, freak, accident

feo *(aj)*
 1 ugly, plain, unsightly, nasty, foul, atrocious, horrible, monstrous
  nice, handsome, beautiful
 2 *(LAm)* disgusting, foul

feo *(s)*
> unattractiveness, rudeness

ferocidad
> ferocity, fierceness, savageness, cruelty, inhumanity
> *humanity, pity, kindness*

feroz
> fierce, cruel, inhuman, pitiless, wild, savage

ferviente
> ardent, fervent, enthusiastic, eager, fervid, hot, warm
> *cold, unenthusiastic*

fervor
> 1 devotion, piety, fervour, *(Am)* fervor
> *incredulity*
> 2 zeal, ardour, enthusiasm, passion
> *coldness, indifference, lukewarmness*

festejar
> 1 feast, wine and dine, entertain, fête, treat well, shower with gifts, pamper, indulge
> 2 celebrate
> 3 court, woo, flirt with
> 4 *(LAm)* thrash

festividad
> festivity, feast, solemnity, commemoration, holiday

festivo
> 1 festive, merry, gay, happy, joyful
> 2 amusing, witty, clever, funny, humorous, facetious, *(literary)* comic, burlesque

fiador
> 1 *(law)* surety, guarantor, *(commerce)* sponsor, backer
> 2 fastener, catch
> 3 *(gun)* trigger

fianza
> 1 surety, security, bond, pledge, guarantee, caution, deposit
> 2 guarantor, surety

fiar
> 1 guarantee, warrant, stand surety, stand bail, vouch for, answer (for)
> 2 confide (in), trust (in), rely on
> *distrust, suspect*

fibra
> 1 fibre
> 2 thread, grain, filament, *(mining)* vein
> 3 *(fig)* energy, resistance, strength, toughness, vigour, *(Am)* vigor

fibras
> sinews, muscles

ficticio
> 1 fictitious, false, invented, imagined, imaginary, fabulous, feigned, *(pejorative)* fabricated
> *real*
> 2 conventional, hypothetical

fiel *(aj)*
> 1 faithful, loyal, trustworthy, reliable, firm, constant
> *unfaithful, unreliable*
> 2 exact, accurate, true, truthful, faithful
> *false, inaccurate*
> 3 honest, upright, scrupulous
> *dishonest, unscrupulous*

fiero
> 1 cruel, fierce, ferocious, sanguinary, brutal
> 2 savage, wild, untamed
> 3 horrendous, terrible

fiesta
> 1 festivity, feast day, festival, commemoration, holiday
> 2 happiness, joy, celebration, entertainment, party

figura
> 1 *(art)* figure, form, shape, configuration
> 2 *(mathematics)* figure, drawing, diagram
> 3 look, appearance
> 4 effigy, image
> 5 figure, personage, character, celebrity

figurar
> 1 represent, delineate, form, shape, figure
> 2 simulate, feign, pretend
> 3 suppose, imagine, believe

fijar
> 1 fix, fasten, secure, hammer in, drive in, thrust in

2 decide, settle, determine

3 fix one's attention on

fin

1 end, conclusion, finish, termination, boundary, limit
beginning

2 end, aim, purpose, objective, intention, design

firme

1 stable, solid, hard, firm, fixed, secure

2 *(fig)* firm, resolute, steady, constant, invariable

flaquear

1 become weak, grow weak, decay

2 *(fig)* cede, give in, give way, sag, loosen, slacken, faint, pass out, become discouraged, become downhearted

flexible

flexible, docile, manageable, adaptable
hard

flojo

1 weak, feeble, loose, slack, limp

2 lazy, negligent, indolent, careless

fomentar

1 foment

2 *(fig)* excite, promote, stimulate, enliven, increase
discourage

fondo

1 depths, bottom

2 *(fig)* at bottom, at heart, really

3 condition, character, nature, state of being, background

fondos

1 *(commerce)* funds, money, finance, resources, capital, wealth

2 *(fig)* reserves, fund, supply, resevoir

florecer

1 flower, bloom

2 *(fig)* flourish, prosper, progress, develop, thrive, grow

forjar

1 forge, beat into shape

2 invent, imagine, create, plan, design

formar

1 mould, manufacture, make, form, shape

2 constitute, compose, make up

3 institute, establish, organize

4 educate, instruct, teach, train, bring up

5 develop, grow, form, take form

formal

1 formal, courteous, correct, conventional, proper, well- behaved
informal, ill-behaved

2 express, explicit, precise, determined

3 *(fig)* exact, serious, wise, sensible, truthful

formidable

1 tremendous, imposing, smashing, marvellous, terrifying, fearful

2 enormous, colossal, gigantic

3 brutal

fórmula

1 norm, model, rule, guidelines, form

2 recipe, prescription

fortalecer

1 strengthen, tone up, invigorate
weaken, get softer

2 encourage, comfort, animate

3 fortify, consolidate

fortuito

unexpected, chance, accidental, random
foreseen, essential

fortuna

1 fate, chance, luck, accident

2 fate, destiny, fortune

3 wealth, fortune, goods, capital, estate
misery, misfortune

4 squall, storm, tempest

fracción

1 fraction, division

2 part, fragment, portion, bit, piece
whole

fragmento

fragment, part, piece, bit, fraction
sum, totality, whole

franco

1 liberal, generous, free

2 open, sincere, ingenuous, natural, simple, straightforward
3 free, clear
4 exempt, excused, free

franqueza
1 liberality, generosity
2 frankness, openness, forthrightness, candidness, familiarity, freedom, intimacy, sincerity, ingenuousness, simplicity, naturalness
3 exemption (from)

fraude
fraud, forgery, falsification, dishonesty, lie, trick, swindle
honesty, truth

frecuente
1 repeated, reiterated, regular, constant, frequent, usual
2 common, ordinary, current, every-day, usual
3 *(LAm)* familiar

fresco
1 cool, fresh
2 recent, fresh, new
3 *(fig)* plump, round, healthy, fresh, ruddy
4 cool, calm, unabashed, serene, impassive
5 cheeky, saucy, insolent, impudent, shameless, forward

frialdad
1 coldness, cold, chilliness
2 *(fig)* coldness, coolness, indifference, unconcern, detachment
3 *(LAm)* impotence, frigidity, sterility

frío
1 indifferent, unaffected, detached, cold, cool
2 imperturbable, tranquil, impassive, fearless, intrepid

fuego
1 fire, blaze, conflagration
2 fireside, fireplace, hearth
3 *(fig)* fire, passion, ardour, vehemence, vivacity

fuente
1 fountain, spring, source
2 *(fig)* origin, beginning, source

3 serving dish, platter

fuero
1 municipal charter, regional lawcode, exemption, privilege
2 jurisdiction, authority, power
3 *(fig)* arrogance, presumption, conceit

fuerza
1 energy, vigour, *(Am)* vigor
2 strength, resistance, solidity
debility
3 *(fig)* authority, power, coercion, compulsion
passivity
4 *(fig)* violence, intensity, impulse, impetus, impetuosity
softness, tenderness, mildness

fulgor
brightness, brilliance, splendour, gleam, shine, sparkle, twinkle
obscurity

función
1 function, operation, performance
2 function, performance, show, diversion, spectacle
3 office, profession, duty, job

funciones
duties, responsibilities

fundar
1 institute, establish, erect, build, found
2 base, found, lay the foundations of, rest on, be supported by

fundir
1 fuse, join, join together, unite
2 liquidize, liquefy, melt, smelt
3 *(LAm)* spoil, ruin, sink

funesto
1 unfortunate, ill-fated, fateful, fatal, unlucky, disastrous
2 sad, dolorous, wretched, miserable, gloomy

furia
fury, rage, choler, ire, anger, violence, frenzy, madness, passion
tranquillity, serenity, peace

furioso
furious, irascible, rabid, choleric, raging, violent, mad, frenetic
calm

G

gabinete
1 study, library, private sitting room, boudoir, office, laboratory, museum, studio
2 (*politics*) cabinet, government, council, ministry

gala
1 full dress, best dress, court dress
2 pomp, ostentation, display, show
3 (*LAm*) gift, tip

galas
finery, trappings, jewels, adornments, regalia

galante
1 attentive, polite, thoughtful, gallant, flattering, charming
2 amorous, erotic, amatory, wanton, free, licentious

gallardo
1 elegant, graceful, free and easy, charming, courteous
2 dashing, brave, valiant, courageous, spirited
3 (*fig*) excellent, handsome, grand

gana
1 appetite, hunger
2 desire, longing, hankering, craving, wish, will

ganar
1 acquire, get, obtain, secure, collect, earn, win
   lose
2 outstrip, surpass, exceed, leave behind, triumph, defeat, overcome
3 (*military*) conquer, take, capture
4 attain, reach, arrive at
5 attract, gain
6 prosper, improve

garantía
guarantee, pledge, security, undertaking, surety, (*law*) warranty

garbo
1 elegance, grace, charm, gracefulness, refinement

2 largesse, generosity, magnanimity, lavishness
   meanness

gastar
1 spend, consume, spoil, deteriorate, waste, wear out
2 expend, lay out, disburse
   save, put into one's pocket
3 spend, use, employ
   save

gemir
groan, moan, wail, howl, whine, (*fig*) lament, moan

género
1 class, group, kind, type, sort
2 (*botany*) genus, species
3 (*literature*) genre, type
4 (*commerce*) cloth, stuff, material

géneros
(*commerce*) products, merchandise, commodities, goods

genio
1 condition, character, nature, disposition, inclination, temper
2 genius, aptitude, talent, capacity
3 (*mythology, religion*) spirit, genie, demon

gentil
1 graceful, charming, courteous, neat, elegant, dashing, jaunty, humorous
2 (*religion*) gentile, pagan

gloria
1 paradise, heaven
2 glory, fame, honour, renown, celebrity
3 splendour, magnificence, majesty
4 pleasure, delight, transport, rapture, ecstasy
5 puff-pastry cake

gobierno
1 guidance, control, management, direction, running, handling
2 government, ministry
3 (*boat*) steering, rudder, helm

golpe
1 blow, hit, punch, knock, smack, bump, stroke
2 *(fig)* shock, clash
3 percussion
4 heartbeat, throb
5 *(fig)* multitude, crowd, mass, abundance

gozar
1 enjoy, have
2 enjoy oneself, have a good time, amuse oneself, be pleased, rejoice
suffer, grow sad
3 come, have an orgasm

gracia
1 grace, favour, benefit, gift
2 *(law)* pardon, mercy
3 affability, friendship, kindness
4 grace, elegance, charm, delight, attractiveness
5 sharpness, wit, humour

grande *(aj)*
1 high, vast, spacious, large, deep, profound, extensive, voluminous
small, little
2 *(LAm)* old, elderly

grande *(s)*
grandee, magnate

grandeza
1 magnitude, size, greatness
2 magnificence, splendour, grandeur
3 generosity, nobility, magnanimity, loftiness
4 majesty, splendour, glory

gratificar
gratify, reward, recompense, tip, remunerate, pay

gratificación
1 gratification, reward, recompense, bonus, tip, remuneration
2 *(LAm)* gratification, pleasure, satisfaction

gratuito
1 gratis, free, free of charge, gratuitous
2 arbitrary, unfounded, groundless

gravamen
1 burden, obligation
2 *(finance)* tax, impost, duty, tribute, leasehold, mortgage
3 *(law)* lien, encumbrance

grave
1 heavy, weighty
2 important, considerable
3 difficult, arduous, dangerous
4 grave, serious, dignified, sedate
5 *(fig)* grave, serious, critical, important, momentous

grosero
1 rude, bad-mannered, discourteous
polite
2 crude, vulgar, coarse, rough, uncouth, common

grueso *(aj)*
thick, heavy, bulky, voluminous, fat, corpulent, stout

grueso *(s)*
thickness, body

guardar
1 guard, keep, protect, defend, preserve, watch over, look after
neglect, be careless
2 keep, observe, obey, respect
3 keep, conserve, retain, save, hold
waste, spend, use up

guía
1 guide, conductor, leader
2 guide, counsellor, director, adviser, mentor, teacher, master
3 guidebook

guiar(se)
guide, conduct, show, direct, indicate, steer, be guided by
be wrong, make a mistake

gustar
1 taste, savour, try, relish
2 please, be pleasing

H

haber
1 have, possess
2 *(finance)* capital, estate, wealth, fortune
3 *(commerce)* credit side

habilidad
1 ability, mastery, skill, expertise, cleverness, talent, wit, intuition, tact
   inability
2 *(law)* competence

habitar
   inhabit, occupy, live, dwell, stay, reside
   wander

hábito
1 habit, custom
2 practice, use, usage

habitual
   habitual, customary, usual, accustomed, ordinary, current

hablador *(aj)*
1 talkative, chatty, voluble, indiscreet, gossipy
2 *(LAm)* lying, loudmouthed

hablador *(s)*
   gossip, chatterbox

habladuría
   piece of gossip, nasty remark, tale, story, rumour

habladurías
   gossip, scandal

hablar
1 say, tell, speak, talk
2 discourse, perorate, make a speech
3 converse, chat, talk, lecture
4 communicate, treat a subject

hacedero
   practicable, possible, feasible, realizable
   impossible

hacer(se)
1 make, do
2 produce, create, form, build, construct, manufacture
   break up, destroy
3 dispose, prepare, arrange, compose
4 cause, occasion, motivate
5 execute, perform, realize, practise
6 augment, grow, increase
7 become used to, get used to, adapt oneself to
8 simulate, feign, affect

halagar
   caress, cherish, treat well, entertain, feast, woo, pamper, indulge, flatter
   discredit, disparage

halago
1 pleasure, delight, gratification, allurement, attraction
2 petting, courtship, adulation, flattery

hallar(se)
1 find, encounter, meet, bump into, run into
2 invent
3 discover, find out, ascertain
4 note, observe
5 be

hambre
1 hunger, famine, appetite, necessity, need
2 *(fig)* desire, yearning, longing, eagerness

hambriento
1 hungry, starving
2 greedy, eager, anxious, covetous

harapiento
   tattered, torn, ragged, in rags, rent

hartar(se)
1 stuff, fill up, gorge, glut, satiate, sate, surfeit

dissatisfy, starve

2 *(fig)* sicken, disgust, annoy, bother, exasperate, tire, weary, bore, get fed up with

3 *(LAm)* malign, slander

harto *(aj)*

1 satiated, glutted, gorged, over-filled, replete

2 *(fig)* annoyed, bothered, exasperated, tired, wearied, bored, fed up with

harto *(av)*

enough, more than enough, excessive, superfluous

hastío

1 repugnance, disgust

2 *(fig)* annoyance, disgust, tiredness, weariness, boredom

hechicero *(aj)*

(fig) charming, fascinating, enchanting, seductive

hechicero *(s)*

1 wizard, sorcerer, necromancer, magician, enchanter

2 *(fig)* charmer, seducer

hechizar

1 enchant, bewitch, cast a spell on

2 *(fig)* charm, enchant, fascinate, captivate, seduce, *(pejorative)* bedevil

hechizo *(aj)*

1 artificial, false, fake, sham, spurious, feigned, simulated

2 detachable, separable

3 *(LAm)* rough and ready, home-made

hechizo *(s)*

1 witchcraft, magic, spell, charm, curse, enchantment, potion, philtre

2 attraction, fascination, enchantment, glamour

hecho *(aj)*

mature, perfect, finished, complete, made-up, ready-made, ready-to-wear

hecho *(s)*

1 deed, act, action

2 fact, factor, matter, event

hediondo

1 stinking, foul-smelling, smelly, foetid, putrefying

2 *(fig)* filthy, dirty, repugnant, repulsive, obscene

3 annoying, troublesome, vexatious, bothersome, unbearable

herir

1 hit, strike, beat, knock down

2 wound, injure, hurt

3 *(fig)* touch, move, sway

4 *(fig)* hurt, wrong, offend

hermoso

1 pretty, beautiful, lovely, handsome, gracious, precious, splendid, magnificent

ugly

2 *(LAm)* robust, stout, impressive

hidalgo *(aj)*

noble, illustrious, distinguished, *(fig)* gentlemanly, generous, chivalrous

vile, low

hidalgo *(s)*

nobleman, hidalgo

hijo

1 son, child, offspring

2 *(fig)* descendant, native

3 *(fig)* result, consequence, fruit, product

hincharse

1 swell, distend, enlarge, inflate, blow up, pump up

2 *(fig)* exaggerate, carry to extremes

diminish

3 get conceited, become vain

hipocresía

hypocrisy, fiction, simulation, pretext

sincerity

hipócrita *(aj)*

hypocritical, canting, deceitful, false, insincere, pharisaical, sanctimonious

hipócrita *(s)*
hypocrite, deceiver, dissembler, imposter, pharisee, pretender

hipótesis
hypothesis, supposition, theory, conjecture, presumption, assumption

holgar
1 rest, take a break, be at leisure, be idle, be out of work, lie unused
work, be employed
2 exceed, be superfluous, be unnecessary
3 be happy, be contented, enjoy oneself
make oneself sad
4 amuse oneself, entertain oneself

holgazán *(aj)*
1 lazy, idle, indolent, slack, good-for-nothing
industrious
2 negligent, remiss

homenaje
1 allegiance, fealty, loyalty, fidelity, homage, tribute
2 respect, reverence, veneration, duty, deference, worship
3 *(LAm)* celebration, gathering
4 *(LAm)* gift, favour

hondo *(aj)*
1 deep, low
2 *(fig)* deep, profound, heartfelt, intense, extreme
3 *(fig)* recondite, arcane, abstruse, mysterious

hondo *(s)*
depths, bottom
top

honestidad
1 decency, decorum, propriety
indecency, impropriety
2 purity, chastity, modesty
impurity, immodesty
3 fairness, justice, equity
unfairness, injustice, partiality
4 honourableness, honesty, integrity
dishonesty

honesto
1 honest, decent, honourable, *(Am)* honorable
dishonest
2 chaste, modest, pure, virtuous
unchaste, impure, immodest
3 upright, fair, just, reasonable
unjust, unfair

honor
1 renown, reputation, fame, glory, honour, *(Am)* honor
dishonour, (Am) dishonor
2 honesty, chastity, virtue
3 distinction, dignity

honores
honorary status, honours, *(Am)* honors

honorarios
honorarium, stipend, payment, fee, emolument

honra
1 honour, *(Am)* honor
2 honesty, chastity, modesty
3 reputation, renown, glory, fame, good name

honrar
1 respect, revere
2 distinguish, enhance, praise, exalt, favour, *(Am)* favor

horrible
horrible, horrifying, horrific, horrendous, hair-raising, awesome, dreadful, frightening, terrifying

horror
1 aversion, phobia, repulsion
2 horror, consternation, terror, dread

hosco
harsh, grim, dark, sullen, gloomy, shy, unsociable
smooth, gentle, mild, nice, pleasant

hostigar
1 whip, beat, punish
2 harrass, pester, annoy, bother, hound
3 *(LAm) (food)* surfeit, cloy

hostil
hostile, unfriendly, inimical, antagonistic

hueco *(aj)*
1 hollow, empty, void
2 fluffed up, spongy
3 affected, swollen
4 booming, echoing, resounding, resonant
5 *(fig)* vain, presumptuous, fatuous, pompous, affected, conceited

hueco *(s)*
1 hollow, cavity, hole, space, lacuna, discontinuity
2 vacancy, void

huir
1 escape, flee, evade
   stay, stay behind, remain
2 avoid, elude, shun, shrink from
   face

humanidad
1 humanity, human species, man, mankind
2 benignity, benevolence, compassion, charity, pity, mercy

humanidades
   Humanities, Humanism, Belles Artes, Literature

humano *(aj)*
1 human, humane

2 *(fig)* benignant, benevolent, compassionate, generous, charitable

humano *(s)*
   human, human being

humilde
1 humble, docile, obedient, submissive
2 humble, modest, obscure, poor

humillar(se)
1 humiliate, humble, embarrass, shame, subdue, subjugate, conquer, overwhelm
2 humble oneself, grovel

humor
   humour, mood, temper, condition, character

hundir
1 submerge, sink, hammer in
2 confound, vanquish, shame, embarrass
3 destroy, ruin, wreck, demolish, smash, break up
4 sink, collapse

hurgar
1 move, stir, rumple
2 *(fig)* incite, excite, stir up, rouse, move, disturb

I

idea
1 concept, representation, image
2 opinion, notion, judgement
3 plan, project, design, intention, purpose
4 imagination, ingenuity, inventiveness
5 doctrine, belief
6 mania, obsession, caprice

ideal *(aj)*
perfect, sublime, elevated, excellent, exemplary, pure, abstract, imaginary

ideal *(s)*
1 model, prototype, archetype, criterion, example, standard
2 desire, ambition, dream, hope

igual
1 equivalent, synonymous, equal, like
unequal, heterogenous, antonymous
2 flat, plain, even, level, smooth
uneven, rough
3 constant, invariable, regular, uniform, unvarying
variable, irregular

ilegal
illegal, unlawful, illicit, illegitimate, prohibited
legal, lawful, legitimate, just, fair, right

iluminar
1 light up, illuminate
2 illustrate, make clear
3 *(fig)* enlighten, inspire

ilusión
1 illusion, dream, chimera, fiction, delusion, hopefulness
2 hallucination, delirium, confusion
3 hope, expectation, eagerness, excitement, thrill
despair, disappointment

ilusionarse
deceive, seduce, trick, dazzle, attract, delude oneself

ilustración
1 illustration, explanation, clarification, commentary, exegesis
2 enlightenment, learning, erudition, instruction, culture, civilization
3 figure, plate, engraving

ilustre
noble, illustrious, celebrated, renowned, prestigious, eminent, distinguished
undistinguished

imaginar
1 represent, create, invent, forge
2 presume, suspect, suppose, conjecture
know

imitar
imitate, copy, follow, mimic, ape, plagiarize
create, invent

impaciencia
anxiety, uneasiness, disquiet, restlessness, impatience
calm, patience

imperfección
imperfection, defect, flaw, fault, vice
perfection

impertinencia
1 irrelevance, inappropriateness
relevance
2 fussiness, peevishness, petulance
3 impertinence, impudence, insolence, intrusion
politeness

impertinente
1 inconvenient, inopportune, inappropriate
convenient, opportune, appropriate
2 impertinence, impudence, insolent

imperturbable
imperturbable, impassive, intrepid, fearless, undaunted, ser-

ene, tranquil, immutable, unchangeable

ímpetu

1 impetus, impulse, *(mechanics)*
momentum

2 rush, onrush

3 haste, violence, impetuosity

impetuoso

impetuous, impulsive, precipitate,
violent, rash, hasty, vehement
calm, collected

impío

irreligious, unbelieving, sceptical,
incredulous, godless
pious, religious, devout, godly

implacable

inexorable, inflexible, cruel, hard,
inhuman, vindictive, heartless,
merciless, relentless

implorar

beg, supplicate, implore, pray, be-
seech

imponente

1 terrifying, frightening, awesome,
dreadful

2 respectable, venerable, majestic,
grandiose, impressive, imposing,
grand

importancia

value, significance, consideration,
interest, scope, size, importance,
magnitude

importante

important, significant, weighty,
substantial, considerable, momentous, interesting, well-known

importar

1 be of interest, worth the trouble,
of concern

2 be worth, amount to, add up, rise,
(price) go up

importe

amount, value, price, cost, sum,
final total

importunar

importune, entreat, press, solicit,
bother, pester, annoy, tire, inconvenience

importuno

1 importunate, troublesome, bothersome, uncomfortable, annoying
hesitant

2 inopportune, ill-timed

imposibilitar

1 make impossible, impede, prevent, hinder
enable

2 make incapable, cripple

imposible

1 impossible, impracticable, fantastic

2 unbearable, insufferable, intolerable, unmanageable

imposición

1 imposition, compulsion, demand,
requirement

2 tribute, tax, obligation, burden,
charge

imprescindible

necessary, obligatory, indispensable, essential, vital
accidental

imprevisto

sudden, unforeseen, unexpected,
unprepared, surprising
foreseen, expected

imprevistos

incidentals, unforeseen expenses

impropio

1 inappropriate, improper, inadequate, inconvenient

2 foreign, alien

imprudencia

imprudence, indiscretion, impudence, effrontery, insolence,
rudeness, nerve, daring

imprudente

imprudent, precipitate, thoughtless, indiscreet, trusting, rash

impuesto

tribute, tax, charge, contribution,
duty

impúdico

1 impudent, cynical, dishonest
honest

2 shameless, immodest, lewd, lech-
erous, libidinous, libertine

impudor
1 cynicism, dishonesty
2 shamelessness, immodesty, libertinism, lechery, lewdness

impulsar
1 push, drive, propel, impel
   stop
2 incite, stimulate, excite, instigate

impulso
1 impulse, push, shove, *(mechanics)* thrust, drive
2 instigation, stimulus, incitement, urge

inaccesible
1 unattainable, inaccessible, unapproachable, impossible
   accessible
2 impracticable, impassable
   practicable, penetrating

inactivo
1 idle, quiet, motionless, stopped, inactive
2 inert, inactive, lifeless

inagotable
interminable, endless, inexhaustible

inaguantable
intolerable, unbearable, insufferable, unendurable

inaudito
unheard-of, extraordinary, outrageous, scandalous, incredible, monstrous

incapacidad
1 incapacity, incompetence, ineptitude, inability, clumsiness
   capacity, competence, aptitude, experience, knowledge
2 insufficiency, scarcity, penury

incapaz
1 incapable, unfit, inept, incompetent, ignorant, awkward, dim, slow, clumsy
   competent, clever, able
2 insufficient, little

incauto
incautious, careless, credulous, simple, naïve, innocent, candid

incertidumbre
uncertainty, doubt, perplexity, irresolution, indecision, vacillation

incesante
incessant, continuous, uninterrupted, unbroken, constant, persistent

incierto
1 uncertain, doubtful, dubious, unsure, ambiguous, vague
2 inconstant, insecure, unsafe, unreliable
3 unknown, unpredictable
   known

incitar
incite, instigate, rouse, provoke, stimulate, move, induce
   calm, appease

inclinación
1 declivity, slope, obliquity, inclination
   verticality, horizontality
2 propensity, inclination
3 fondness, affection, liking, inclination, leaning
   indifference

inclinar(se)
1 incline, bow, nod
2 bow, stoop
3 *(fig)* persuade, move, incite
4 be inclined to

incluir
include, comprehend, contain, consist of, embrace, include, incorporate, enclose
   exclude

incoherente
incoherent, unconnected, discontinuous, separated, dispersed, disintegrated
   coherent, in agreement

incomodar
1 inconvenience, bother, trouble, anger, irritate, displease, molest
   please
2 put oneself out, get annoyed

incómodo
uncomfortable, embarrassing, disagreeable, bothersome, annoying, inconvenient

incompleto
truncated, fragmentary, incomplete, unfinished, imperfect, defective

incomprensible
1 incomprehensible, unintelligible, inexplicable
comprehensible
2 *(fig)* obscure, enigmatic, arcane, mysterious, confused, complicated

inconsecuente
1 inconsequential, illogical
2 inconstant, fickle, capricious, whimsical, inconsistent

inconstancia
1 inconstancy, fickleness, capriciousness, whimsicality, versatility
2 instability, unsteadiness

inconstante
1 inconstant, fickle, capricious, versatile
2 unstable, variable, changeable, varied

inconveniente *(aj)*
inconvenient, unsuitable, impolite, discourteous, rude, bad-mannered, incorrect

inconveniente *(s)*
1 obstacle, impediment, bond, tie, shackle, hindrance, difficulty, disadvantage, inconvenience
2 injury, damage, harm

incorrecto
1 incorrect, wrong, erroneous, imperfect, defective
2 discourteous, uncivil, rude, bad-mannered

incorporar(se)
1 unite, join, meet, integrate, gather
2 sit up, stand up, raise

incrédulo
1 incredulous, disbelieving, impious, sceptical
2 distrustful, suspicious

Indecencia
1 dishonesty, obscenity, impropriety
honesty, decorum
2 insolence, rudeness, bad manners

indecisión
indecision, doubt, perplexity, vacillation, irresolution, hesitation
resolution, certitude

indecoroso
1 indecent, rude, insolent, undignified
2 obscene, indecorous, dishonest

indemnizar
indemnify, compensate, make up for, make amends for

indeterminado
1 indeterminate, indefinite, inconclusive, vague
2 indecisive, irresolute, perplexed, confused

indicar
1 *(technical)* indicate, show, register, record, denote, signal, signify
2 indicate, point out, point to, show, suggest, hint, intimate

indignar(se)
1 anger, make indignant, annoy, irritate, infuriate
pacify, calm, soothe
2 get angry, get indignant

indiscreto
1 curious, intrusive, meddlesome, interfering
2 gossipy, long-tongued, indiscreet, tactless
discreet

indiscutible
indisputable, unquestionable, incontrovertible, certain, sure, irrefutable, unanswerable, undeniable

indispensable
necessary, essential, needed, needful, obligatory, requisite, indispensable
unnecessary, inessential

indisponer(se)
1 upset, spoil
2 *(medicine)* upset, make ill, make unfit
3 make enemies of, cause a rift between

inducir
induce, instigate, incite, persuade, move, press, attract

índole
1 nature, character, disposition, condition, temper, genius
2 class, kind, sort

indolencia
indolence, sloth, laziness, apathy, listlessness, idleness

indudable
indubitable, unquestionable, certain, sure, evident, undeniable, incontestable, incontrovertible, unarguable
doubtful

indulgencia
1 indulgence, tolerance, forbearance, leniency, clemency
2 *(ecclesiatical)* pardon, forgiveness, remission

indulgente
indulgent, tolerant, forbearing, lenient, compliant, kind
harsh

inevitable
1 inevitable, inescapable, unavoidable, necessary, certain, sure
avoidable
2 inexorable, fatal

inexplicable
inexplicable, incomprehensible, indecipherable, mysterious, arcane, strange
evident

inextricable
inextricable, entangled, confused, complicated, intricate

infamar
defame, discredit, vilify, slander, revile, dishonour, affront
honour

infame
1 infamous, odious, evil, vile, perverse, base, shameful
2 dishonourable, discreditable
honourable

infamia
1 infamy, ignominy, vileness, villainy, obloquy, odium

2 dishonour, discredit, disgrace, disrepute
honour

infectar(se)
1 infect, transmit, pass on
2 contaminate, corrupt, pervert

infeliz *(aj)*
1 unhappy, unfortunate, wretched, miserable, unsuccessful, unlucky
happy, fortunate, successful
2 simple, kind-hearted, good-natured, *(pejorative)* gullible
3 *(LAm)* trifling, insignificant

infeliz *(s)*
1 wretch, poor devil
2 simpleton, fool

inferior *(aj)*
1 lower than, inferior to
2 low, bad

inferior *(s)*
inferior, subordinate, *(pejorative)* underling

infiel *(aj)*
1 unfaithful, disloyal, traitorous, treacherous, perfidious
faithful, loyal
2 unbelieving, infidel
3 inaccurate, mistaken, wrong, erroneous, faulty, incorrect
accurate, correct

infiel *(s)*
infidel, unbeliever

inflamar(se)
1 ignite, kindle, set on fire
2 *(medicine)* inflame
3 *(fig)* inflame, arouse, enrage, madden, infuriate, incense
4 become inflamed, catch fire

inflexible
1 inflexible, rigid, firm, unbreakable
flexible
2 *(fig)* unbending, unyielding, adamant, obstinate, stubborn, intractable, resolute
complaisant, pliable

informar(se)
1 inform, tell, announce, notify, advise, communicate, make known
2 give an opinion, pass judgement
3 *(law)* plead

informe *(s)*
  1 report, statement, announcement
  2 piece of information
  3 *(law)* plea

infracción
  infraction, transgression, infringement, breach, violation, offence, *(Am)* offense
  compliance

infringir
  infringe, violate, transgress, contravene, disobey
  obey, respect

ingenio
  1 ingenuity, inventiveness, talent, creativeness, wit, skill, ability
  2 *(mechanics)* apparatus, engine, device
  3 *(technical)* mill, plant

ingenuo
  1 frank, sincere, candid, ingenuous, unaffected, artless, open, simple
  artful, insincere, sly
  2 simple, credulous, innocent, naïve

ingrato
  1 ungrateful
  grateful
  2 *(taste)* unpleasant, disagreeable
  3 *(task)* thankless, unrewarding

inhospitalario
  1 cruel, inhuman, barbarous
  2 inclement, inhospitable, unpleasant, savage

inhumano
  1 inhuman, cruel, barbarous, ferocious, hard, inhospitable, merciless, heartless
  2 *(LAm)* dirty, disgusting

iniciar
  1 initiate, commence, begin, start
  finish, diminish, decline
  2 instruct, inform, tell
  3 promote, cause, provoke, arouse, instigate, stir up

inicuo
  1 unjust
  just, moral
  2 perverse, evil, bad, ignominious, wicked, iniquitous

injuria *(s)*
  1 insult, injury, affront, outrage, wrong, offence, *(Am)* offense
  2 hurt, harm, damage

injuriar
  1 insult, abuse, revile, offend, denigrate, wrong, affront, vilify, outrage
  2 injure, harm, damage
  benefit

injusticia
  injustice, unfairness, iniquity, wrong
  fairness

inmenso
  1 limitless, infinite, immeasurable, innumerable, uncountable
  2 enormous, immense, huge, colossal, excessive
  small, diminutive

inmóvil
  1 immobile, motionless, still
  mobile
  2 immovable, firm, constant

inmundo
  1 dirty, nasty, repugnant, nauseating, filthy, disgusting, sickening
  2 *(fig)* impure, foul, dirty, defiled, unclean

inmutable
  immutable, constant, fixed, invariable, stable, changeless, permanent, unchangeable
  variable, mutable, unstable

innoble
  ignoble, abject, vile, despicable, worthless, low
  noble

inocencia
  innocence, candour, simplicity, purity, uprightness
  impurity

inocente *(aj)*
  1 innocent, harmless, innocuous
  harmful
  2 simple, naïve, artless, frank, ingenuous
  sly

inocente *(s)*
  simpleton, fool

inquietar(se)
    disquiet, alarm, agitate, bother, disturb, make uneasy, upset, worry

inquisición
    1 inquiry, investigation
    2 tribunal, Holy Office

inscribir(se)
    1 inscribe, engrave
    2 enrol, register, record, list, annotate, note (down)

inseguridad
    1 insecurity, unsteadiness
    2 risk, danger, unsafeness
    safety
    3 uncertainty, incertitude, indecision, vacillation

insensato
    fatuous, stupid, silly, senseless. foolish, absurd

insensible
    1 insensitive, unfeeling, callous, impassive, cold, indifferent
    2 imperceptible, indiscernible
    3 *(medicine)* insensible, unconscious, numb, without feeling

insípido
    insipid, tasteless, *(fig)* dull, uninteresting

insolente
    1 insolent, rude, offensive, disrespectful
    respectful
    2 insulting, arrogant, haughty, contemptuous

insólito
    unusual, infrequent, rare, strange
    habitual, ordinary

inspeccionar
    inspect, examine, audit, check, control, register, recognize

inspirar
    1 *(medicine)* breathe in, inhale
    2 *(fig)* suggest, infuse, instil, inspire

instalar(se)
    1 install, set up, erect, fit up, lay on
    2 establish oneself, move into, settle down

instantánea
    snapshot, photograph

instantáneo *(aj)*
    instantaneous, momentary, brief, rapid, fleeting

instituir
    institute, establish, found, set up
    abolish

instrucción
    1 instruction, education, teaching, doctrine, illustration
    2 erudition, culture

instrucciones
    norms, precepts, orders

insuficiencia
    1 incapacity, ineptitude, ignorance, incompetence
    capacity, aptitude, ability
    2 insufficiency, scarcity, lack, penury
    3 *(school/college grade)* unsatisfactory

insultar
    insult, abuse, offend, affront, outrage, injure
    praise

intacto
    1 intact, whole, entire, complete
    incomplete
    2 undamaged, unhurt
    damaged, hurt

integridad
    1 integrity, probity, rectitude, honesty
    2 entirety, wholeness
    corruption, division
    3 *(fig)* virginity, chastity

íntegro
    1 entire, whole, complete
    2 *(fig)* honourable, honest, upright, incorruptible, just, straight

inteligencia
    1 intelligence, intellect, understanding, reason, mind
    2 comprehension, knowledge, consciousness, meaning
    3 agreement, harmony

inteligente
    1 learned, educated, knowledgeable, informed, intelligent
    ignorant, uneducated, uninformed, unintelligent

2 ingenious, clever, shrewd, smart, perspicacious, sharp, alert, intelligent
stupid, silly, foolish

inteligible
intelligible, comprehensible, clear, legible, decipherable
difficult, confused, incomprehensible

intención
intention, aim, design, purpose, objective, meaning

intenso
1 intense, strong, deep, profound
2 vehement, sharp, vivid

intentar
intend, try, attempt, essay, try out, test

intento
intent, purpose, design, intention, end, attempt

interés
1 benefit, advantage, profit, import
2 *(commerce)* interest, return, yield, income, earnings
3 inclination, attraction, attention, concern, interest

intereses
fortune, capital, wealth, goods

intervenir
1 supervise, control, *(LAm)* instal government apointces in, take over the control of
2 *(commerce)* inspect, audit
3 *(medicine)* operate on
4 *(law)* confiscate, seize

intrepidez
intrepidity, valour, courage, daring
fear, cowardice, hesitancy

inventar
1 discover
2 *(pejorative)* invent, think up, imagine, feign, fabricate, concoct

invertir
1 invert, overturn, upset, alter, change
2 *(commerce)* invest, employ, spend
3 dedicate, occupy, employ

invitar
1 invite, offer, present, *(drinks)* treat, buy, pay for
2 incite, induce, provoke

involuntario
involuntary, instinctive, automatic, unintended

ira
ire, anger, wrath, choler, fury, rage

iracundo
irascible, furious, choleric, irritable

irracional
1 brutish, animal, beastly
2 irrational, absurd, foolish, stupid

irreflexivo
1 precipitate, hurried, hasty, confused, bewildered
2 involuntary, instinctive, mechanical, automatic

irregular
1 anomalous, abnormal, irregular
2 unequal, intermittent, discontinuous
3 variable, capricious, inconstant

irresoluto
1 indecisive, hesitant, doubtful, vacillating
decided
2 irresolute, perplexed

irrespetuoso
disrespectful, irreverent, inattentive, discourteous
respectful

irritable
irritable, irascible, catankerous, choleric, petulant, testy, touchy
good-tempered

irritación
anger, choler, rage, fury, annoyance
tranquillity, peace

irritar
1 anger, infuriate, exasperate, provoke, annoy
soothe
2 excite, inflame

J

jactancioso
    boastful, vainglorious, presumptuous, vain, petulant, fatuous, conceited

jaleo
1 *(flamenco)* audience participation, fiesta, drinking bout, spree, amusement, noise
2 row, racket, uproar, confusion, disturbance, disorder
    peace, quiet

jefe
    leader, chief, head, director, principal, superior, manager, boss

jocoso
    jocose, jocular, humorous, witty, comic, cheerful

joroba
1 hump, hunchback
2 *(fig)* nuisance, bother, annoyance, impertinence, mortification

judiada
1 cruelty, inhumanity, infamy
2 *(finance)* usury, extortion, exploitation

juego
1 diversion, recreation, pastime, entertainment, game, play, gaming, gambling
2 action, movement, performance, function
3 set, assembly, union, joint, juncture

juerga
    party, spree, drinking bout, binge, carousal, diversion

jugar(se)
1 amuse oneself, have a good time
2 frolic, romp, play
3 function, move, perform, work, operate
4 risk, venture, gamble

junta
1 junta, board, council, committee, meeting, assembly, session
2 *(technical)* union, joint, juncture, coupling

juntar(se)
1 join, assemble, couple, link, unite, tie up, fasten, clasp
    separate
2 amass, agglomerate, accumulate, pile up, collect
3 meet, assemble, gather together, congregate
4 *(zoology)* mate, copulate
5 approach, approximate, come close
6 *(documents)* enclose, attach, annex

justicia
1 justice, equity, fairness, rectitude
    injustice, impartiality
2 tribunal

justo
1 just, fair, right, correct, impartial, equitable, legitimate, legal, reasonable
    unjust, unfair, incorrect, illegal, unreasonable
2 exact, precise, punctual, right, correct

juzgar
1 *(law)* judge, sentence, decide
2 believe, opine, discern, estimate, consider, deem, assess, evaluate

L

laberinto
1 labyrinth, maze
2 *(fig)* confusion, chaos, web, entanglement, fuss, trouble, *(LAm)* row, racket

labor
1 work, task, duty, chore, occupation
2 farming, cultivation
3 needlework, sewing, stitching, embroidery, lacework

laborioso
1 diligent, hardworking
2 difficult, laborious, tough, painful, distressing

labrar
1 work, fashion, labour
2 till, cultivate, plough
3 *(fig)* cause, bring about, produce, originate, do, make

lacerar
1 strike, wound, bruise, hurt, lacerate
2 *(fig)* damage, hurt, harm

ladear
tip, tilt, incline, slant, overturn

lamentación
lament, clamour, complaint, groan

lamentar
lament, complain, deplore, moan, weep, regret

lance
1 event, incident, occasion, opportunity, emergency, mishap, difficult situation
2 encounter, duel, fight, quarrel
3 luck, fortune, throw

lánguido
1 languid, listless, weak, feeble, tired, fatigued
2 depressed, discouraged, downhearted

lanzar(se)
1 throw, cast, fling, hurl, fire, shoot, discharge, throw out, evict

2 *(finance, commerce)* launch, promote

largar(se)
1 unfasten, loosen, undo, set free, launch, let fly
2 go away, leave, slip away, run away, run out, beat it
stay, remain
3 *(LAm)* start, begin

largo *(aj)*
1 long, lengthy, extensive, diffuse
2 generous, lavish
3 abundant, copious
4 sharp, shrewd, quick, astute

largo *(s)*
length, longitude

lascivia
lasciviousness, incontinence, lewdness, lechery, obscenity, lust, sensuality

lástima
pity, compassion, commiseration, mercy, shame

latente
1 latent, occult, hidden, invisible, recondite, secret
2 *(LAm)* vigorous, intense, alive

latitud
1 latitude
2 breadth, area, amplitude, width, extent

lazo
1 loop, lasso, bond, tie, bow
2 trap, ambush, snare
3 *(fig)* union, alliance, affinity, connection, obligation, dependence, link, bond

leal
frank, noble, constant, sincere, faithful, loyal, honest, upright, trustworthy
disloyal, treacherous

legal
legal, legitimate, lawful, authorized, just, trustworthy
unjust, immoral

legítimo
1 legitimate, legal, lawful
illegal, unlawful

2 just, reasonable, equitable, fair

3 genuine, authentic, real, true, simple, plain
false

lejano
distant, remote, far off, far-away, far-removed

lentitud
slowness, delay, pause

levantamiento
1 raising, lifting, elevation

2 (*politics*) revolt, rising, uprising, rebellion, mutiny

levantar(se)
1 stand up, get up, pick up, raise, straighten out
lie down, fall, lower

2 construct, build, erect

3 uplift, hearten, cheer up

4 (*politics*) rebel, rouse, stir up
conquer, overwhelm, subordinate

5 magnify, extol, exalt, elevate, praise highly

léxico (*aj*)
lexical

léxico (*s*)
dictionary, vocabulary, lexicon, word list

leyenda
1 legend, tradition, tale

2 legend, inscription, motto, key

liar
1 unite, bind together, tie, tie up, lace, fasten, moor
untie

2 tie up, entangle, complicate, get involved, mix, blend

liberal (*aj*)
liberal, generous, disinterested, splendid, lavish

liberalidad
liberality, generosity, disinterestedness, lavishness

libertad
1 liberty, licence, freedom, emancipation, independence

2 liberation, rescue

3 familiarity, looseness, slackness

4 daring, insolence

libertar
1 liberate, redeem, rescue, release, set free

2 (*commerce*) redeem, cancel, exempt

libertino
libertine, dissolute, licentious, vicious, uninhibited, permissive, loose-living, rakish, profligate

librar
1 preserve, save

2 liberate, set free, save, rescue, deliver from

3 (*law*) exempt, dispense, free, release from

4 (*commerce*) expedite, draw (letters of exchange)

libre
1 independent, emancipated, free

2 clear, free, unoccupied, vacant

3 liberated, freed

4 exempt, excused

5 (*pejorative*) licentious, immoral, loose, dissolute, bold, daring, uninhibited

lícito
just, legitimate, legal, permitted, authorized

liga
1 union, mixture

2 (*politics*) league, confederation, alliance, federation, union

3 garter, suspender

4 (*metals*) alloy, mixture

ligar
1 tie, bind, fasten, moor
untie, separate, detach

2 unite, link, bind together, marry, reconcile
separate, cause a rift between

3 oblige, compel, force

4 ally, confederate, join together, unite

5 (*LAm*) look, stare

ligereza
1 lightness

2 celerity, agility, promptness, rapidity, speed, liveliness, swiftness
slowness

3 imprudence, thoughtlessness

4 inconstancy, instability, superficiality, shallowness, fickleness, flippancy, frivolity

ligero
1 slight, trivial, unimportant
2 agile, nimble, lively, prompt, fast, quick, swift
slow
3 inconstant, fickle, unstable, superficial, shallow, flighty, flippant
4 thoughtless, imprudent

limitación
limitation, demarcation, boundary, region, district

limitar
1 limit, determine, demarcate, fix
2 limit, restrict, reduce, cut down, shorten, abbreviate

límite
1 limit, boundary, frontier, confines
2 end, conclusion

limpiar
1 clean, wipe, wash, shine, polish, tidy up
stain, mark, soil, dirty
2 purify, purge, clean up
3 rob, steal
4 *(LAm)* hit, beat

limpieza
1 cleaning, cleansing, polishing, cleanliness, pulchritude
2 integrity, honesty, rectitude, sincerity
3 purity, chastity
4 *(fig)* precision, perfection, dexterity, skill

limpio
1 clean, tidy, smart
2 pure, immaculate, uncontaminated, purified, purged, honest
3 *(commerce, finance)* free of debts, net, clear

lindo *(LAm)*
1 beautiful, fine, pretty, lovely, nice, attractive

2 perfect, exquisite, delicate

lío
1 bundle, parcel, pack
2 muddle, tangle, mess
order, clarity
3 *(fig)* entanglement, confusion, disorder

liso
1 flat, plain, level, even, smooth, polished
uneven
2 shameless, insolent, forward, impudent

lisonjear
1 flatter, compliment, praise, blandish
2 *(fig)* please, satisfy, delight, pamper, indulge
displease

listo
1 diligent, active, lively, nimble, quick, swift, prompt
2 prepared, disposed, perceptive, observant
3 intelligent, astute, shrewd, wise, informed, smart, clever

liviano
1 slight, trivial, unimportant
2 inconstant, fickle, easy
3 lascivious, incontinent, dishonest, shameless, immodest

loco *(aj)*
1 demented, insane, mad, disturbed, perturbed
sane
2 imprudent, stupid, foolish, absurd

loco *(s)*
madman, lunatic

lucir
1 glitter, sparkle, shine
2 shine, be outstanding, be distinguished, be exceptional, excel
3 show, display, demonstrate

lucro
gain, profit, benefit, advantage, achievement, success
loss, disadvantage, failure

lucha
1 contest, struggle, battle, conflict, fight
2 argument, brawl, fight, row, hubbub
3 debate, discussion, polemic, dispute, altercation
4 controversy, contention

luchar
contend, struggle, fight, battle, combat

lugar
1 spot, place, site
2 passage (of a book)
3 occasion, opportunity, chance, motive

lúgubre
mournful, lugubrious, dismal, sad, melancholic, gloomy
happy, clear, bright

lujo
luxury, opulence, ostentation, magnificence, profusion, splendour, abundance, sumptuousness, wealth, richness
poverty, simplicity

lujoso
opulent, sumptuous, ostentatious, magnificent, splendid, rich, lavish, generous

lujuria
lust, lasciviousness, lewdness
chastity

lumbre
1 light, flame, blaze, fire
2 brilliance, splendour, *(Am)* splendor

lustre
1 brilliance, shine, sparkle, splendour, *(Am)* splendor, glitter, glint
2 *(fig)* lustre, glory

LL

llamar
1 acclaim
2 call, name, denominate, designate
3 call, beckon, summon, call upon, invoke, implore
4 cite, convoke
5 draw, attract, invite
6 call, ring up, telephone, knock, ring
7 *(military)* call up

llano *(aj)*
1 flat, smooth, plain, level
2 plain, straightforward
3 accessible, frank, simple, unsophisticated, friendly
4 clear, evident

llano *(s)*
plain, flat land

llegar
1 come, arrive
2 reach, touch

go, leave, depart, set out, set off
3 achieve, attain, bring about, perfect
4 draw near, bring near, approach
5 be enough

lleno
full, filled, complete, replete, abundant, overflowing
empty

llevar(se)
1 take, transport, move, carry
bring
2 guide, conduct, direct, lead
3 wear, bear
4 *(money, wages)* collect, draw
5 *(time, life)* spend, pass
6 exceed, surpass

llorar
1 shed tears, cry, weep
laugh
2 lament, deplore, regret

M

macilento
1 faded, discoloured
2 weak, skinny, emaciated, lean, gaunt

macizo *(aj)*
solid, full, firm, strong, massive, stout
hollow, weak, fragile

machacar
1 crush, smash, pound, grind
2 insist, persist, bother, pester, go on about something

madurez
1 ripeness, maturity
2 *(fig)* maturity, mellowness, sageness, wisdom, good sense
immaturity

maduro
1 ripe, seasoned, mature, mellow
unripe, immature
2 *(fig)* mature, prudent, sensible, thoughtful, reflective
3 adult
adolescent

maestría
mastery, skill, art, ability, expertise

maestro *(aj)*
masterly, skilful, expert, skilled, clever, smart, capable

maestro *(s)*
pedagogue, professor, instructor
pupil, student, disciple

magia
1 magic, witchcraft, enchantment
2 fascination, attraction, spell, seduction

mágico *(aj)*
magical, fascinating, marvellous, amazing, seductive, charming

mago *(s)*
magician, wizard, enchanter, necromancer

majestad
majesty, loftiness, solemnity, stateliness, grandeur
lowliness

majestuoso
majestic, august, solemn, sublime, impressive, imposing

majo *(aj)*
1 beautiful, handsome, good-looking, dashing, attractive, nice
2 elegant, smart, natty, *(pejorative)* flashy, gaudy
3 blustering, bold, outspoken, amusing, easy-going

majo *(s)*
bully, braggart, dandy, fop, pimp

mal *(av)*
unjustly, incorrectly, badly, improperly, wrongly, poorly, with difficulty

mal *(s)*
1 calamity, misfortune, illness, harm, damage
good fortune, good health
2 evil, wrong
good, goodness

malbaratar
1 *(commerce)* sell off cheaply
2 *(fig)* waste, dissipate, squander

maldecir
1 curse, imprecate, execrate
2 loathe, detest
3 denigrate, defame, disparage, slander, criticize
4 curse, complain bitterly of

maleficio
curse, spell, enchantment, sorcery, bewitchment, charm

maleta *(aj) (LAm)*
1 naughty, mischievous, wicked
2 stupid, useless

maleta *(s)*
1 suitcase, case, travelling bag
2 bungler, clumsy novice

malgastar
dissipate, squander, waste, throw away
save, keep

malicia
1 wickedness
2 malice, malignity, spite, wickedness, evil intention
3 viciousness, vicious nature, mischief, mischievous nature
4 rougishness, naughtiness
5 slyness, guile

malicias
suspicions

malicioso
1 wicked, evil
2 ill-intentioned, spiteful, malicious
3 vicious, mischievous
4 rougish, naughty, provocative

maligno
1 *(medicine)* pernicious, malignant
benign
2 evil, vicious, pernicious, harmful, malicious

malo/mal *(aj)*
1 bad, evil, malignant, malicious, vile, perverse
good
2 low, contemptible, mean, sly, cunning, depraved

malo *(s)*
villain, rascal, rogue, scoundrel
hero, good person

manantial
1 spring, fountain, source, origin
2 *(fig)* origin, source, fountain, beginning

manar
gush forth, surge, spout, spurt, run, flow, abound in

mancha
1 spot, mark, stain, blemish, bruise
2 *(fig)* flaw, blemish, stain, dishonour
3 sketch, outline

mandar
1 order, decree, command
obey, carry out, fulfil

2 direct, govern, rule, subdue, rule despotically
3 send, remit
4 *(LAm)* throw (away), hurl
5 *(LAm)* give, strike, fetch, hit

mandato
order, mandate, precept, prescription

manejar
1 manage, handle, operate, run, use, utilize, employ
2 direct, rule, govern, administer
3 drive (a vehicle)

manejo
1 handling, operation, management, use, employment
2 direction, government, administration
3 stratagem, manoeuvre, gimmick, trick, crafty plan

manera
1 form, procedure, mode, method, way
2 fashion, style, manufacture

maneras
manners, comportment

manía
1 fixed idea
2 antipathy, ill-will, dislike, spite
sympathy
3 *(fig)* whim, fad, craze, rage, mania

manifiesto *(aj)*
manifest, clear, obvious, visible, patent, ostensible
obscure

manifiesto *(s)*
(politics) manifesto

manifestar
1 declare, expose, tell
hide, keep quiet
2 manifest, show, exhibit, reveal, present

mano
1 hand, foot, paw
2 *(game)* hand, round, turn
3 *(LAm)* misfortune, mishap

mansedumbre
gentleness, sweetness, mildness, meekness, tameness
anger

manso
1 tranquil, quiet, peaceful, calm, meek, mild
2 docile, manageable, tame

mantener
1 maintain, conserve, keep
2 sustain, nourish, feed
3 defend, support, protect

maña
1 skill, ability, mastery, dexterity
   inability
2 shrewdness, astuteness, cleverness, ingenuity
3 artifice, trick, ruse, knack

mañoso
1 able, skilful, clever, smart, crafty
2 *(LAm)* vicious, obstinate, nervous, shy

maravilla
1 portent, prodigy, marvel, wonder
2 marigold

maravilloso
marvellous, wonderful, admirable, prodigious, portentous, surprising, extraordinary, stupendous, astonishing, amazing

marcial
1 martial, military, warlike, bellicose, aggressive
   civil
2 *(fig)* virile, manly, brave
   cowardly, timid

marcha
1 speed, celerity
2 *(fig)* march, progress, course, evolution, development
3 procedure, method
4 *(automobiles, mechanics)* gear

marchar(se)
1 walk, travel
2 work, function, move, go

marchitar
wither, fade, dry (up), shrivel, crease, crumple

marchito
withered, faded, dry, shrivelled, shrunken, creased, crumpled, spoilt

mareo
1 sickness, nausea, dizziness, vertigo
2 *(fig)* bore, nuisance, annoyance, inconvenience

margen
1 border, edge, margin, river-bank, shore
2 occasion, motive, pretext

marina
1 coast, seaboard
2 seamanship, navigation, sailing
3 navy, fleet, armada

máscara
1 mask, disguise, veil
2 *(fig)* pretext, excuse, dissimulation

materia
1 substance, matter, material
   spirit, unreality
2 matter, subject, theme

matriz
1 uterus, womb
2 mould, die, matrix, *(LAm)* stencil
3 *(fig)* principal, chief

máxima
rule, principle, sentence, precept, aphorism, apothegm, maxim

mayor *(aj)*
1 main, major, chief, principal, superior
2 older, elder, adult

mayor *(s)*
chief, boss, elder

mayores
elders, ancestors, grandparents, predecessors, progenitors

mediar
1 mediate, intervene, interpose
   abstain
2 be in the middle, lie between

medida
1 measure(ment)
2 dimension, size
3 step, move, precaution, foresight, prevention
4 prudence, moderation, restraint

meditar
consider, reflect, think over, ponder, meditate on

mejora
1 improvement, advance, progress, growth, prosperity
2 relief, ease

mejorar
1 improve, better, make better
worsen
2 struggle, strain
3 relieve, alleviate, re-establish
4 progress, prosper, advance, thrive

meloso
honeyed, sweet, mellifluous, sickly, cloying, smooth

mencionar
mention, name, allude, cite
omit, forget

menester
1 necessity, need
2 profession, ministry, occupation, exercise, duty

mengua
1 decrease, decline, dimunition
increase
2 poverty, scarcity
3 (fig) discredit, dishonour
honour

menguado
1 cowardly, pusillanimous, recreant, faint-hearted
2 miserable, mean, contemptible

menguar
1 diminish, decrease, lessen, be consumed, waste away
increase, grow
2 (fig) discredit
3 diminish, get less, dwindle, decrease
increase
4 (fig) wane, decay, decline

menoscabar
1 reduce, lessen, diminish
increase
2 deteriorate, harm, impair, dull, tarnish
3 (fig) discredit, dishonour

menoscabo
1 reduction, decrease, decline
2 deterioration, detriment, harm, damage

3 (fig) discredit, dishonour

mente
1 intelligence, understanding, mind, spirit
2 thought, proposition

mentecato (aj)
silly, simple, foolish, stupid, idiotic

mentecato (s)
fool, idiot, imbecile

menudencia
trifle, small thing, triviality

menudencias
1 odds and ends, minute details
2 offal, waste

meollo
1 brains
2 (anatomy) marrow
3 (fig) substance, essence, basis
4 (fig) understanding, brain(s), sense

mercadería
commodity

mercaderías
merchandise, goods, articles, produce, wares

mesura
1 gravity, dignity, seriousness, composure
2 reverence, consideration, courtesy, respect
discourtesy
3 moderation, prudence, circumspection
imprudence

meta
1 terminus, end, conclusion, final, goal
2 end, aim, objective, purpose, intention, goal

meter(se)
1 put in, insert, introduce, include, fit (into)
2 interfere in, meddle in
3 annoy, bother, disturb, disquiet, mortify

método
method, procedure, norm, rule, system

mezcla
1 mixture, blend, aggregate
2 alloy
3 plaster, mortar

mezclar
1 mix, blend, mingle, incorporate, add, join, unite
separate, individualize, disunite
2 interfere in, meddle in, introduce

mezquindad
1 poverty, misery, shortage (of money)
2 meanness, stinginess, pettiness, paltriness, wretchedness

miaja
piece, portion, crumb, bit

miedoso
fearful, timid, timorous, frightened, cowardly, recreant, pusillanimous

milagro
prodigy, portent, marvel, wonder, miracle

milagroso
1 miraculous, supernatural
2 marvellous, prodigious, stupendous, portentous, amazing, astonishing

mimar
1 pamper, spoil, indulge
2 consent (to), get accustomed to bad habits

mimo
1 affectionate caress, nice remark, pampering indulgence
2 mime, mime artist

ministerio
1 ministry, office, employment, function(s), occupation
2 *(politics)* ministry, government, cabinet

minucioso
meticulous, thorough, scrupulous, very detailed, minute

mira
1 *(fig)* aim, intention, design, end, purpose
2 *(military)* watchtower, look-out post

mirado
1 circumspect, prudent, cautious, reflective
2 attentive, considerate, respectful

miramiento
1 caution, care, precaution, circumspection
2 courtesy, respect, attention, consideration

miramientos
courtesies, attentions

mirar
1 look at, watch, observe, not lose sight of
2 consider, think over
3 recognize, respect, acknowledge
4 protect, look after, take care of, keep watch over, shelter

miserable
1 unfortunate, unlucky, unhappy, wretched, miserable
fortunate, lucky
2 indigent, poor, needy, squalid
3 miserable, paltry
4 mean, stingy, miserly, contemptible
generous
5 perverse, infamous, vile, despicable

miseria
1 unhappiness, misfortune, misery
happiness, good fortune
2 poverty, indigence, scarcity, shortage (of money), squalor
3 stinginess, meanness, miserliness
generosity
4 fleas, lice, vermin

misericordia
1 commiseration, compassion, pity, charity
2 clemency, mercy, forgiveness

misterioso
mysterious, occult, secret, recondite, obscure

mitigar
moderate, temper, calm, placate, soften, smooth (out)

modelo
1 model, pattern, guideline
2 exemplar, example, type

moderar
   moderate, control, restrain, curb,
   temper, mitigate, adjust

modestia
  1 humility
  2 modesty, decency, decorum,
    shame, honesty

módico
   moderate, reasonable, limited,
   frugal, sparing

modificar
  1 change, vary, transform, alter
  2 correct, emend, rectify, modify

moler
  1 grind, crush, pound
  2 weary, bore, bother, annoy,
    mortify

molestar
   annoy, bother, pester, molest,
   hinder, be in the way, tire, weary,
   fatigue
   make happy, pacify, calm

molestia
   bother, trouble, nuisance, inconvenience, *(medicine)* discomfort

molesto
  1 troublesome, annoying, both-
    ersome, trying, tiresome
  2 discontented, restless, ill-at-ease,
    uncomfortable, upset, offended,
    embarrassed

momento
  1 instant, moment
  2 opportunity, occasion, present
    time
  3 *(mechanics)* momentum, moment
  4 *(fig)* consequence, importance

monstruoso
  1 unnatural
  2 enormous, phenomenal, colossal
  3 execrable, hateful, abhorrent

morder
  1 bite, gnaw, nibble
  2 corrode, eat away, eat into
  3 defame, criticize, satirize, dis-
    credit

mortal
  1 perishable
  2 mortal, fatal, deadly, lethal

  3 *(fig)* tiring, overwhelming, dis-
    tressing
  4 decisive, conclusive

mortificar
  1 pain, harm, damage, mortify
  2 afflict, molest, wound, offend,
    grieve, sadden

mostrar
  1 indicate, designate
  2 present, exhibit, show, display,
    explain, demonstrate

mover(se)
  1 move, transfer, change
  2 induce, persuade, incite
  3 cause, occasion, originate, pro-
    voke
  4 *(LAm)* push (drugs)

móvil
  1 movable, mobile
    immobile
  2 unstable, unsure, insecure

móvil *(s)*
   motive, cause, reason

movimiento
  1 movement, motion, activity
  2 revolt, rising
  3 *(music)* time, tempo

muchedumbre
  1 abundance, multitude, infinity
  2 mass, crowd

mudar(se)
  1 change, vary, alter
  2 stir, move, transfer
  3 go away, leave

muelle *(aj)*
  1 suave, bland, delicate
  2 voluptuous, sensual

muelle *(s)*
  1 spring, watch spring
  2 wharf, dock, pier, quay, mole

muerte
  1 death, decease, demise, transit
    life
  2 homicide
  3 end, destination, conclusion, anni-
    hilation, ruin

muerto *(aj)*
  1 dead, deceased, lifeless
  2 terminated, finished, inactive

muerto *(s)*
    dead man or woman, corpse
muestra
    1 sign, proof, demonstration
    2 example, sample, pattern
multiplicar
    multiply, increase, propagate, re-
    produce, augment
    diminish, lessen, decrease
mundo
    1 cosmos, creation, universe, orb
    2 world, earth, globe
    3 star
    4 humanity, mankind
murmurar
    1 murmur, whisper
    2 grumble
    3 criticize, gossip
mustio
    1 languid, lank, withered, faded
    2 melancholic, gloomy, depressed,
    sad

N

nacer
1 be born, hatch, germinate, sprout, emerge, rise
die
2 begin, emanate, originate, proceed
finish
3 deduce, derive, infer, follow

narrar
narrate, tell, recount, relate

natural *(aj)*
1 native
2 natural, frank, sincere, ingenuous, unaffected, simple
3 common, normal, regular, habitual, ordinary, current, usual

natural *(s)*
1 inhabitant, native
2 nature, condition, character, disposition, temperament

nave
1 ship, boat, vessel, craft
2 *(architecture)* nave

necesario
1 necessary, inevitable, inexorable
evitable
2 necessary, vital, essential, indispensable
accidental

necesidad
1 necessity, need
2 necessity, fix, jam, tight spot, awkward situation
3 need, necessity, want, poverty, penury, scarcity, misery
plenty

necio
1 silly, foolish, simple, stupid, ignorant
2 *(LAm)* touchy, hypersensitive
3 *(LAm)* obstinate, stubborn, pigheaded

negar(se)
1 deny, refuse, ban, prohibit
affirm, ratify

2 hide, conceal, dissimulate, dissemble
3 refuse (to)

negociar
1 negotiate
2 trade, traffic, treat, do business, deal in

negocio
1 *(commerce, finance)* deal, transaction, piece of business
2 *(LAm)* firm, company, place of business

negocios
(commerce, finance) business, trade

negro *(aj)*
1 black
white
2 *(fig)* black, awful, sad, melancholy, ill-omened
clear, happy, lucky, fortunate

negro *(s)*
Negro, native of Africa

nervio
1 nerve, tendon, vein
2 energy, vitality, vigour, strength

nervioso
1 nervous, restless, excitable, edgy, irritable
tranquil, impassive
2 vigorous, lively, energetic, strong

nítido
1 bright, clean, spotless, *(photography)* clear, sharp
2 *(fig)* pure, unblemished

noble
1 noble, illustrious, generous
2 worthy, esteemed, honourable, respectable
unworthy, low, contemptible, mean
3 excellent, outstanding, principal, main
4 noble, aristocratic, blue-blooded
plebeian

noción
notion, idea, understanding

nociones
   rudiments, elements, principles

nocivo
   bad, harmful, pernicious, preju-
   dicial
   inoffensive, healthy, good

nombrar
   1 name, designate, denote, nom-
   inate, select, choose
   2 mention, cite, allude, refer

nombre
   1 name, denomination, designation
   2 *(fig)* name, fame, renown, reputation, notoriety

norma
   norm, rule, precept, guide, guidelines, method

normal
   1 normal, usual, habitual, common,
   natural
   abnormal
   2 regular
   irregular
   3 perpendicular

nota
   1 note, memo(randum), *(LAm)*
   promissory note, bill
   2 characteristic, sign
   3 fame, credit, renown, reputation,
   notoriety
   4 explanation, commentary, observation, preface, foreword

   5 *(school/college)* grade, marks,
   class

notar
   1 note, notice, observe, mark, indicate, point out, take account of,
   pay attention to, perceive, warn
   2 annotate, note (down)
   3 censure, reprimand, criticize, denounce

noticia
   piece of news, notion, idea,
   knowledge

noticias
   news, information

notificar
   notify, inform, make known, communicate, advise

notorio
   notorious, well-known, clear, visible, evident, manifest, public
   obscure, private

novato *(aj)*
   inexperienced, inexpert
   experienced, expert

novato *(s)*
   novice, beginner
   master, expert

nulo
   1 null, nil, null and void, invalid,
   useless
   2 inept, useless, slow, torpid, incapable, unfit

Ñ

ñango *(LAm)*
  1 awkward, clumsy. short-legged
  2 weak, feeble

ñapa *(LAm)*
  bonus, extra, tip

ñato *(LAm)*
  flat-nosed, snub-nosed, nasal, bent, deformed

ñoño
  1 characterless, insipid, insubstantial, spineless
  2 shy, bashful, timid
  3 fussy, finicky
  4 *(LAm)* senile, decrepit
  5 *(LAm)* thick, stupid

O

obcecación
blindness, bewilderment, blind obstinacy, stubbornness, disturbance

obediencia
obedience, submission, subjection, docility, respect
disobedience, rebellion, disrespect

obediente
obedient, submissive, manageable, docile, compliant, respectful
disobedient, unmanageable, recalcitrant, refractory

objetar
object (to), oppose, contradict, answer, answer back, argue, refute, impugn
agree, assent, bring together, reconcile, come to an agreement

obligar(se)
1 oblige, force, constrain, drive, impel, bind someone (to)
2 agree, promise to do something, compromise oneself

obrar
1 make, manufacture, build, construct
2 work, operate, act, behave, proceed, have an effect
rest, abstain

obsequio
1 gift, present, presentation, *(commerce)* free gift
2 courtesy, attention, kindness

obsequioso
attentive, courteous, polite, obliging, helpful

observar(se)
1 observe, watch, see, notice, spot
2 observe, respect, keep, abide by, adhere to
neglect, disregard, ignore

obstáculo
obstacle, impediment, hindrance, difficulty, inconvenience, drawback

obstinado
obstinate, stubborn, insistent, persistent, pertinacious, tenacious

obstruir
obstruct, impede, hamper, hinder, block, plug, stop up, clog
facilitate, open, vacate, unblock, unplug

obtener
1 attain, get, obtain, secure, achieve
lose
2 produce, extract

obturar
close, obstruct, block up, stop, plug, seal off, *(dentistry)* fill
open, uncover

obtuso
1 obtuse, blunt
sharp
2 *(fig)* dim, slow, dull, obtuse
sharp, smart, clever
3 *(mathematics)* obtuse

obvio
obvious, visible, manifest, evident, patent, clear
difficult, obscure, hidden, occult

ocasión
1 occasion, time, juncture
2 opportunity, chance, occasion
3 cause, motive
4 *(LAm)* bargain

ocasionar
1 cause, motivate, produce, provoke, promote
2 stir up, excite

ocaso
1 *(astronomy)* sunset, setting
sunrise
2 *(geography)* west, occident
east, orient
3 *(fig)* decadence, decline, end, fall

ocio
leisure, idleness, inaction, inactivity, rest
activity, occupation

ocios
  pastime, diversion

ociosidad
  idleness, laziness, inactivity
  work, diligence, occupation, activity

oculto
  1 occult, hidden, concealed, covered, veiled
  2 unknown, incognito
  3 *(fig)* secret, mysterious, occult, clandestine

ocupación
  1 occupation, possession, seizure, taking
  2 occupation, employment, profession
  3 work, job, task, labour

ocupar
  1 occupy, take possession of, appropriate, take over
  leave, abandon
  2 fill, take up, occupy
  3 occupy, employ, engage, keep busy
  4 occupy, inhabit, live in
  5 *(LAm)* seize, confiscate

ocurrencia
  1 occurrence, incident, event, happening
  2 opportunity, occasion, contingency, possibility
  3 witty remark, witticism
  4 idea, bright idea

ocurrir
  occur, happen, pass

ocurrente
  witty, bright, sharp, clever, ingenious, entertaining, amusing

odiar
  1 hate, abominate, detest, execrate, loathe
  love
  2 *(LAm)* irk, annoy, bore

ofender
  1 ill-treat, wound, harm, injure
  2 injure, insult, affront, abuse, wound, offend
  ingratiate oneself, placate, make up, praise

3 take offence, get angry, get annoyed, feel resentful
4 *(LAm) (woman)* touch up, feel, grope

ofensa
  offence, insult, wrong, injury, affront, outrage

oferta
  1 offer, proposal, proposition, promise
  2 *(commerce)* offer, tender, bid, special offer, bargain
  3 present, gift, donation

oficio
  1 job, profession, occupation, *(technical)* craft, trade
  2 job, role, post, office, *(mechanics)* function

oficioso
  1 semiofficial, unofficial, informal
  2 kind, helpful, obliging
  3 *(pejorative)* officious, interfering, meddlesome, intrusive

ofrecer(se)
  1 offer, propose, volunteer, offer one's services
  2 offer, present, give
  3 offer, dedicate, consecrate, contribute
  4 show, teach
  5 occur, happen unexpectedly, present itself

ofuscar
  1 blind, dazzle, obscure
  2 *(fig)* bewilder, confound, puzzle, confuse, blind
  calm down, reflect, clarify

olfatear
  1 smell, sniff
  2 *(fig)* sniff out, pry into, investigate

olvido
  1 forgetfulness
  memory, remembrance
  2 neglect, omission, oversight, carelessness, inadvertence
  care, carefulness
  3 relegation, postponement, delay
  4 oblivion

ominoso
1 ominous, fateful, ill-fated, disastrous
2 abominable, execrable, odious

omisión
1 omission, lacuna
2 omission, oversight, neglect
attention

ondular(se)
1 wave, undulate
2 swing, rock, sway, wriggle
3 curl, ripple

oneroso
onerous, burdensome, tedious, costly, expensive

opaco
1 obscure, dark
2 sad, melancholic, gloomy
3 *(fig)* dull, lustreless, lifeless

oportuno
1 opportune, timely, appropriate, suitable, convenient, expedient
2 witty, quick

oposición
opposition, antagonism, resistance, contradiction, obstruction

oposiciones
competition for a post, public entrance examination

opresor *(aj)*
oppressive, tyrannical, despotic

opresor *(s)*
oppressor, tyrant, despot

oprimir
1 squeeze, depress, press down, compress
2 *(fig)* oppress, tyrannize, enslave, subdue, subjugate, dominate, burden, weigh down
help, free, liberate

optar
opt, prefer, choose, elect, select

opuesto
1 opposite, contrary, contradictory
2 refractory, stubborn, recalcitrant, obstinate
obliging

oración
1 discourse, reasoning, speech, oration
2 proposition, sentence
3 prayer, deprecation
4 *(LAm)* pagan invocation, magic charm

orden
1 order, sequence, arrangement, disposition
disorder
2 rule, method
3 order, command, decree, mandate, precept

ordenar
1 order, arrange, organize, dispose, regularize, classify, coordinate
2 direct, give directions to, put right, straighten
3 order, command, establish, prescribe, decree

ordinario
1 ordinary, common, usual, habitual, frequent, regular, normal
extraordinary, unusual, irregular
2 low, vulgar, common, plebeian, coarse, crude, obscene

organización
1 organization, disposition, structure, constitution
2 *(fig)* order, arrangement, array, control, rule, regulation, regularization

organizar
organize, arrange, dispose, structure, reform, constitute, establish, regularize

orgullo
pride, arrogance, vanity, presumption
humility, modesty

origen
1 origin, beginning, cause
2 origin, birth, lineage, stock, ancestry, descent, family

original
1 new, original, fresh
old

2 authentic, personal, proper
3 singular, strange, odd, peculiar, rare, original

ornamento
ornament, adornment, dressing, seasoning

ornato
ornament, adornment, decoration, attire, dress

osadía
1 audacity, daring, boldness
2 insolence, shamelessness

oscilar
1 vibrate
2 balance, fluctuate
3 *(fig)* vacillate, hesitate

oscuro
1 dark, dull, sombre, gloomy, opaque, obscure
2 *(fig)* confused, incomprehensible, unintelligible
clear, intelligible
3 *(fig)* humble, unknown
4 *(fig)* uncertain, frightening, dangerous

oscurecer(se)
1 obscure, darken, dim, black out
2 *(fig)* confuse, cloud, fog, overshadow, put in the shade, dim, tarnish

3 grow dark, get dark, become cloudy
become clear, clear up, dawn

oscuridad
1 obscurity, darkness, gloom, gloominess
2 *(fig)* obscurity, confusion

ostensible
obvious, evident, patent, visible, clear, manifest, public

ostentación
1 exhibition, manifestation, display
2 ostentation, show, display, boasting, vainglory
modesty
3 magnificence, pomp, sumptuousness
sobriety, simplicity

ostentar
1 show, display, exhibit
2 flaunt, show off, boast, display

otorgar
1 consent, concede, condescend, grant, confer, authorize
prohibit
2 offer, stipulate, establish, dispose

oyente
1 listener, hearer
2 *(university)* occasional student, *(Am)* auditor

P

paciente (aj)
1 tolerant, resigned, patient, long-suffering, gentle, mild
impatient, intolerant
2 calm, quiet

paciente (s)
patient, sufferer, sick person

pacificar
1 pacify, reconcile, establish peace
irritate, fight
2 tranquillize, quieten, calm (down)

pacífico
pacific, peaceful, peaceable, quiet, tranquil, calm, rested, reposed

pactar
agree, arrange, make a pact, fix (up), settle, establish, treat, stipulate

pacto
1 stipulation, agreement, covenant
2 contract, treaty, agreement

pagar
1 settle (a debt), satisfy, pay for, defray, recompense, repay, remunerate, reward
2 be content with
3 boast, brag, be conceited about

pago
1 (finance) payment, refund, pay, salary, wages
2 satisfaction, recompense, premium, (fig) return, reward

paliar
1 dissimulate, hide, conceal, excuse, pardon
discover, accuse, charge
2 mitigate, alleviate, calm, lessen, minimize, soften, smooth out, palliate
augment, increase

palma
1 (anatomy) palm
2 (botany) palm, palm-tree
3 (fig) glory, triumph, victory

palmas
applause, (hand)clapping, acclaim

palurdo (aj)
rustic, rude, coarse, peasant

palurdo (s)
rustic, peasant, yokel, oaf, (Am) hick

pánico
panic, terror, dread, fright, fear

pantano
1 marsh, bog, swamp
2 dam, reservoir, lake, lagoon
3 (fig) difficulty, embarrassment, hindrance, obstacle, obstruction, jam, fix

parada
1 stop, stopping place, halt
2 stoppage, shutdown, delay
3 station
4 place, post
5 (military) parade, (LAm) civic procession
6 (fencing) parry
7 (LAm) vanity, pride, presumption

paralizar
1 make impossible, make incapable, cripple, paralyze
2 (fig) impede, immobilize, obstruct, hinder, intercept, stop, come to a standstill
3 become paralyzed

parar
1 stop, halt, suspend, detain, paralyze, intercept, park
2 finish, terminate, conclude
3 inhabit, be, live, lodge, stay

parcialidad
1 faction, party, group
2 partiality, prejudice, bias, preference, inclination, injustice, inequality

parco
1 short, scarce, insufficient
2 frugal, sparing, moderate, temperate, restrained

parecer(se)
1 appear, seem, present, manifest
disappear

2 be (situated)
3 resemble each other, look like

parecer (s)
    opinion, judgement, view, impression

parecido (aj)
    similar, analogous, alike, equal

parecido (s)
    similitude, analogy, similarity, resemblance, likeness

parentesco
1 kinship, relationship
2 (fig) union, link, bond, tie

paridad
1 parity, equality, resemblance, similarity
    dissimilarity, diversity
2 comparison, parallelism

parsimonia
1 parsimony, frugality, economy, saving, sobriety
    imprudence, waste, extravagance
2 circumspection, moderation, restraint

participar
1 take part in, collaborate, contribute, co-operate
2 notify, inform, advise, give notice, communicate, make known

particular (aj)
1 particular, personal, private, proper
    general, common, ordinary, impersonal
2 especial, singular, extraordinary, rare, strange

particular (s)
1 particular, detail, point
2 private, individual

particularidad
1 peculiarity, singularity, characteristic, particularity
2 circumstance, detail, particular

partida
1 departure, march, running, working, jump start, push start, sudden start
2 party, group, band, gang, clique
3 guerrilla band
4 (commerce) entry, item

5 certificate
6 (sport) game

partido
1 prejudice, bias
2 resolution, determination, decision
3 advantage, convenience, benefit, profit
4 favour, protection, popularity, sympathy
5 district, territory
6 (sport) game, match
7 (sport) team, side, (politics) party

partir
1 divide, share (out), distribute
2 open, cut, split (open), break (open)
3 distribute, share
4 leave, go (away), set off, set out, absent oneself

pasajero (aj)
    brief, transient, transitory, momentary, ephemeral, fleeting, passing, (commerce) perishable

pasajero (s)
1 passenger
2 (LAm) ferryman

pasar
1 go (from one place to another), move, pass, (time) spend
2 occur, happen
3 cross (over), traverse
4 exceed, surpass, outstrip, do better than, overtake
5 suffer, endure, tolerate, put up with, overlook
6 dispense, pardon
7 cease, finish
8 carry, conduct, transfer, give, infect
9 strain off, sift, sieve
10 spoil, get damaged, be ruined, wither, (fig) fade away

pasión
1 suffering
2 vehemence, ardour, enthusiasm, heat

pasmar
1 amaze, astound, astonish
2 cool, freeze, chill (to the marrow)

3 cripple, immobilize

4 *(LAm)* become infected, fall ill, catch a fever

pasmo

1 spasm

2 tetanus

3 marvel, amazement, wonder, daze, confusion, astonishment

patán *(aj)*

rustic, stupid, slow, coarse, rude, uncouth, vulgar

patán *(s)*

rustic, yokel, oaf, villager

patente *(aj)*

visible, obvious, evident, clear, manifest, ostensible, palpable, well-known, notorious

patente *(s)*

(commerce) patent

patético

pathetic, moving, sentimental, emotional, tender, touching, poignant

patraña

tall story, tale, fib, lie

patrimonio

1 inheritance, succession

2 property, goods

3 heritage, patrimony

patrón

1 patron, protector, defender, *(religion)* patron saint

2 landlord, proprietor, owner

3 master, principal, boss, chief

4 *(technology, dressmaking)* guideline, model, pattern

pausa

1 pause, break, interruption, stop, halt, stoppage, shutdown

2 *(music)* rest, silence

3 slowness, delay

pausado

slow, deliberate, sluggish, phlegmatic

pavor

fear, terror, dread, panic, fright
valour, courage

paz

1 peace, peacefulness, tranquillity, calm, quietness, stillness

2 concord, harmony, agreement
discord, disagreement

peculiar

particular, private, proper, characteristic, distinctive

pedir

1 demand, require, claim

2 beg, implore, supplicate, ask for, seek

3 desire, fancy

pega

1 *(fig)* ploy, trick, joke

2 problem, difficulty, obstacle, hindrance, delay

pegar

1 adhere, stick, fasten, glue

2 unite, join, fix together

3 bring close

4 communicate, contaminate, *(medicine)* infect

5 hit, strike, chastise, ill-treat

pegajoso

1 sticky, adhesive, viscous, glutinous

2 *(medicine)* contagious, infectious

pelar

peel, skin, shave, crop, pluck, shear

pelea

1 combat, battle, fight, contention

2 quarrel, brawl, argument, row

pelear

1 battle, combat, fight, contend, take arms against

2 dispute, quarrel, brawl, row, fall out, become enemies

peliagudo

intricate, difficult, tricky, complicated, involved, arduous

pena

1 correction, punishment, penalty, *(law)* sentence

2 pain, affliction, sadness, suffering, anguish, distress, grief, regret

3 difficulty, fatigue, hard work, trouble, hardship

penar

1 sanction, condemn, punish, penalize
pardon

2 suffer, endure, put up with, grieve
be happy, get merry

pendiente *(aj)*
1 hanging
2 pending, unsettled

pendiente *(s)*
1 earring
2 slope, declivity, incline, hill

penetrar
1 enter, insert, put in, penetrate, pierce
2 comprehend, understand, find out, get to know, soak up

penitencia
1 penitence, penance
2 expiation, correction, punishment, chastisement

penoso
1 difficult, laborious, fatiguing, hard, arduous
2 sad, dolorous, painful, distressing

pensar
1 consider, reflect, meditate, reason, ponder, think, ruminate
2 imagine, believe, figure, suppose
3 plan, propose, invent, think up

penuria
scarcity, lack, necessity, shortage, want

pequeño *(aj)*
small, little, scarce, limited, reduced, short

pequeño *(s)*
small child, infant, boy

percibir
1 *(commerce)*, draw, receive, earn, get
2 see, note, take account of, distinguish, notice
be blind, blind oneself to, ignore, be ignorant of
3 know, comprehend, conceive

perder
1 lose, waste, squander, dissipate
2 lose, miss, lose one's way, get lost, get confused
be (situated), orientate oneself
3 disappear, be lost to view

4 sink, capsize
save oneself
5 corrupt, rot, pervert, become corrupted

pérdida
loss, waste, wastage, harm, damage

pérdidas
(finance, military) losses

perdurar
endure, subsist, last, remain, still exist, stand

perdón
pardon, forgiveness, absolution, remission, grace, mercy, indulgence
condemnation

perecer
perish, succumb, die, extinguish, shatter

peregrino *(aj)*
1 wandering, travelling, migratory
2 rare, singular, strange, unusual, absurd

peregrino *(s)*
pilgrim, palmer

perenne
perennial, lasting, perpetual, continual, everlasting, permanent, incessant

perentorio
peremptory, urgent, decisive, conclusive, definitive, set, fixed
slow, passive

perezoso *(aj)*
indolent, idle, lazy, good-for-nothing

perezoso *(s)*
layabout, vagabond, good-for-nothing

perfecto
complete, finished, perfect

pérfido
perfidious, treacherous, felonious, disloyal, unfaithful
loyal, sincere

perfume
1 aroma, fragrance, scent, good smell
2 essence, balsam

pericia
> skill, ability, practice, experience, knowledge, expertise

perjudicar
> prejudice, damage, harm, injure

perjuicio
> damage, harm, injury, detriment, deterioration
> *advantage, favour, good*

permanecer
> remain, stay, be , persist, subsist, continue, reside
> *absent oneself, go*

permanente *(aj)*
> permanent, stable, fixed, firm, unalterable, invariable, immutable, constant

permanente *(s)*
> *(hairdressing)* permanent wave, perm

permitir
> permit, allow, approve, accede to, consent to

permutar
> 1 *(mathematics)* permutate
> 2 change, exchange, switch

pernicioso
> 1 injurious, bad, malignant, harmful, wicked, prejudicial
> 2 *(medicine)* pernicious

perpetuar
> 1 immortalize, make eternal
> 2 perpetuate, continue, propagate

perplejo
> perplexed, bewildered, indecisive, irresolute, vacillating, uncertain

perseverancia
> perseverance, persistence, constancy, tenacity, endurance

perseverar
> 1 persist, insist, maintain
> 2 last, endure, stay, remain, continue to be

persistir
> 1 persist, insist, persevere, maintain, be obstinate
> 2 last, endure, stay, remain

personal *(aj)*
> personal, particular, private, proper, single, for one person

personal *(s)*
> personnel, staff

perspicacia
> perspicacity, shrewdness, sharpness, sagacity, penetration, discernment, subtlety

perspicaz
> perspicacious, shrewd, sharp, penetrating, subtle

pertenecer
> 1 correspond
> 2 pertain to, belong to, concern, touch

pertinente
> 1 pertinent, relevant, concerning, belonging to, relative
> 2 adequate, appropriate, convenient, opportune

perturbar
> perturb, disturb, disorder, disarrange, upset, confuse

pervertir
> pervert, corrupt, vitiate

pesadez
> 1 weight, heaviness, gravity
> 2 grief, sorrow
> 3 tediousness, bother, importunity, impertinence

pesado *(aj)*
> 1 grave, ponderous, heavy
> 2 slow, quiet, calm
> 3 tedious, troublesome, annoying, bothersome, boring
> 4 hard, insufferable, rough, tough

pesado *(s)*
> bore, boring person

pesadumbre
> 1 heaviness, gravity
> 2 grief, sorrow, pain, anxiety
> 3 quarrel, contention, argument, brawl

pesar *(s)*
> 1 affliction, pain, sadness, sorrow, regret
> 2 repentance

pesar *(v)*
> 1 weigh, weigh a lot, be heavy
> 2 examine, consider, reflect, think
> 3 repent

peso
1 weight, heaviness, gravity
2 entity, substance, importance
3 scales
4 *(coin)* peso

peste
1 pestilence, plague, epidemic
2 stench, bad smell, stink

petición
1 request, petition, supplication, demand
2 claim, demand, requirement
3 *(law)* petition, demand, plea, lawsuit

petulancia
petulance, silliness, fatuity, frivolity, vanity, conceit, presumption

piadoso
1 pious, devout, religious
2 kind, compassionate, merciful, benignant

picante
1 hot, highly-seasoned, spicy, piquant
2 caustic, pungent, satirical, biting, bitter, racy, spicy

picar(se)
1 prick, pierce, puncture, sting, stab, shoot, bite
2 peck, nibble, pick
3 goad, spur on
4 follow, pursue, chase after
5 burn, sting
6 cut, slice, mince, chop
7 incite, stimulate, urge on, hurry along, move
8 bore into, eat into, get moth-eaten
9 turn sour, go off
10 be piqued, be annoyed

piedad
1 piety, devotion
2 pity, compassion, commiseration, mercy, charity
inhumanity, cruelty, fury, rage

pieza
1 piece, part, bit, portion
2 room, lodging-room
3 piece, roll of material

pillaje
1 rapine, robbery, theft, stealing
2 pillage, plundering, sacking, looting

pillar
1 steal, rob, loot, plunder, sack, ransack
2 catch, grasp, grab
3 trap, surprise, catch, hunt

pillo *(aj)*
astute, shrewd, clever, villanous, naughty, mischievous, sly

pillo *(s)*
villain, rogue, scamp

pío *(aj)*
1 pious, devout, religious
2 compassionate, merciful, benign

pío *(s)*
chirp, chirping

pisar
1 tread, trample, leave footprints on, *(fig)* walk all over
2 infringe, transgress, violate
3 *(LAm) (woman)* cover, screw

piso
1 floor, pavement, paving
2 floor, storey
3 flat, apartment, room, residence, dwelling
4 *(shoe)* sole

pisotear
1 trample, leave footprints on, stamp
2 *(fig)* humiliate, ill-treat, abuse, infringe, transgress, violate

placentero
pleasant, agreeable, cheerful, happy, gentle, mild

plácido
placid, calm, tranquil, gentle, mild, agreeable

plaga
1 *(medicine)* plague, pest, epidemic
2 calamity, misfortune

plan
plan, idea, design, project, intention, basis

plantar(se)
1 *(fig)* place, put, position, arrange, seat, set down

2 *(fig)* found, establish, implant

3 plant, set up, erect

4 establish oneself

plegar

1 fold, bend, crease

2 yield, submit, give in

3 *(dress)* pleat

población

1 population, inhabitants, residents, neighbourhood

2 village, town, city, place

pobre *(aj)*

1 poor, indigent, needy, miserable

2 scarce, lacking, short

3 *(fig)* unhappy, sad, unlucky, humble

pobre *(s)*

1 poor person, pauper, beggar

2 *(fig)* poor wretch, poor devil

pobreza

poverty, necessity, scarcity, indigence, penury, misery, stinginess

poco *(av)*

little, not much, scarce, limited, short

much, sufficient

poder *(v)*

can, be able to, possible

poder *(s)*

1 power, dominion, authority, rule, jurisdiction, command

2 vigour, capacity, strength, ability, power

poderoso

1 potent, powerful, strong, energetic, active, efficient

impotent, weak, powerless, inactive, inefficient

2 rich, well-off, wealthy

polémica

polemic, argument, dissension, dispute, controversy

pact, agreement

política

1 tact, circumspection, ability, diplomacy, sagacity, tactics

2 courtesy, urbanity, politeness

3 political manifesto, politics

4 policy

ponderar

1 weigh up, consider, ponder, estimate

2 balance, counterbalance

3 exaggerate, put up the price of, enlarge, increase

4 praise highly, speak in praise of, esteem

denigrate, humiliate

ponderación

1 attention, reflection, circumspection, consideration

2 exaggeration, *(commerce)* price increase

poner(se)

1 place, situate

2 bet, stake

3 accommodate, insert, introduce, put in

4 dispose, prepare, arrange

5 transpose, hide, conceal

6 go, transfer, move

porción

1 piece, bit, part, portion, share, amount, quantity

2 lots of, a great many, a large number of, mountain

porfía

1 dispute, contention, debate, discussion

2 insistence, persistence, tenacity, firmness, obstinacy

porfiar

1 dispute, contend, argue stubbornly, quarrel

2 insist, be obstinate, go on, keep on

posada

1 inn, guest-house, state-owned hotel

2 shelter, lodging

3 dwelling, home

postergar

1 postpone, delay

2 put aside, put behind, put below, pass over

posterior *(aj)*

later, latter, subsequent, following

posterior *(s)*

(Br) posterior, rear, *(Am)* backside

potencia
1 capability, potential
2 power, authority
3 vigour, energy, strength, fortitude, potency
weakness, impotence, ineffectiveness

positivo *(aj)*
1 positive, certain, sure, undoubted, unquestioned, true
2 real, effective
3 practical, utilitarian, pragmatic

positivo *(s)*
(technology, photography) positive

potente
potent, powerful, strong, energetic, vigorous, effective, efficient

práctica
1 practice, skill, ability, experience, expertise
inexperience, inability, theory
2 custom, use, habit
3 mode, method, procedure

practicar
1 do, execute, realize, effect, carry out, perform
2 exercise, practise, *(sport)* *(Br)* go in for, *(Am)* go out for

práctico
1 practical
2 expert, skilful, experienced, versed in, knowledgeable, practised

preámbulo
1 prologue, proem, preface, preamble, introduction
epilogue, outcome
2 digression, detour, evasion

preciarse
1 appreciate, esteem, value
despise, scorn, slight
2 presume, boast, brag

precioso
1 excellent, exquisite, delicate, esteemed, considerable
2 expensive, costly
3 beautiful, enchanting, lovely

precipitar(se)
1 throw, launch, hurl, throw down

2 accelerate, knock down, run down, hurry, rush, speed up, act rashly
3 throw oneself headlong, lie down, throw oneself at

precisar
1 fix, determine exactly, clarify, define, specify
2 need, be necessary, require
3 force, oblige, constrain

preciso
1 necessary, indispensable, inexcusable, essential, vital, obligatory
2 precise, exact, accurate, determinate, defined, fixed, certain, concise
irregular, indeterminate

predominar
1 prevail, dominate, preponderate
obey, submit
2 exceed, surpass

prefacio
preface, preamble, proem, prologue
epilogue, end, conclusion

preferir
prefer, choose, pick, select, opt for, place in front of

pregonar
divulge, publish, proclaim, announce, acclaim

prematuro
premature, precocious, early, (in) advance
slow, mature

premiar
reward, award a prize to, recompense, remunerate
chastise, punish

premura
urgency, hurry, haste, pressure, peremptoriness, last resort

prenda
1 guarantee, bail, surety, pledge
2 garment, article of clothing

prendas
1 gifts, talents
2 *(game)* forfeits
3 *(LAm)* jewellery

prender
1 seize, grasp, grab, *(LAm)* take, catch
2 catch, capture, apprehend, arrest, detain, imprison, jail
release
3 *(dress)* pin, fasten, attach, hook
unfasten, loosen
4 establish

prendimiento
capture, arrest, detention, imprisonment

presa
1 prey, victim, catch
2 capture, apprehension
3 dam, lake, pool

prescribir
1 order, command, determine, dispose
2 prescribe

presencia
presence, aspect, appearance, figure, looks, disposition

presentar
1 show, exhibit, display, expose, offer, present, introduce
2 present, offer, contribute
3 appear (in court), appear in person, turn up

preservar
preserve, protect, safeguard, shield against
desert, abandon

presteza
1 promptness, promptitude, rapidity, swiftness, agility, speed
slowness, irresolution, heaviness
2 diligence, activity

prestigio
prestige, authority, reputation, credit, influence
discredit

presumir
1 presume, suppose, conjecture, suspect
2 be presumptuous, boast, brag, praise oneself

presunción
1 presumption, supposition, conjecture, suspicion
2 vanity, pride, fatuity, petulance, conceit, boasting

presuntuoso
presumptuous, vain, conceited, petulant

pretender
1 seek, request, ask for, aspire to, try for
2 try, try to, endeavour
3 claim, allege
renounce

pretensión
1 aspiration
2 vanity, presumption, pretension
3 claim

preponderancia
preponderance, superiority, supremacy, predominance, hegemony

prevalecer
1 prevail, predominate, preponderate
2 increase, grow

prevención
1 preparation, preparedness, readiness, providential means, disposition
2 foresight, forethought, precaution, distrust
3 warning

prevenir
1 prepare, dispose, get ready
2 prevent, foresee, guard against
3 advise, warn, inform, announce, counsel, notify

prieto
1 obscure, black, *(colour)* dark
2 tight, packed
3 *(fig)* mean, stingy, miserly

primero *(aj)*
first, prime, primary, primordial, primitive, foremost
secondary, subsequent, later

primero *(av)*
first

primor
beauty, (great) care, ability, skill, mastery, perfection
imperfection, carelessness, dirtiness

principal *(aj)*
1 important, first, main, principal
  secondary, accessory, subordinate,
  unnecessary
2 illustrious, distinguished, noble,
  enlightened
3 essential, fundamental, capital,
  primordial

principal *(s)*
  chief, director, principal

principiar
  begin, initiate, commence
  end, finish, conclude

principio
1 origin, beginning, start, cause
2 base, foundation, basic idea,
  rudiment
3 norm, precept, rule, maxim, principle
4 preface, foreword, introduction,
  prologue

prisa
1 hurry, haste, speed, quickness,
  agility, promptness, celerity, rapidity
  slowness, passivity
2 (sense of) urgency, anxiety,
  pressure

prisión
1 apprehension, capture, detention,
  arrest
2 prison, jail

privilegiado
  privileged, preferred, favourite,
  very good

probar
1 experiment, test, try out
2 try, attempt, endeavour
3 taste, sample
4 demonstrate, justify, evidence,
  accredit

probidad
  probity, integrity, rectitude, mor-
  ality, honesty, goodness

proceder *(s)*
  behaviour, conduct

proceder *(v)*
1 come from, stem from, arise from,
  have a beginning

2 be born, originate, emanate,
  derive, be derived
3 be fitting, be appropriate
4 proceed, act, be right (and proper)

procedimiento
1 procedure, method, manner,
  form, progress, course, process,
  means
2 *(law)* proceedings

proceso
1 process, succession, sequence,
  series, lapse (of time), transformation, development
2 *(law)* trial, prosecution, lawsuit,
  case

producir
1 engender, procreate
2 create, elaborate
3 fructify
4 yield, produce
5 occasion, cause, motivate,
  produce
6 explain oneself, show

producto
1 production, output
2 product, benefit, profit, gain,
  yield, interest, income
3 effect, result, consequence
4 produce, fruit

proemio
  proem, prologue, preamble, preface, introduction
  epilogue, end, conclusion

proeza
  feat, exploit, heroic deed

profanar
1 violate, profane, desecrate
2 *(fig)* dishonour, prostitute, tarnish, dull

profano *(aj)*
1 secular, lay
2 ignorant, lay

profano *(s)*
  layman, ignoramus

proferir
  utter, pronounce, articulate, say
  keep quiet

profesión
1 profession, career
2 employment, office, ministry

profusión
> profusion, abundance, copiousness, exuberance, prodigality, extravagance

progresar
> progress, advance, perfect, develop, prosper, flourish, improve, grow

prohibir
> prohibit, ban, forbid, deprive, impede, prevent

prolijo
> prolix, long-winded, dilatory, tedious, diffuse
> *concise, moderate*

prólogo
> prologue, proem, preface, preamble, introduction
> *epilogue, end, conclusion*

prometer(se)
> 1 offer, bind oneself
> 2 assure, affirm, certify
> 3 expect, get engaged

prominencia
> hump, hillock, salient, prominence

promover
> promote, provoke, cause, initiate, instigate, stir up

pronosticar
> predict, forecast, presage, prophecy, forecast, foretell, guess

pronóstico
> prediction, forecast, prophecy, foreboding, divination, guesswork

prontitud
> 1 promptitude, promptness, quickness, speed, rapidity, velocity, acceleration, diligence, activity
> *slowness, laziness, idleness, deliberateness*
> 2 vivacity, precipitation

pronto *(aj)*
> 1 quick, rapid, fast, prompt, light, agile
> 2 prepared, ready

pronto *(av)*
> at once, promptly, quickly

pronto *(s)*
> 1 fit of rage, outburst
> 2 occurrence, outcome

pronunciamiento
> rebellion, insurrection, revolt, uprising

propagar
> 1 multiply, reproduce
> 2 *(radio, TV)* diffuse, broadcast, spread
> 3 circulate, make public

propio
> 1 characteristic, peculiar, own, particular, proper, typical
> 2 convenient, adequate, pertinent, opportune
> 3 natural, real

proponer
> 1 propose, pose, raise, establish
> 2 consult, present
> 3 try, endeavour

proporción
> 1 correspondence, harmony, conformity, relation
> 2 opportunity, occasion, juncture, suitability, time

proporcionar
> provide, supply, give, make available

proscripción
> proscription, ban, prohibition, banishment

provocar
> provoke, tempt, invite, bring about, lead to, rouse, stimulate

proyectar
> 1 hurl, throw, cast, shed, *(cinema)* screen, show
> 2 plan, design, project

prueba
> proof, test, trial, tasting, sampling, *(clothes)* fitting

punto
> 1 point, spot, dot
> 2 *(dressmaking)* stitch
> 3 spot, place, point, moment
> 4 *(grammar)* *(Br)* full stop, *(Am)* period

puntual
> punctual, exact, accurate, reliable

puntualidad
> punctuality, exactness, accuracy, reliability

Q

quebrado *(aj)*
1 broken, rough, difficult, tortuous, uneven
2 *(medicine)* ruptured
3 run out, expired

quebrado *(s)*
1 *(finance)* bankrupt
2 *(mathematics)* fraction
3 ravine

quebradura
1 crack, split, break, breaking, opening
2 *(geography)* fissure, gorge
3 *(medicine)* hernia, rupture

quebranto
1 damage, harm, detriment, deterioration, loss
2 exhaustion, decline, decay
3 affliction, pain, grief

quebrar(se)
1 break, smash
2 bend, twist
3 *(finance)* fail, go bankrupt
4 *(medicine)* be ruptured, have a rupture

quedar(se)
1 remain, subsist, stay, stop
   go
2 remain, be left, be wanting, be lacking
3 remain, stay behind

quejarse
1 moan, groan, whine, whimper
   laugh
2 complain of, grumble about
3 quarrel, dispute

querella
1 quarrel, dispute, contention, disagreement, brawl, fight

concord, peace
2 charge, accusation, complaint, dispute, lawsuit

querer *(s)*
1 love, affection
   hate

querer *(v)*
1 determine, resolve, have the wish or desire to
2 desire, claim, want, long for, aspire to, endeavour to
3 love, esteem, appreciate
   hate
4 need, demand, require, ask for, request

quiebra
1 crack, slit, fissure, rift, breach, break
2 *(finance)* bankruptcy, failure, *(economics)* slump, crash, collapse

quietud
1 immobility
2 calm, stillness, tranquillity, peace, quietude, quiet(ness)

quimera
1 *(mythology)* chimera
2 hallucination, illusion, fancy, fantastic idea, pipe dream
3 unfounded suspicion
4 contention, dispute, quarrel

quitar(se)
1 liberate, free
2 redeem, cancel, withdraw
3 separate, remove, deprive, subtract
4 get rid of, take off, remove, undress
5 whisk away, make vanish, steal

R

rabia
1 *(medicine)* rabies, hydrophobia
2 *(fig)* anger, ire, choler, fury, rage, annoyance
   serenity, tranquillity

rabioso
1 *(medicine)* rabid, mad
2 choleric, furious, angry, raging
3 *(fig)* vehement, excessive

racional
   reasonable, logical, rational, just

racionar
   reason, consider rationally, argue, think, meditate

radiante
   radiant, brilliant, resplendent, refulgent

radical *(aj)*
   radical, complete, total

radical *(s)*
   extremist, radical

radicar
1 take root, establish
   uproot
2 be, be situated

rajar
1 open, crack, split, separate, divide, *(fig)* slash
2 desist, stop, go back, retreat

ramplón
   vulgar, uncouth, coarse
   elegant, cultured, cultivated

rapto
1 rapture, sudden impulse, sudden start, outburst
2 robbery, theft, seizure, abduction, kidnapping
3 ecstasy, rapture, transport

rareza
1 strangeness, oddness, singularity
2 anomaly, irregularity, abnormality
3 extravagance, eccentricity, absurdity

raro
1 rare, remarkable
2 strange, extraordinary, singular, odd
3 extravagant, eccentric, maniac(al)

rascar
   scrub, rub, scratch, scrape, scratch oneself

raso
   plain, flat, smooth, level, *(sky)* clear

rastro
1 track, trace, trail, sign, vestige, clue, indication
2 rake

raya
1 line, stripe, scratch, ray
2 *(grammar)* hyphen
3 *(hair)* parting
4 trouser crease
5 boundary, limit, frontier, terminus

razón
1 discourse, speech
2 rationale, argument, proof
3 motive, cause, reason
4 justice, rectitude, truth, right
5 *(mathematics)* ratio

real *(aj)*
1 real, existing, positive, effective
2 *(fig)* royal, regal

real *(s)*
1 a coin
2 camp

realizar
1 achieve, carry out, make, undertake, effect, execute, realize
2 *(commerce)* *(Br)* sell up, *(Am)* convert into money
3 come about, come true

realzar
1 *(technical)* emboss, raise
2 *(fig)* enhance, heighten, add to
3 *(art)* illustrate, carve in relief, highlight
4 *(fig)* magnify, extol

reanimar
1 comfort, strengthen, encourage, *(military)* fortify
2 *(fig)* animate, console, encourage, bring to life, revive
discourage

rebatir
1 repel, reject, resist, oppose
2 impugn, confute, refute

rebajar
1 diminish, reduce, lessen, lower; *(commerce)* discount
augment, increase
2 *(fig)* humiliate, humble
3 *(drink)* dilute

rebelde *(aj)*
1 revolt, rebel
2 disobedient, indisciplined, rebellious, unruly

rebelde *(s)*
rebel, insurgent

recalcar
1 insist, repeat, keep on, go on, press
2 *(fig)* stress, emphasize

recalcitrante
recalcitrant, obstinate, stubborn, persistent, contumacious

recatar
hide, cover, conceal, wrap up, enclose

recelar
suspect, distrust, fear (that), be afraid (that)

recelo
suspicion, distrust, mistrust, fear, apprehension
faith, confidence

recepción
1 receipt, reception, welcome
2 admission

receta
(cooking) recipe, *(medicine)* prescription, formula

recibir
1 take, accept
2 admit, receive, welcome, entertain
3 collect, get, obtain

reciente
recent, fresh, brand-new

recio *(aj)*
1 strong, tough, robust, vigorous
2 corpulent, fat, thick, stout, bulky

recio *(av)*
hard, loudly

reclamar
1 claim, demand, ask, insist on, protest
2 *(law)* appeal

reclamo
1 decoy, *(birds)* lure
2 incentive, attraction
3 propaganda, publicity, announcement, advertisement

recoger(se)
1 collect, gather, pick, *(agriculture)* harvest
2 guard, keep watch over
3 congregate, meet, collect, stock
4 welcome, give shelter to
5 retreat, withdraw, retire, confine, shut up
6 shelter, take refuge
7 be absorbed, be lost in thought

recomendar
recommend, suggest, commend, urge, entrust
distrust

recompensar
1 compensate
2 repay, remunerate
3 reward, recompense, award a prize to
chastise, punish

recóndito
deep, hidden, occult, secret, recondite, obscure

reconocer
1 distinguish
2 inspect, search, *(medicine)* examine
3 confess, accept, acknowledge, declare, agree
not know, be ignorant of

reconocimiento
1 recognition

2 acknowledgement, gratitude, thanks

3 examination, inspection, registration, admission

reconvenir

reprimand, scold, reproach

recopilar

1 summarize, abridge, cut down, sum up

2 compile

3 *(law)* codify

rectificar

1 rectify, correct, modify, emend, amend

2 purify, re-distil

3 correct oneself

rectitud

justice, integrity, impartiality, *(fig)* rectitude

recto *(aj)*

1 straight, right, direct

2 *(fig)* upright, honest, just, impartial

recto *(s)*

1 rectum

2 straight line

recuerdo

1 memory, remembrance, reminiscence

2 souvenir, gift, present

recuerdos

memories, regards, best wishes

recuperar

recover, rescue, save, recuperate
lose

recusar

reject, turn down, refuse, decline, cross out

rechazar

1 repel, drive back

2 refuse, turn down, reject
accept

redimir

1 redeem, rescue, free, liberate, set at liberty

2 *(commerce)* redeem, cancel

rédito

interest, income, benefit, advantage, utility, output, *(commerce)* interest, yield

redoblar

1 fold, bend

2 duplicate, double

3 repeat, reiterate

4 play a roll on the drums

reducir

1 reduce, diminish, narrow, shorten, cut short, limit

2 summarize, abridge

3 reduce, subjugate, conquer, dominate

4 convert

referir

1 tell, narrate, relate, recount, retell

2 relate, connect, link, chain together

3 remit

4 refer to, allude to, cite, mention

reflexionar

reflect on, consider, think, meditate, pause to think

reformar

1 reform

2 repair, restore, correct, amend, modify, mend, fix, alter

3 reorganize, re-order, repeat

reforzar

1 augment, increase, enlarge

2 *(architecture)* reinforce, invigorate, strengthen
weaken

3 animate

refractario

refractory, rebellious, contrary
submissive, easy

refulgir

shine, dazzle, shine brilliantly, be dazzling

refutar

impugn, confute, contradict, refute

regañar

1 reprimand, warn, scold, nag

2 quarrel, fight, row

registrar

1 look, examine, inspect, scrutinize, search, recognize

2 copy, inscribe, note (down), register, record, *(computers)* log

regocijar(se)
1 content, cheer, delight, please, divert, feast, rejoice, have a good time
2 entertain oneself, enjoy oneself
make oneself unhappy, be bored

regular *(aj)*
1 regulated, regularized
2 methodical, adjusted, settled, regular
3 mediocre, moderate, middling, average, ordinary
immoderate, abnormal

regular *(v)*
adjust, regularize, put in order, regulate
disorder, disarrange, upset

regularizar
standardize, adjust, order, measure, normalize, regulate

rehacer(se)
1 redo, repeat, reconstruct, rebuild
2 mend, repair, replace, restore
3 reinforce, strengthen, invigorate
4 *(medicine)* recover

rehuir
avoid, elude, shun, shrink from, get around

rehusar
refuse, decline, reject, renounce, repudiate, avoid, dodge, elude, shun

reinar
1 rule, govern, reign, dominate
2 predominate, prevail

reintegrar
1 reinstate, reintegrate
2 reconstitute, replace, put back, return (to), give back
3 *(commerce)* refund, reimburse

relación
1 story, tale, narration
2 list, enumeration, catalogue
3 connection, correspondence, link
4 communication, correspondence, friendship, relationship

relaciones
relations, connections, (sexual) intercourse

relacionar
1 recount, relate, narrate, tell
2 chain together, join, unite, bind together, link, connect
3 correspond, visit, treat
4 be connected, be linked

relajar(se)
1 relax, slacken, loosen, undo, distend, weaken, soften
2 become corrupted, go bad, pervert

relatar
relate, recount, narrate, tell

relevar
1 relieve
2 exalt, magnify, enlarge
3 absolve, pardon
4 exonerate, exempt, dismiss
5 change, substitute, replace
6 *(art)* carve in relief

relieve
1 *(art, technology)* relief, embossing
2 prominence, eminence
3 *(fig)* importance, merit, renown

relieves
excess, surplus, remains

relumbrar
shine, glitter, shine brightly, sparkle, dazzle

rematar
1 put an end to, finish, conclude, terminate, finalize
2 give a finishing touch to
3 *(commerce)* sell off cheap
4 *(sport)* shoot
5 *(LAm)* buy at an auction

remediar
1 remedy, correct, emend, repair, make good
2 help, aid
desert, abandon, deprive
3 avoid, prevent

remendar
1 mend, repair, patch
2 correct, emend

remilgado
prudish, prim, squeamish, finicky, affected

remisión
1 *(LAm)(commerce)* consignment, shipment

2 reference

3 pardon, absolution, remission

remiso

1 irresolute, timid, weak

2 slack, slow, remiss, lazy, stubborn

remitir

1 send, despatch, forward, remit

2 refer, relate, make reference to

3 forgive, pardon, exculpate

4 suspend, defer, postpone

5 refer to, subject oneself to, adhere to, abide by

remolino

1 eddy, whirl, whirlpool, whirlwind, hurricane

2 *(fig)* disturbance, anxiety, worry

3 throng, crowd

remoto

remote, distant, far away

remover

1 move, transfer, change, remove *place, put*

2 stir, agitate, shake, revolve, turn over, move round

3 dismiss, depose, *(LAm)* sack, fire

remunerar

remunerate, pay, recompense, reward, tip

rencor

rancour, bitterness, resentment, hate, enmity, abhorrence *love*

rendir(se)

1 vanquish, defeat, conquer, subjugate, dominate, overwhelm *resist, rebel*

2 tire, fatigue

3 *(commerce)* produce, yield

4 surrender, capitulate, submit, wear oneself out

renegar

1 detest, abominate

2 abjure, deny, renounce, turn renegade

3 blaspheme, swear, grumble

renta

1 *(commerce)* yield, benefit, profit

2 income, rent

renuncia

renunciation, resignation, abdication, withdrawal, retirement

renunciar

1 renounce, resign, desist, stop, refuse

2 abandon, reject

reñir

1 contend, fight, quarrel

2 become enemies, disagree with, fall out

3 reprimand, scold

reparar

1 restore, remedy, emend, fix, repair, mend

2 correct, remedy, make good, emend

3 satisfy, make amends

4 indemnify, compensate

5 note, notice, take note of, watch

6 observe, consider, reflect, attend to, think

reparación

1 mending, repair

2 satisfaction, amends, righting of wrongs

3 indemnification, compensation

reparo

1 mending, repair, restoration

2 defence

3 observation, warning, note

4 difficulty, objection, inconvenience

repartir

1 divide, distribute, share out *add up*

2 *(commerce, post)* deliver

reparto

1 sharing out, division, distribution, partition

2 *(commerce)* delivery

3 *(theatre, films)* cast

4 *(LAm)* building site, *(Am)* building lot, *(LAm)* housing estate, *(Am)* real estate

repeler

1 repel, reject, throw out, emit

2 contradict, repudiate

repentino
sudden, unforeseen, unexpected, surprising

réplica
1 retort, reply, answer (to a charge), contradiction
2 copy, *(art)* replica

replicar
1 object, contradict, answer, reply, *(pejorative)* argue, answer back
2 impugn, assail, attack, challenge

reponer(se)
1 replace, restore, revive, re-establish, re-instal
2 replace, put back
3 reply, answer

reposar
1 rest, repose, sleep
2 calm, quieten
3 lie, be buried

reprender
1 censure, condemn, reprimand, warn, scold, reprehend, correct
2 reproach, recriminate

repugnar
1 nauseate, disgust, hate
2 repel, drive back, refuse

reputar
esteem, judge, consider, deem

reputación
1 reputation, fame, notoriety
2 glory, renown, fame

requerir
1 intimate, declare, notify
2 ask, request, ask for, claim, require, send for, summon
3 need, be necessary

rescatar
1 rescue, save, redeem, liberate, set free, free, ransom
imprison
2 recover, get back, recuperate

rescindir
rescind, repeal, abolish, cancel, annul, leave without effect

reserva
1 reserve, provision, preparedness, readiness

2 *(finance, commerce)* reserve, stock
3 *(geography)* reserve
4 circumspection, caution, discretion, prudence
5 reservation, doubt
6 reservation, booking

reservar(se)
1 conserve, retain, keep
2 dispense, except, exclude
3 hide, conceal, keep quiet about
4 save oneself, keep to oneself

resguardar
safeguard, protect, defend, shield, preserve, guard against

resguardo
1 safeguard, defence, protection, security, shelter
2 *(commerce)* guarantee, security, voucher, receipt, slip

residencia
1 residence, habitation, dwelling, domicile, abode
2 *(education)* hostel

resistencia
1 resistance, opposition, obstruction
2 firmness, strength, solidity, endurance, patience
3 defence
4 *(electricity)* resistance

resistir
1 resist, oppose, repel
2 struggle against, defend
3 support, sustain, endure, put up with, bear
4 refuse to, resist

resolución
1 valour, audacity, courage, daring, boldness
2 resolution, determination, decision

respiro
1 breathing
2 *(fig)* respite, reprieve, relief, alleviation, rest, calm

responder
1 answer
ask
2 reply, respond, answer back
3 guarantee, stand surety, stand bail

resquemor
1 burn, heartburn, stinging
2 resentment, rancour

restar
1 *(mathematics)* subtract
2 diminish, reduce, lessen
3 return, turn back
4 remain, be left

restituir
1 restore, re-establish
2 return, replace, put back, give back

restricción
restriction, limitation, reduction

restringir
1 reduce, limit, restrict, circumscribe, shorten, surround, encircle
enlarge, amplify
2 constrict, bind

resuelto
1 resolved, determined, decided, resolute
2 audacious, daring, insolent
3 prompt, diligent

resumir
sum up, abridge, summarize, abbreviate, cut down, recapitulate, extract
amplify

retardar
1 retard, delay, slow down, hold back
advance, move forward
2 postpone, defer, put off

retener
1 retain, withhold, conserve, keep, guard, reserve
2 remember, memorize

retirado *(s)*
retired person, pensioner, senior citizen

retiro *(s)*
1 retirement, seclusion, retreat
2 shyness, remoteness, isolation, solitude, loneliness

retornar
1 return, give back, restore
2 return, turn back, go back, come back

retraerse
1 take refuge, take shelter
2 retire, retreat, withdraw

revelar
1 reveal, discover, manifest
2 *(photography)* reveal, develop

reverencia
reverence, respect, veneration

revés
1 reverse, back, wrong side, *(manuscript)* verso
2 *(fig)* reverse, setback, disaster, misfortune
3 *(sport)* backhand

revocar
revoke, abolish, annul, repeal
validate

revoltoso
1 lively, mischievous, naughty, unruly, disorderly
2 seditious, rebellious, turbulent, mutinous, revolutionary

revolver(se)
1 agitate, mix up , move (about), shake
2 disorder, disturb, alter, disorganize
3 worry, trouble, make enemies of, cause a rift between
4 rummage through, *(LAm)* revolve, turn (round), spin

revolución
1 revolution, turn
2 revolution, sedition, mutiny, revolt, insurrection, rising, row, uproar

revuelta
1 turn, bend, revolution
2 row, uproar, tumult, mutiny, sedition, insurrection

rezagar(se)
1 suspend, detain, retard, be slow, slow down, delay
2 remain behind, lag behind

rico *(aj)*
1 well-to-do, wealthy, well-off, rich
2 abundant, copious, exuberant, opulent, luxurious

3 exquisite, excellent, appetizing, tasty, delicious, lovely, cute, pleasant

rico *(s)*
rich person

ridículo *(aj)*
1 ridiculous, ludicrous, laughable, derisory
2 strange, grotesque, eccentric, outlandish
3 silly, stupid, trivial

ridículo *(s)*
ridicule

rigidez
1 rigidity, inflexibility, stiffness, hardness
flexibility
2 rigour, severity, austerity, harshness, strictness

rígido
1 rigid, inflexible, tight, taut, hard, stiff
2 *(fig)* rigorous, severe, austere, strict, stern

rigor
1 strictness, severity
2 rigour, harshness, roughness, coarseness
mildness
3 exactitude, precision

riguroso
1 rough, sharp, bitter, coarse
2 rigorous, harsh, severe
3 austere, strict, stern
4 inclement, extreme, cruel
5 strict, precise, exact

riña
argument, quarrel, dispute, altercation, brawl, fight, contention

riqueza
1 riches, wealth, opulence, well-being, comfortable living, luxury
poverty
2 profusion, abundance, copiousness, fertility

risueño
1 jocund, jovial, happy, cheerful, festive
serious

2 pleasant, delightful
3 prosperous, propitious, favourable

rodear
fence in, surround, encircle, go round

rodeo
1 deviation, diversion, detour
2 *(fig)* circumlocution
3 *(grammar)* periphrasis
4 evasion, subterfuge

romo *(aj)*
1 obtuse
2 flat, snub-nosed
3 *(fig)* dim, slow, rude, rough, coarse, blunt
sharp, smart, clever

romo *(s)*
blockhead, dunce, fool, idiot

romper
1 smash, break, fracture, tear, rip
2 ruin, vanquish

rompimiento
1 breaking
2 fracture, rupture, break, crack
3 quarrel, fight, disagreement

rubor
blush, shame, bashfulness, embarrassment

ruin
1 bad, vile, low, unworthy
2 mean, miserly, miserable, avaricious
3 small, sickly, weak
4 insignificant, despicable, contemptible

ruina
1 ruin, devastation, desolation, destruction, perdition, decadence
2 collapse, bankruptcy, loss, *(economy)* slump

ruinas
ruins, remains, debris

rumbo
1 direction, route, course, way
2 rout, defeat
3 *(fig)* pomp, magnificence, ostentation, show

4 liberality, generosity, disinterestedness
5 *(fig)* course of events

rumboso
1 splendid, lavish, magnificent, ostentatious, pompous
2 generous, liberal, disinterested,
detached

rumor
1 murmur, low sound, buzz, whisper
2 rumour

rústico *(aj)*
1 rustic, rural, country
2 *(fig)* rough, rude, coarse, uncouth,
vulgar

rústico *(s)*
rustic, peasant, yokel

ruta
1 way, course, direction
2 itinerary, route

S

saber *(s)*
    erudition, science, knowledge, wisdom, learning

saber *(v)*
1 know, find out, learn, know how to
2 taste of, taste like, *(fig)* smack of

sabiduría
1 prudence, judgement, brains
2 science, sapience, knowledge, wisdom, learning

sabio *(aj)*
1 sane, wise, prudent, judicious, sensible
2 erudite, expert, learned, sapient

sabio *(s)*
    learned man, scholar, expert, savant

saborear(se)
1 savour, relish, taste, sample
2 anticipate, relish the thought of
3 *(fig)* entertain oneself, be delighted

sabroso
1 tasty, delicious, appetizing, exquisite, rich, seasoned
2 *(fig)* racy, salty, daring

sacar
1 take out, extract, remove, *(fig)* get out
2 bring out, publish
3 quit, leave, leave off, take off, remove
4 obtain, receive, get, attain, reach, achieve, bring about
5 except, exclude, subtract
6 deduce, infer, conclude
7 *(LAm)* flatter, fawn

sacrificar(se)
1 sacrifice, immolate
    pardon, redeem, liberate
2 restrain oneself, deprive oneself, resign oneself to

sal
1 salt
2 *(fig)* grace, wit, charm, elegance

salado
1 salt, salty
2 *(fig)* gracious, clever, witty, amusing, lively, cute, charming, attractive

salida
1 leaving, going out, exit, emergence, departure
2 *(military)* sally, sortie
3 *(technology)* output, production
4 *(mechanics)* outlet, vent, valve, *(geography)* outlet
5 *(theatre)* appearance, entry, coming-on
6 *(commerce)* sale, sales outlet, opening
7 *(sun, moon)* rising
8 pretext, excuse, recourse, subterfuge, escape
9 issue, result, outcome
10 salient, projection, protuberance

saliente *(aj)*
    protuberant, overhanging, jutting out, projecting

saliente *(s)*
1 projection, shoulder, *(military)* salient
2 Orient, East, Levant

salir(se)
1 be born, sprout, emerge, come out, appear, manifest, reveal oneself
2 liberate, free, get rid of
3 spill, escape, free oneself
4 result, flow out
5 move away, start off, start out

saltar
1 jump (over), leap (over), vault
2 project, jut out
3 *(fig)* omit, skip, leave (out), jump
4 *(fig)* blow up, explode

salvaje *(aj)*
1 *(botany, zoology)* wild, uncultivated, untamed
    cultivated, tamed

2 *(fig)* brutal, savage, fierce, barbarous, atrocious
civilised, educated

salvaje *(s)*
savage

salvar
1 save, rescue, salvage
2 free, exempt, liberate
enslave
3 resolve, overcome, vanquish
4 cover, cross, clear (an obstacle)
5 except, exclude
6 *(LAm)* pass (examination)

saludable
1 salubrious, healthy, good
2 convenient, profitable, beneficial, advantageous

salvo *(aj)*
free, safe

salvo *(av)*
save, except for

sano
1 healthy, wholesome, sound
2 robust, well
3 intact, whole, unhurt
4 sincere, well-intentioned, straight, upright, honest

sanguinario
sanguinary, bloodthirsty, ferocious, cruel, inhuman, vindictive, revengeful

sangriento
1 sanguinary, bloodthirsty
2 bloody, blood-stained
3 sanguine, red

santo *(aj)*
1 sacred, holy, venerable, inviolable, saintly
2 *(fig)* wonderful, miraculous

santo *(s)*
saint, saint's day

saña
fury, rage, choler, anger, ire, passion, violence, frenzy

sazón
1 time, occasion, opportunity, juncture
2 perfection, maturity, ripeness
3 flavour, taste

secuaz *(aj)*
partisan, partial

secuaz *(s)*
partisan, follower, supporter, addict

secundar
second, support, back, favour, assist, help, cooperate

sedición
sedition, rebellion, insurrection, revolt, rising, mutiny, tumult

seducir
1 seduce
2 *(fig)* attract, captivate, enchant, fascinate, charm
repel, dissuade, disillusion

segregar
1 segregate, separate, divide, remove
unite, join together
2 *(anatomy)* secrete

seguido *(aj)*
1 continuous, unbroken, successive, consecutive, incessant
2 straight, upright

seguido *(av)*
straight (on), after

seguir
1 succeed, follow, follow on, come after
2 follow, pursue, chase, persecute, hunt down
3 accompany, escort
4 initiate, copy
5 continue, carry on, go on
6 profess, practise, study
7 infer, deduce, derive

seguridad
1 security, safety, safeness
2 certainty, conviction, confidence
3 firmness, stability, steadiness
4 *(law)* guarantee, security, surety, bail, pledge

seguro *(aj)*
1 secure, safe, trustworthy
2 certain, sure, positive, unquestionable, indubitable
3 firm, fixed, stable

4 *(LAm)* honest, straight

seguro *(av)*
  for sure, certainly

seguro *(s)*
1 safety device, tumbler, *(military)* safety catch, *(technical)* catch, pawl, lock, stop
2 *(fig)* safety, certainty, assurance
3 *(commerce)* insurance
4 *(LAm)* safety pin

sembrar
1 sow, plant, scatter about, sprinkle
2 *(fig)* disseminate, scatter *harvest, collect*
3 *(fig)* propagate, spread, diffuse, divulge

semejanza
  similarity, affinity, analogy *dissimilarity, difference, inequality*

sencillez
1 facility
2 simple-mindedness, naturalness
3 sincerity, frankness, ingenuousness, simplicity

sencillo
1 easy
2 natural, plain, unaffected
3 sincere, frank, candid, ingenuous
4 simple, unsophisticated

senda
1 path, track
2 way, mode, method

seno
1 hollow, sinuosity, concavity
2 bosom, bust, breast, teat
3 *(geography)* gulf, bay, inlet, cove
4 *(fig)* haven, refuge

sensato
  prudent, discreet, circumspect, sensible, wise

sensible
1 impressionable, sensitive, responsive
2 perceptible, noticeable, appreciable, considerable
3 manifest, patent, ostensible
4 lamentable, deplorable, regrettable

sensitivo
1 sensual, relating to the senses
2 sensitive, impressionable

sensual
1 sensual, sensuous
2 tasty, pleasant
3 *(LAm)* alluring, sexy

sentar(se)
1 place, locate
2 suit, be suitable, agree with
3 sit down, seat, settle, *(fig)* establish
4 smooth (out), level (off), even (out)

sentencia
1 saying, proverb, maxim, aphorism, apothegm
2 resolution, decision, verdict, opinion, ruling
3 *(law)* sentence, judgement

sentimiento
1 feeling, emotion, passion
2 affliction, pain, regret, grief, sorrow, suffering
3 sentiment, affection

sentir(se)
1 perceive, notice, experience, feel, sense
2 deplore, regret, be sorry for, lament, grieve, feel sorry
3 judge, opine
4 suspect, have a presentiment of

sentir *(s)*
  opinion, judgement

señal
1 mark, sign, symptom
2 *(radio, telecommunications)* signal
3 landmark, boundary stone
4 sign, representation, image, picture
5 vestige, trace, footprint, track, trail, indication, sign, clue
6 guarantee, pledge, *(commerce)* advance, deposit
7 communication, advice, sign, password

señalar(se)
1 mark, determine

2 indicate, point out, designate, fix, settle

3 mention, allude (to), note (down)

4 be distinguished, become famous, become notorious, excel, stand out, be outstanding, be exceptional

señor
1 man, gentleman

2 master, proprietor, owner

3 sir, Mr.

señorear
1 dominate, rule, reign, order, lead, command

2 stand out, excel

separar(se)
1 separate, disunite, divide
unite, join

2 deprive of, depose

3 distinguish, differentiate

4 separate, come away, come apart, come free, cut oneself off

sepulcro
tomb, grave, tumulus, sarcophagus, *(bible)* sepulchre

sequedad
1 dryness

2 *(fig)* brusqueness, roughness, curtness, harshness

serenidad
serenity, calm, quiet, tranquillity, fearlessness, sangfroid

serio
1 grave, formal, circumspect, restrained, sensible

2 grave, important, serious, considerable, responsible

3 severe, stern, frowning

4 real, true, effective, positive

servicio
1 utility, advantage, benefit

2 aid, favour, benefit, gift, service

servicios
lavatory, toilet

sermón
admonition, reprimand, scolding, warning, telling-off, *(religion)* sermon

servidor
servant, domestic

servidumbre
1 servitude, slavery, subjection, vassalage, yoke

2 service

3 obligation, burden, load

4 staff, servants

sesgo *(aj)*
oblique, aslant, twisted, sloped, biased

sesgo *(s)*
1 slant, twist, obliquity

2 course, route, direction

severidad
severity, rigour, harshness, seriousness, rigidity
flexibility, amiability

severo
1 severe, rigorous, rigid, inflexible, inexorable

2 exact, accurate

3 grave, serious, strict, harsh

significar(se)
1 mean, signify, denote, designate, represent

2 manifest, express, tell, notify, declare, make known

3 represent, have importance

4 be distinguished

siguiente
next, following, subsequent, later, farther, further
preceding, previous

silencioso
silent, taciturn, reserved, quiet, discreet, mute

similar
similar, analogous
different, distinct

simple *(aj)*
1 simple, unsophisticated, single, unique

2 simple, simple-minded, silly, foolish, stupid

3 simple, easy

simple *(s)*
simpleton, fool, idiot

simpleza
silliness, foolishness, stupidity

simplicidad
  simplicity, candour, ingenuousness
  complexity, difficulty

singular
  1 singular, single, unique
  plural, many
  2 *(fig)* exceptional, particular, special, outstanding
  3 rare, strange, peculiar, odd, extra-ordinary, excellent
  ordinary, vulgar

siniestro *(aj)*
  1 left, *(heraldry)* sinister
  2 perverse, ill-intentioned, *(fig)* sinister
  3 unhappy, funeral, funereal, ill-omened

siniestro *(s)*
  natural disaster, accident, calamity, catastrophe

sirviente
  servant, domestic, servitor
  master, boss, landlord, proprietor

sitiar
  besiege, lay siege to, blockade, *(fig)* surround, hem in

situar
  situate, place, put, position, locate
  remove

sobra
  excess, surplus, remainder

sobras
  1 residue, remains
  2 scraps, leavings, left-overs

sobrar
  1 exceed, surpass
  2 be idle
  3 remain, be left over, be more than enough

sobrecargar(se)
  1 surprise, intimidate, frighten
  2 surprise, startle, amaze, astound
  3 be scared, be overcome

sobreponer
  1 superimpose, put on top, add, apply
  2 dominate, contain
  3 win, pull through

sobresalir
  1 jut out, project, stick out
  2 *(fig)* stand out, excel, be distinguished, be outstanding, surpass

sobresaltar
  startle, scare, frighten, disturb, worry
  pacify, quieten, calm

socarrón
  1 astute, cunning, sly
  2 mocking, joking, witty, sarcastic, ironic(al)

sociedad
  1 society, association, group
  2 society, collective, corporation, syndicate, firm, company

socorro
  help, aid, assistance, favour, remedy, *(military)* relief

soez
  low, vile, obscene, vulgar, coarse, rude

sofocar
  1 suffocate, stifle, asphyxiate, smother, repress
  2 extinguish, put out
  3 *(fig)* shame, embarrass, make someone blush

sojuzgar
  conquer, subdue, subjugate, dominate, rule despotically

solapar
  overlap, hide, conceal, feign, dissimulate

solaz
  solace, rest, relief, recreation, relaxation, diversion

solicitar
  1 request, pray, press, urge, beg, plead
  2 apply for, ask for, seek, canvass
  3 attract, tempt, invite
  4 chase after, pursue

solícito
  solicitous, careful, concerned about, diligent, industrious

solicitud
  1 solicitude, affection

2 diligence, application, attention, care

3 petition, request, claim

solidez

1 solidity

2 hardness, firmness, consistency, resistance, strength
weakness, softness, inconsistency

sólido

1 firm, strong, resistant, consistent

2 dense, compact, solid

solitario

1 deserted, abandoned, uninhabited, lonely, desolate

2 lonely, solitary, shy, retiring, quiet

3 sole, unique

solitario *(s)*

hermit, recluse, loner

solo *(aj)*

1 alone

2 single, sole, unique

3 solitary, isolated

4 deserted, uninhabited

solo *(s)*

(music) solo

soltar(se)

1 untie, undo, detach, separate

2 loosen, unfasten

3 set free, put at liberty, release

sombrío

1 shady, dark
clear, luminous

2 *(fig)* sombre, sad, gloomy, sullen, melancholy
happy

somero

1 superficial

2 succinct, summary, slight, unimportant

someter

1 dominate, subjugate, subdue, reduce, defeat, conquer, overwhelm, subject to one's will

2 entrust, commit

3 give in, yield, submit

somnolencia

somnolence, sleep, sleepiness, drowsiness

sonado

1 famous, celebrated, renowned

2 sensational, talked-about

sonoro

1 sonorous, vibrant

2 loud, resonant, noisy

soplar(se)

1 blow away, blow off

2 blow out, inflate

3 *(theatre)* whisper, prompt

4 suggest, inspire, prompt

5 accuse, betray, inform on

6 *(fig)* steal, pinch, remove, take away

sopor

drowsiness, somnolence, sleepiness, sleep
alacrity, vivacity, alertness, insomnia

soportable

bearable, tolerable, endurable
insufferable, unbearable

soportar

1 sustain, carry, bear, support, hold up

2 *(fig)* suffer, tolerate, endure, bear, withstand, put up with

sórdido

1 dirty, squalid

2 *(fig)* impure, indecent

3 miserable, avaricious, mean, stingy, petty, contemptible

sortear

1 draw lots for

2 *(fig)* avoid, elude, shrink from, get round

sosegar

quieten, calm, pacify, placate, reassure, rest

sosiego

quiet, calm, tranquillity, serenity, repose, rest

sospechar

1 suspect, presume, conjecture, imagine, suppose, guess

2 distrust, fear, be afraid

sostén

1 support, prop, stand, pillar, post

2 brassière, bra
3 protection, defence, help
4 sustenance, food, nourishment

sostener(se)
1 prop up, hold up, support
2 sustain, nourish
3 maintain, keep up
4 defend, help
5 support oneself, keep going, continue, remain

suave
1 smooth, even, plain, flat, polished, fine
2 bland, soft, gentle, tender
3 sweet, agreeable, pleasant
4 quiet, tranquil, gentle, meek, mild
5 slow, moderate
6 docile, peaceful, gentle

suavizar
1 smooth down, polish
2 mitigate, moderate, temper, calm down, soothe

subida
1 climb, ascent, elevation
2 slope, sloping ground, hill
3 price rise, increase, exaggeration

subido
1 high, elevated
2 fine, bright, strong (colour)

subir(se)
1 ascend, go up, climb
2 mount, ride, get on board
3 grow, increase, step up (production)
4 rise, go up
   fall, descend
5 sum up, add up
6 raise, elevate, lift, hoist
   lower
7 make more expensive, increase in price

súbito *(aj)*
1 sudden, unexpected
2 precipitate, violent, impetuous

súbito *(av)*
suddenly, unexpectedly

sublevar(se)
1 incite, stir up, rouse

2 rise, revolt, rebel
   obey, submit, yield
3 irritate, anger, annoy, upset

sublime
sublime, lofty, eminent, elevated

subsanar
1 remedy, make good, correct, amend, repair, compensate
2 excuse (fault)
3 overcome (problem)

subsidio
1 subsidy, grant, allowance, benefit, aid, help
2 tax, contribution

subsistir
1 subsist, survive, remain, endure, persist, continue
   get lost, disappear
2 live, exist
   die

suceder(se)
1 happen, occur, come to pass
2 succeed, follow
   precede
3 inherit
4 replace, substitute
5 follow one another, be consecutive

sucesión
1 succession, sequence, series, continuation
2 inheritance
3 origin, descent, offspring

suciedad
dirt, dirtiness, filth, *(Br)* rubbish, *(Am)* garbage
cleanliness

sucio
1 impure, sordid, stained
2 slovenly, filthy, dirty, disgusting
3 obscene, vile, mean, dishonest

sucumbir
1 succumb, yield, submit, give up, surrender
   resist
2 fall, perish, die
   live

suelto *(aj)*
1 light, swift, quick, fast, agile

2 free, untied, loose

3 fluent, flowing

4 free, daring, licentious, lax, insolent

suelto *(s)*
  loose change

sueño
  1 sleep
  2 somnolence, sleepiness, drowsiness
  3 *(fig)* dream, daydream
  4 chimera, illusion, fantasy, dream

suerte
  1 fortune, destiny, fate, chance, luck, star
  2 sort, kind, class, genus, species

suficiencia
  1 sufficiency, adequacy
  2 conceit, smugness
  3 capacity, aptitude, competence, suitability

suficiente
  1 sufficient, enough
  2 smug, conceited
  3 competent, suitable, apt, capable

sufrido
  1 long-suffering, patient, resigned, tolerant
  2 tough, durable, long-lasting

sufrir
  1 endure, put up with, bear, suffer
  2 resign oneself to, conform to
  3 permit, support, tolerate, consent to
  4 sustain, resist

sujetar(se)
  1 grasp, clamp, fasten, hold down
  2 conquer, subdue, subjugate
  3 subject oneself
    rebel, free oneself

suma
  1 addition
  2 total, sum
  3 summary, abridgement, compilation, resumé

suministrar
  supply, provide, provision, facilitate

sumiso
  1 submissive, obedient, docile
    rebellious, disobedient, indisciplined
  2 subjugated, subdued, defeated

suntuosidad
  sumptuousness, magnificence, splendour, luxury, glory
    modesty, simplicity, economy, saving

supeditar
  subdue, dominate, oppress, subjugate, conquer, subject to one's will, subordinate

superar(se)
  1 surpass, exceed, stand out, go beyond, do better than, excel
  2 overcome, vanquish, gain

superchería
  swindle, fraud, trick, lie, imposture

suplicar
  1 beg for, petition for, plead for, beg, implore, press, urge
  2 *(law)* appeal, plead, petition

suplir
  1 supplement, complete
  2 replace, substitute, make up for

suponer
  1 suppose, presume, conjecture, think, imagine, believe, suspect
  2 involve, require, entail

suprimir
  1 abolish, annul, cancel, lift
  2 remove, delete
  3 omit, keep silent

surgir
  1 arise, emerge, come up, crop up, sprout, soar up
  2 spout, gush, run, flow
  3 *(fig)* appear, get up, rise, show

suspender
  1 suspend, hang up
  2 detain, interrupt, stop
  3 disapprove, reprove
  4 knock over, *(examination)* fail
  5 admire, marvel, amaze, astound, astonish

suspensión
  1 suspension

2 *(fig)* stoppage, suspension, interruption, cessation, pause, detention

3 admiration, amazement, astonishment

suspicacia
distrust, suspicion, resentment, mistrust, misgiving
confidence, credulity, sincerity

suspirado
desired, longed-for

sustentar
1 sustain, bear, put up with, endure
2 support, defend, back

3 feed, maintain, sustain, nourish

sustento
food, sustenance, support, maintenance

sutil
1 subtle
2 tenuous, fine, slender, thin, light
3 *(fig)* sharp, perspicacious, ingenious, clever

sutileza
1 fineness, subtlety, sophistry
2 perspicacity, discernment, penetration, ingeniuosness, sharpness, shrewdness

T

tacaño
    mean, stingy, miserly, wretched, miserable, contemptible

tacto
1 touch, sense of touch
2 tact, diplomacy, sagacity, dexterity, skill, ability, tactic

tachar
1 erase, suppress, cross out
2 criticize, censure, blame, accuse, denounce

taimado *(aj)*
1 astute, cunning, sly, crafty
2 sullen, surly
3 lazy, indolent, idle

taimado *(s)*
    rogue, scoundrel, rascal, crook, fox

tajar
    cut, slice, divide, split, share

taladrar
    perforate, drill, bore, punch, pierce

talar
1 cut, cut down, fell
2 *(fig)* lay waste, destroy, devastate, demolish, ruin, wreck

talento
1 talent, ability, capacity, intelligence, understanding
2 *(Bible)* talent

talentos
    gifts, accomplishments

tallar
1 tailor, shape, carve, engrave
2 evaluate, value, assess, measure

tambalear
1 stagger, sway, swing, oscillate, vacillate

tantear
1 guess, estimate roughly
2 weigh up, consider
3 test, try (out), examine

4 *(art)* sketch in, draw the outline of
5 *(LAm)* lie in wait for

tapar
1 cover, close
    uncover, open
2 obstruct, hinder
3 protect, shelter, cover, wrap up
    unwrap
4 *(fig)* hide, cover up, conceal
    disclose, reveal

tardanza
    slowness, delay, procrastination
    alacrity, lightness, agility

tasar
1 estimate, appreciate, value, evaluate, assess
2 limit, control, regulate, measure, graduate

tasa
1 estimate, valuation, evaluation, assessment, appraisal
2 measure, standard, norm
3 fixed price, official price, standard rate

tema
1 matter, theme, subject, topic, question, motive
2 *(linguistics)* stem
3 fixed idea, main, obsession
4 ill will, unreasoning hostility

temerario
    rash, reckless, hasty, imprudent, bold, risky, daring, ill- considered

temeridad
1 temerity, rashness, recklessness, hastiness, imprudence
2 rash act, folly

tempestad
    squall, rough weather, storm, tempest, tornado

templar
1 moderate, mitigate, smooth, temper

2 placate, calm, quieten, soothe, lessen, diminish

temprano (aj)
precocious, premature, advanced
mature, delayed, late

temprano (av)
early, quickly, at once

tenacidad
1 resistance, firmness, strength, toughness
2 constancy, obstinacy, insistence, persistence, stubborness, tenacity

tenaz
1 firm, strong, resistant, tough
2 (fig) constant, obstinate, persistent, insistent, stubborn, tenacious

tender(se)
1 unfold, spread out, extend
2 scatter, sow, spread, disseminate
3 tend, have a tendency

tener
1 have, possess, contain, comprehend
2 keep, maintain, hold, sustain, take hold of
3 consider, judge, estimate, appreciate, esteem

tentar
1 touch, feel, feel one's way, grope
2 induce, attract, tempt, incite, provoke, instigate
3 try, test, try out, attempt

tenue
1 thin, slim, delicate, slight, slender
2 tenuous, insubstantial, slight, thin, light, faint, weak

terciar
1 divide into three
2 place diagonally
3 intervene, interpose, mediate

terco
1 obstinate, stubborn, persistent, insistent, tenacious, constant, contumacious
2 (material) hard, tough, hard to work

3 (LAm) harsh, unfeeling, indifferent

terso
1 clean, polished, shiny, smooth
2 (literary style) terse, pure, fluid

ternura
tenderness, affection, fondness, endearment
hardness, harshness, vulgarity

terquedad
1 obstinacy, pertinacity, contumacy, stubbornness
2 hardness, toughness
3 (LAm) harshness, lack of feeling, indifference

terrible
1 terrible, dreadful, horrible, awful
2 atrocious, insolent, discourteous

terror
fear, terror, panic, horror, fright

tesón
tenacity, firmness, insistence, persistence, perseverance, determination, will
inconstancy, flexibility, resignation

testarudo
obstinate, stubborn, pigheaded, persistent, pertinacious

testificar
1 testify, attest
2 affirm, certify, asseverate, assure

tétrico
gloomy, dismal, pessimistic, sullen, wan

tiempo
1 time, opportunity, occasion
2 period, age, epoch, duration
3 weather, season
4 (music) movement, tempo

tiento
1 touch, feel
2 tentacle
3 (fig) prudence, circumspection, caution, wariness, care

tierno
1 flexible
2 recent, fresh, new

3 delicate, affectionate, endearing, tender, sweet
4 sentimental, moving, pathetic

tierra
1 orb, world, earth
2 territory, region, district
3 fatherland
4 country, land, soil, terrain, ground

timbre
1 stamp, stamp duty
2 seal, mark, brand
3 *(fig)* coat of arms
4 *(door)*bell
5 *(music)* timbre
6 *(LAm)* personal description, description of goods

timidez
timidity, shyness, irresolution, fear, pusillanimity
resolution, audacity, courage, bravery

tímido
timid, shy, nervous, bashful, frightened, afraid, cowardly, pusillanimous

timón
1 *(boat)* helm, rudder, steering
2 *(fig)* control, direction

tinglado
1 shed, covering
2 *(fig)* machination, intrigue, trick, plot, artifice

tino
1 skill, insight, ability, knack
2 *(fig)* prudence, tact, judgement, wariness

tipo
1 archetype, prototype, model, exemplar, pattern, type, kind
2 figure, frame, *(anatomy)* build
3 *(printing)* letter, character

tirante
tense, taut, stretched tight, stiff, rigid

tirantes
braces, *(Am)* suspenders

tirar(se)
1 stretch, pull out, spread out

2 attract, draw, pull
3 incline, tend
4 fire, throw, hurl, shoot, cast
5 drop, knock over, upset, knock down, demolish
6 squander, waste
save
7 trace, draw, plot, sketch, mark, show
8 print, stamp
9 hurl oneself, rush forward

titubear
1 stagger, totter
2 stammer, stutter
3 *(fig)* doubt, hesitate, vacillate, be perplexed

titular *(aj)*
titular, official

titular *(s)*
1 holder of an office, occupant
2 newspaper headline

titular *(v)*
1 name, designate, baptize, title, entitle, be entitled
2 *(university)* graduate

título
1 designation, denomination, heading, title, label, epigraph, inscription
2 professional qualification, university degree
3 motive, foundation, base, reason
4 *(fig)* title, right

tocado
touched, crazy, silly, idiotic, maniacal

tocar
1 touch, feel, pulsate
2 allude to, touch upon, concern
3 *(music)* play

toldo
1 awning, marquee, pavilion, cover, cloth, tarpaulin
2 *(LAm)* Indian hut, tent
3 parasol, *(Br)* sunshade
4 *(LAm)* hood, *(Am)* top
5 vanity, conceit

tonto *(aj)*
     simple, silly, foolish, stupid, ignorant

tonto
     simpleton, fool, clown

tono
     1 pitch, tone, tune
     2 shade, tint, tinge
     3 energy, vigour, strength

tope
     1 top, end, limit, maximum, buffer, bumper
     2 obstacle, impediment, snag, hindrance

torcer(se)
     1 twist, bend, turn, curve, incline
     straighten (out)
     2 turn aside, go astray, go wrong
     3 make sour, turn sour, go off, curdle, turn

tormenta
     1 squall, storm, tempest
     2 *(fig)* turmoil

tormento
     1 torment, torture, martyrdom
     2 torment, pain, suffering
     3 *(fig)* affliction, anguish, distress, grief, sorrow

torpe
     1 dull, dim, torpid, stupid, foolish, obtuse
     astute
     2 clumsy, awkward, inept, incapable
     capable
     3 rude, rough, plain
     4 indecorous, lecherous, obscene, vile

tortuoso
     1 tortuous, sinuous, winding, broken, rough
     straight
     2 *(fig)* astute, crafty, sly, cunning
     sincere

tortura
     1 torture, torment, martyrdom
     2 pain, suffering, anguish, distress, sorrow

tosco
     ordinary, rough, plain, vulgar, uncouth, coarse, uneducated

traba
     1 bond, tie, fetter, shackle, *(mechanics)* clasp, clamp, *(LAm)* hair slide
     2 *(fig)* bond, link, tie, *(pejorative)* hindrance, obstacle

trabar
     1 join, unite, coordinate, link, tie up
     2 clasp, grasp, grab, seize, fasten, fetter, tie down
     set free, liberate, release

trabajo
     1 labour, occupation, task, work
     2 farmwork, production
     3 *(fig)* effort, trouble, bother, hardship, difficulty

trabajoso
     laborious, difficult, arduous, hard

traducir
     translate, *(fig)* render, interpret, express

tragar(se)
     1 bolt (down), gobble, devour, consume, ingest, swallow
     2 *(fig)* bear, put up with, tolerate, dissimulate

traidor *(aj)*
     1 disloyal, traitorous, treacherous, felonious, perfidious
     2 false, sly

traidor *(s)*
     traitor, betrayer, quisling, *(theatre)* villain

transcurrir
     slip (by), pass, run, occur

tranquilidad
     tranquillity, quietude, calm, peace, serenity
     work, activity, fear, anxiety, worry

tranquilo
     tranquil, peaceful, serene, quiet, calm, still, restful, pacific, untroubled
     disturbed

transgredir

   transgress, violate, infringe, damage, harm, shatter
   obey, respect, comply (with)

transitar

   pass by, pass along, go (from place to place), move along, travel
   remain, stay, settle

transitorio

   1 transitory, transient, transitional, temporary, passing, fleeting, provisional, accidental
   eternal, enduring

   2 perishable
   durable

transmitir

   1 transmit, broadcast, communicate

   2 *(medicine)* transmit, pass on, infect

   3 transfer, cede, sell

transponer(se)

   1 transpose, change the place of, exchange, cross, cross over

   2 transplant

transportar(se)

   1 transport, carry, conduct, move

   2 *(fig)* be enraptured, get carried away

transporte

   1 transfer

   2 transport, haulage, transportation, conveyance

   3 *(fig)* exaltation, ecstasy, rapture

   4 *(nautical)* transport, troopship

trasladar

   1 move, transfer to another place, carry

   2 defer, postpone

   3 copy, transcribe

   4 *(linguistics)* translate

traslucirse

   1 be translucent, be transparent

   2 *(fig)* be revealed, become clear

traspasar

   1 pierce, go through, pass, cross (over), transpose

   2 transfer, transmit, cede, sell

   3 infringe, violate, transgress, damage, harm, shatter

trastornar(se)

   1 overturn, upset, disarrange, disorder, discompose

   2 *(fig)* worry, trouble

   3 drive insane, go mad, go crazy, perturb

trasunto

   1 copy, transcription
   original

   2 image, imitation, likeness, carbon copy
   reality

tratar(se)

   1 manage, handle, operate, use

   2 communicate, relate

   3 traffic, trade, negotiate, do business

   4 spin, revolve

   5 try, attempt, endeavour, try to, try out, test

travesura

   1 anxiety, worry
   tranquillity

   2 prank, lark, practical joke, trick

   3 *(fig)* sharpness, wit, ingenuity, subtlety

travieso

   1 lively, mischievous, naughty, unruly

   2 *(fig)* ingenious, clever, subtle, sharp, shrewd

trazar

   1 *(art)* sketch, trace, plot, delineate, design

   2 *(fig)* plan, project, invent, think up, dispose

tregua

   (military) truce, *(fig)* lull, intermission, rest time, relief, interruption, suspension

tremendo

   1 terrible, horrible, horrendous, frightening, terrifying

   2 enormous, formidable, colossal, imposing, tremendous

trepidar

   trepidate, shake, tremble, shiver, vibrate

tributo

   1 *(history)* tribute

2 *(finance)* contribution, tax, tribute, duty

trinar
1 trill, warble, sing
2 *(fig)* fume, rage, be angry, be furious, become irritated, get annoyed

triste
1 sad, gloomy, troubled, depressed, melancholic, distressed
2 unfortunate, ill-fated, fateful, disastrous, ill-omened
3 deplorable, lamentable, dolorous
4 insignificant, ineffective

tristeza
affliction, melancholy, grief, sorrow, pain
happiness, joy

triunfar
triumph, win, vanquish, conquer
lose, come to grief, submit

tropezar
1 stumble, trip, collide against
2 find, encounter
3 slip up, blunder, make a mistake

trozo
bit, piece, part, portion, fragment

tumbar(se)
1 knock down, knock over, fall over
2 stretch out, lie down, go to bed

turbación
1 disturbance, worry, perturbation, uneasiness
2 confusion, disorder, untidiness

turbar(se)
1 perturb, disturb, upset, worry
2 overturn, disarrange, alter
3 confuse, embarrass, shame, bewilder, dumbfound
4 be disturbed, be embarrassed, become embarrassed, get into a mess, get worried, get confused

turbulento
1 turbulent, troubled, unsettled, stormy
2 *(fig)* turbulent, unruly, excited, noisy, restless

tutela
1 tutelage, guidance
2 guardianship, protection, custody, defence

tutor
1 tutor, instructor
2 protector, defender

U

ufanarse
  boast, brag, be vain, be conceited
  crawl, humble oneself

ufano
  1 vain, conceited, proud, pompous,
    arrogant
  2 satisfied, contented, happy

ultimar
  1 terminate, conclude, bring to an
    end, finish, finalize
    begin
  2 (*LAm*) finish off, kill

ultrajar
  1 affront, insult, offend, injure,
    wrong, outrage, abuse
    respect, honour
  2 spoil, crumple, disarrange

ultraje
  affront, insult, offence, injury,
  wrong, outrage, abuse

único
  1 only, sole, single, solitary
    several, various
  2 (*fig*) singular, extraordinary,
    unique, unusual

unidad
  unity, oneness, togetherness, conformity, concordance
  plurality

unificar
  1 unite, unify, join
    *separate, detach, cause a rift be-
    tween*
  2 make uniform, make standard,
    equalize

unir(se)
  1 bind together, tie, fasten, join,
    unite, fuse together
    separate
  2 mix, combine, merge
  3 add
  4 ally, confederate, harmonize,
    agree
  5 pair, join together, marry

urgencia
  1 urgency, pressure, haste, rush
    calm, slowness
  2 emergency

usar
  1 use, utilize, spend
  2 practise, be accustomed (to), be in
    the habit of, wear

usanza
  use, usage, practice, custom

útil (*aj*)
  1 useful, fruitful, productive, bene-
    ficial, advantageous, profitable
  2 suitable, fitting, available, usable

útil (*s*)
  1 utility
  2 utensil, instrument, tool

utilidad
  1 utility, usefulness, advantage,
    benefit
    uselessness, inconvenience, loss
  2 aptitude
  3 (*commerce, finance*) benefit, gain,
    profit

utilizar
  utilize, use, make use of, employ,
  take advantage of
  2 (*technical*) reclaim

V

vacilar
1 swing, fluctuate, vary, be unsteady
2 vacillate, doubt, hesitate, falter, waver, stammer, stutter
decide, make up one's mind, act

vacilación
1 oscillation, fluctuation
2 vacillation, hesitancy, doubt, perplexity, irresolution, indecision, incertitude
firmness, decision

vacío *(aj)*
1 vacant, empty, hollow
2 idle, vain, empty, hollow

vacío *(s)*
emptiness, void

vago *(aj)*
1 idle, lazy, unoccupied, unemployed, wandering
2 indecisive, imprecise, indefinite, indeterminate

vago *(s)*
vagabond, tramp, idler, lazybones

valentía
courage, bravery, valour, spirit

valer *(v)*
1 be worth, cost, be useful, serve, be valid
2 shelter, protect, defend, support, sponsor

valer *(s)*
worth, value

valimiento
1 favour, goodwill, influence, power
2 help, protection, support, refuge, assistance
desertion, defencelessness

valioso
1 meritorious, excellent, esteemed, valuable
2 efficacious, useful, powerful, valuable
3 rich

valor
1 valuation, estimation, appreciation, merit, worth, value
2 importance, significance
3 cost, worth, value, price
4 valour, intrepidity, courage, daring

valores
(commerce, finance) bonds, assets, securities, stock

valla
1 fence, enclosure, defence, stockade
2 fence, hurdle, obstacle, hindrance

vanagloriarse
boast, brag, be vain, be conceited, pride oneself on

vanidad
1 vanity, pride, presumption, vainglory, boasting, conceit
humility, modesty
2 glory, splendour, ostentation, pomp
3 illusion, fantasy, fiction, futility, uselessness

vano
1 unreal, insubstantial, imaginary, vain
2 empty, hollow
3 useless, fruitless, unsuccessful
useful, fruitful, successful
4 shallow, superficial, frivolous, empty, inane, pointless
5 presumptuous, vain, conceited, fatuous
6 unfounded, unjustified

vaporoso
thin, slender, light, delicate, tenuous, filmy

variación
1 variation, alteration, transformation, change
2 variety

variar
> vary, change, alter, transform, differentiate, differ

vario
> 1 various, diverse, different, distinct
> 2 variable, inconstant, unstable, unsteady, changing
> *constant*

vasto
> vast, huge, extensive, spacious, spread out
> *minute*

vecino *(aj)*
> neighbouring, *(Am)* neighboring, close, near, immediate, contiguous

vecino *(s)*
> neighbour, *(Am)* neighbor, resident, inhabitant

vejar
> vex, annoy, bother, pester, oppress, ill-treat, humiliate

velar
> 1 watch over, keep watch, take care of, look after
> *neglect*
> 2 veil, hide, cover, conceal
> *unveil, reveal, show*

veleidad
> 1 whim, caprice, fancy
> 2 fickleness, capriciousness, inconstancy
> *firmness, constancy*

velocidad
> 1 velocity, speed, celerity, rapidity
> 2 promptitude, promptness, hurry, haste
> *slowness*

veloz
> 1 swift, rapid, fast, quick
> 2 prompt, swift, speedy, quick

vencer
> 1 triumph, win, defeat
> *lose*
> 2 vanquish, conquer, defeat, dominate, subject, subjugate, subdue, overcome, master
> *submit, be defeated*
> 3 surpass, exceed, outstrip

> 5 *(commerce)* expire, end, fall due, mature

vender
> 1 transfer, sell, alienate, transfer property
> *buy*
> 2 expend, sell
> 3 *(fig)* sell, betray

venia
> 1 pardon, forgiveness
> 2 consent, permission, authorization, approval, licence, leave
> 3 *(LAm) (military)* salute

venir
> 1 arrive, come
> *leave, go*
> 2 proceed, infer, deduce, come from, stem from

venta
> 1 *(commerce)* sale, transfer, alienation, transfer of property
> 2 guest-house, country inn, state-owned hotel
> 3 *(LAm)* small shop, stall, booth

verdadero
> 1 certain, positive, sure, actual, real, genuine
> *uncertain, unsure*
> 2 truthful, true, trustworthy, reliable
> *untrue, untrustworthy, unreliable*
> 3 sincere, ingenuous
> *insincere*

vergonzoso
> 1 shameful, vile, abject, low, ignominious, dishonourable
> 2 shy, timid, bashful

vergüenza
> 1 dishonour, shame, ignominy, disgrace
> 2 modesty, bashfulness, timidity, embarrassment

verificar(se)
> 1 verify, check, inspect, prove (true)
> 2 fulfil, effect, execute
> 3 occur, happen

verosímil
> likely, probable, possible, credible
> *uncertain, implausible, incredible*

versátil
1 versatile, adaptable
2 *(fig)* unstable, inconstant, variable, fickle, whimsical, unsteady
constant, firm, consistent

verter
1 pour, pour out, spill, drain, empty, scatter, spread
2 *(linguistics)* translate

vía
1 road, route, street, way, path
2 track, railway line
3 method, manner, means, mode, way, procedure
4 passage, tube

vicio
1 vice, bad habit
virtue, perfection
2 blemish, defect, flaw, *(law)* error, *(grammar)* solecism

viejo *(aj)*
1 old, ancient
young, modern
2 used, well-worn

viejo *(s)*
old man
youth

vientre
1 abdomen, belly, tummy, paunch
2 bowels, intestines

vigilia
1 vigil, watchfulness, wakefulness
2 insomnia
3 eve
4 *(ecclesiatical)* vigil, abstinence

vil
1 vile, low, evil, worthless, mean, contemptible
2 disloyal, treacherous, villainous, unfaithful
loyal, faithful

villanía
1 infamy, baseness, lowliness, meanness, vileness
dignity, honesty, decency, goodness, kindness
2 disloyalty, treachery, treason
loyalty, fealty

villano *(aj)*
1 rustic
2 *(fig)* rough, rude, coarse, crude, vulgar, ill-mannered
3 *(fig)* disloyal, base, contemptible, mean, shameful, unworthy, infamous, treacherous, traitorous, villainous

villano *(s)*
1 villein, serf, rustic, villager
2 *(fig)* cad, rotter, rat, swine
3 *(LAm)* villain

vínculo
link, tie, loop, bond, union

violar
1 violate, infringe, damage, harm, shatter
2 violate, force, rape
3 violate, profane

violentar
1 force, violate, assault, oblige
2 twist, bend, turn, distort, misrepresent

violento
1 violent, furious, vehement, fiery, irascible
2 awkward, difficult, embarrassing, painful, distressing
3 twisted, forced, bent, distorted, misrepresented

visión
1 vision, fantasy, apparition, spectre, ghost
reality
2 vision, eyesight
blindness

vislumbre
1 glimpse, brief view
2 gleam, glimmer
3 glimmer, slight possibility, conjecture, suspicion, sign

viso
1 glint, gleam, twinkle, reflection, sheen
2 *(fig)* aspect, appearance

vituperar
censure, disapprove, reprove, reproach, criticize, condemn
praise

vivaz
1 vivacious, lively, sprightly, vigorous, energetic
2 perspicacious, sharp, sharp-witted

vivo *(aj)*
1 living, alive, intense, strong
2 expressive, loud, showy
3 ingenious, clever, smart, sharp, astute, rascally, sly
4 diligent, prompt, quick, agile

vivo *(s)*
trimming, border, edge

vocear
1 shout, cry, vociferate, shriek, howl, scream
keep quiet
2 manifest, publish, proclaim, acclaim

volar(se)
1 blow up, demolish, explode, blast
2 irritate, upset, exasperate
3 *(LAm)* put to flight
4 *(LAm)* pinch, rob
5 *(LAm)* swindle, cheat
6 *(LAm)* flirt with
7 *(fig)* hurry, rush, fly, hurtle along
8 disappear, vanish, escape, flee
9 fly away

10 *(LAm)* get angry, lose one's temper

voluntad
1 will, will-power, free will
2 intention, desire, wish
3 consent, acquiescence
4 affection, love, benevolence, fondness
5 order, disposition, precept, mandate

volver(se)
1 return, restore, give back
2 pay, reply to, respond
3 turn, turn round, return
4 turn inside out, change
5 repeat, reiterate
6 *(wine)* turn sour, become acid

voz
1 voice
2 shout, cry, yell
3 word, diction, term, expression
4 *(fig)* rumour, fame
5 *(grammar)* word
6 *(grammar)* voice

vulgar
1 vulgar, common, ordinary, current, general
distinguished, fine, elegant
2 popular, plebeian

Y

yermo *(aj)*
1 uninhabited, deserted, barren, waste, uncultivated
inhabited, fecund
2 uneducated, ignorant

yermo *(s)*
waste land, waste, wilderness

yerro
1 error, flaw, fault, failure, short-coming, want, need
2 error, mistake, inadvertence, carelessness, negligence
correction

yugo
1 yoke, *(oxen)* team, *(horses)* girth, saddle strap, *(plough)* beam
2 *(fig)* submission, submissiveness, docility, slavery, bondage
3 *(fig)* despotism, tyranny, sub-jection, bond

Z

zafio

    coarse, rough, uncouth, vulgar, crude, boorish, vulgar

zaherir

  1 reproach, attack, lash, reprehend, criticize, satirize

  2 wound, mortify, humiliate, shame

zalamería

  1 flattery, cajolery, wheedling

  2 suaveness, oiliness, soapiness

zampar

  1 put away hurriedly, whip smartly into, dip into, plunge into

  2 hurl, dash against

  3 devour, eat greedily, bolt, gobble, wolf

  4 *(LAm) (blow)* fetch, deal

zángano

  1 drone

  2 *(fig)* drone, loafer, good-for-nothing, scrounger, idler, lazybones

zoquete

  1 block, chunk of wood

  2 crust of old bread

  3 squat person

  4 blockhead, fool, ignoramus

  5 *(LAm)* body dirt, human dirt

  6 *(LAm)* punch, smack in the face

zozobra

  1 *(nautical)* capsizing, overturning, sinking

  2 *(fig)* anxiety, anguish, distress, grief, worry, restlessness, uneasiness

zozobrar

  1 *(nautical)* be in danger of foundering, capsize, overturn, founder, sink

  2 *(fig)* collapse, fail, be ruined

  3 be anxious, worry, fret

zumbón *(aj)*

    waggish, funny, teasing, bantering, *(pejorative)* sarcastic

    grave, *serious, formal*

zumbón *(s)*

    wag, joker, tease

zurrar

  1 *(technical)* tan, dress

  2 tan, wallop, lay into, give a beating

  3 sit heavily on, flatten

  4 criticize harshly, defeat in an argument

HARRAP'S SPANISH STUDY AIDS

Also available in this series

SPANISH VOCABULARY
★ Ideal revision aid
★ Particularly suitable for exam preparation
★ 6000 vocabulary items in 65 themes

142mm × 96mm/256pp/plastic cover
ISBN 0 245-54689-8
in USA 0-13-383266-X

SPANISH VERBS
★ Over 200 verbs fully conjugated
★ Index of 2400 common verbs
★ Notes on verb construction

142mm × 96mm/256pp/plastic cover
ISBN 0 245-54688-X
in USA 0-13-383282-1

SPANISH GRAMMAR
★ Comprehensive grammar of modern Spanish
★ Suitable reference for study to university
level
★ Lively examples

142mm × 96mm/256pp/plastic cover
ISBN 0 245-54690-1
in USA 0-13-383274-0

MINI SPANISH DICTIONARY
★ For quick and easy reference
★ Clear layout
★ Handy format

142mm × 96mm/667pp/plastic cover
ISBN 0 245-54586-7

SPANISH IDIOMS
★ Up to date coverage of both Spanish
and English Idioms
★ Colloquial translation of each Idiom

142mm × 96mm/320pp/plastic cover
ISBN 0 245-60039-6